Sous la direction de
Sébastien Le Fol

LES LIEUX SECRETS DU POUVOIR

PERRIN

92, avenue de France
75013 Paris
Tél. : 01 44 16 08 00

ISBN : 978-2-262-10316-3
Dépôt légal : août 2025
Mise en pages : Nord Compo

Sommaire

Préface
Le pouvoir de l'ombre

par Sébastien Le Fol

« Ah ! Le voilà ! Le roi des indiscrets ! »

Sur le cliché noir et blanc, pris le 1er août 1931, Aristide Briand pointe du doigt l'Ermanox du photographe allemand Erich Salomon. En smoking, le ministre des Affaires étrangères français est surpris, dans un salon du Quai d'Orsay, en pleine discussion avec celui des Colonies, Paul Reynaud, et celui des Anciens Combattants, Auguste Champetier de Ribes.

Considéré comme le précurseur du photojournalisme moderne, Erich Salomon (né à Berlin en 1886 et mort à Auschwitz en 1944) promena son objectif dans les cercles les plus fermés. Il saisit les puissants dans leurs moments d'inattention, loin des portraits officiels, dévoilant leur nature profonde derrière les postures inhérentes à l'exercice du pouvoir…

Cette ambition a guidé le premier volume de notre enquête, paru en 2024 chez Perrin et réédité dans la collection Tempus. Vingt « indiscrets », journalistes et historiens, fins connaisseurs des arcanes du pouvoir, ont exploré les lieux symboliques où le pouvoir s'exerce, mais surtout, et de plus en plus, s'exhibe.

Qu'elles soient célèbres (l'Élysée, Versailles, Matignon…), méconnues (l'avion présidentiel, Souzy-la-Briche, la tribune du 14 Juillet, les clubs) ou prestigieuses (Chambord, Notre-Dame de Paris, le Louvre…), toutes les adresses visitées exprimaient le mieux l'idée singulière que la France se fait du rôle de l'État et de la puissance.

Pour comprendre celle-ci, il faut savoir décoder les rituels qui s'y pratiquent. On voit à quel point deux sources de légitimité s'y superposent encore : élective et démocratique d'un côté, aristocratique de l'autre. Notre République demeure par certains aspects bien monarchique. L'esprit de Cour s'est reconstitué dans les grands corps de l'État et les avant-gardes culturelles.

L'ouvrage ayant, comme l'on dit pudiquement, trouvé son public, nous avons eu envie, mon éditeur et moi, d'ouvrir de nouvelles portes en privilégiant le mystère des ombres après les évidences de la lumière. Jetons un œil au menu de ce nouvel opus avant d'en déguster les plats.

Se distinguer, être reconnu : grande obsession française que l'on cultive dans un hôtel particulier parisien méconnu, l'hôtel de Salm, qui abrite l'ordre de la Légion d'honneur, créé le 19 mai 1802 par Bonaparte. Un formidable poste d'observation sur les vicissitudes de la méritocratie française pour l'essayiste Sylvain Fort, ancien conseiller mémoire du président de la République, qui s'y est introduit après avoir arpenté la cour des Invalides pour le premier tome de notre saga.

Notre histoire politique demeure hantée par une énigme, formulée par le Machiavel du XXe siècle Guglielmo Ferrero : « Pourquoi la plus puissante monarchie de l'Europe s'est-elle écroulée en six semaines ? » Dans son maître livre, *Pouvoir. Les génies invisibles de la cité*, judicieusement réédité en 2025 par Les Belles Lettres, cet immense historien et penseur politique, libéral et conservateur, se livre à une pénétrante réflexion sur les sources du pouvoir. Il voit dans ce dernier « la manifestation suprême de la peur que l'homme se fait à lui-même par les efforts qu'il déploie pour s'en libérer ». Bien constitué, il offre une défense contre les deux plus grandes frayeurs de l'humanité : l'anarchie et la guerre.

Sur quoi repose la légitimité, dont il nous rappelle, en paraphrasant l'abbé Sieyès, qu'elle vient d'en bas, tandis que le pouvoir vient d'en haut ? Celle-ci est douée d'un « pouvoir magique ». « Aucun principe de légitimité ne s'impose par lui-même, et par sa seule force. Tous sont, à l'origine, imposés par une minorité organisée, qui s'efforce de vaincre les répugnances et les incompréhensions de ceux qui doivent obéir. »

Ces « génies invisibles de la cité » forgent la matrice du présent ouvrage. Le pouvoir de l'ombre en constitue le fil conducteur. Il ne faut pas le confondre avec la « main cachée » sur laquelle les complotistes spéculent d'abondance, au premier rang desquels l'abbé Barruel, qui diffusa la croyance tenace des origines occultes de la révolution de 1789 via les cinq pesants volumes de ses *Mémoires pour servir à l'histoire du jacobinisme* (1797-1799). Cette légende noire, à laquelle l'historien Edmond Dziembowski a consacré un ouvrage aussi érudit que foisonnant, alimenta les lubies des collaborationnistes en 1940, trouvant là un prétexte pour dénoncer au premier chef les juifs et les francs-maçons. Le Grand Orient de France devint l'épicentre de ces fantasmes, auxquels l'écrivain Jacques Ravenne tord le cou dans un chapitre bien informé.

Si l'action politique comporte une dimension restreinte et souterraine, la multitude y tient un rôle majeur, comme nous le démontrerons dans les pages qui vont suivre. Nous nous intéresserons ici aux forces motrices de la décision et, de manière plus large, à tout ce qui ensemence l'imaginaire collectif. L'exercice oblige à décentrer le regard et à sortir des sentiers battus de la géographie politique traditionnelle.

Nous allons notamment suivre le grand mémorialiste de la Ve République, Franz-Olivier Giesbert, à Marseille, où s'est écrite une contre-histoire au jacobinisme, puis Olivier Beaumont, du *Parisien*, son très informé cadet, à Montretout, dans le repaire historique des Le Pen. Revenir à l'Élysée en compagnie du subtil chroniqueur du *Figaro*, Guillaume Tabard, mais cette fois dans le bureau du si influent secrétaire général du Palais, véritable gare de triage de la nation. Retourner sur les bancs de Sciences Po, « l'école du pouvoir », comme se définit sans humilité excessive cette institution de l'enseignement supérieur, à l'instar du directeur adjoint de *L'Express*, Étienne Girard. Ou prendre place sur la banquette arrière de la voiture rouge du directeur du Tour de France, le meilleur baromètre politique du pays, en compagnie du sagace Florent Barraco.

Après nous être envolés avec elle dans l'avion présidentiel, nous faufiler avec la pugnace et si talentueuse rédactrice en chef adjointe au *Point*, Nathalie Schuck, dans les appartements de fonction des anciens présidents de la République, où il y a aussi bien des turbulences. Nous avions laissé le tenace Tugdual Denis, patron de *Valeurs actuelles*, à Matignon, dont il a si bien portraituré deux locataires, François Fillon et Édouard Philippe. Nous le rejoignons cette fois place Beauvau, au ministère de l'Intérieur, sous le regard goguenard de Georges Clemenceau et de quelques autres illustres occupants des lieux : François Mitterrand, Nicolas Sarkozy...

Il est de coutume que le ministre de l'Intérieur, également celui des Cultes, aille rompre le jeûne du ramadan à la Mosquée de Paris. Ce lieu cultuel datant de 1926 a beaucoup d'influence sur le temporel : c'est la conclusion des investigations du journaliste Farid Alilat, auteur d'un livre retentissant sur l'assassinat de Krim Belkacem, l'un des héros de l'indépendance algérienne.

Quel autre lieu que Bercy symbolise autant la passion française – ô combien coûteuse – pour l'État ? Corinne Lhaïk, fine lame de *L'Opinion*, nous en convainc pour de bon. Emmanuel Macron, à qui elle a consacré une piquante biographie, y prépara sa candidature à l'élection présidentielle de 2017 alors qu'il détenait le portefeuille de l'Économie et des Finances.

« Je veux que la Banque soit assez dans la main du gouvernement et n'y soit pas trop », affirma Napoléon Bonaparte lors de la création de la Banque de France en 1800. Cette institution constituait l'une des « masses de granit » voulues par le Premier consul pour ériger la Grande Nation. Depuis la mise en place de l'euro, la politique monétaire se décide à la Banque centrale européenne, mais l'immeuble situé près du Palais-Royal à Paris regorge encore de richesses, dont François Miguet, l'homme de l'économie au *Point*, nous dévoile l'étendue insoupçonnée.

La frontière entre la sphère politique et administrative est par essence ténue, nourrissant nombre de réquisitoires contre la « technocrature ». Franchissons-la pour nous aventurer dans le monde très fermé du renseignement. L'un des meilleurs spécialistes de ce véritable pouvoir de l'ombre, Rémi Kauffer, nous plonge dans la « Piscine », surnom de la DGSE, boulevard Mortier à Paris. Popularisées par la série *Le Bureau des légendes*, s'y décident les grandes opérations d'espionnage et de contre-espionnage. Ses milliers de fonctionnaires ont pour mission de fournir aux présidents de la République les moyens clandestins de leur politique étrangère.

La surveillance du territoire national, elle, échoit à la DGSI, qui a succédé à la DST, la Direction de la surveillance du territoire, forte de sa devise : « Inflexible dans l'ombre, étincelant dans la lumière. » Les contre-espions œuvrèrent dans un immeuble discret du 15ᵉ arrondissement de Paris, dont Olivier Brun, coauteur d'un monumental *Dictionnaire du renseignement*, fait parler les murs.

Les grands serviteurs de l'État qui, chez nous, a précédé la nation n'ont pas écrit seuls l'histoire de France. La personnalité singulière de notre pays doit tout autant aux arts, au premier rang desquels la littérature. « Il y a trois puissances en France : la banque, le parti communiste et la Nrf », selon le mot d'Otto Abetz, l'ambassadeur du IIIe Reich durant l'Occupation. Les éditions Galimard concentrent toujours un pouvoir sans égal dans l'édition, ainsi qu'en témoignent les pages du plus brillant de nos journalistes littéraires, Jérôme Dupuis.

Dans la République des lettres, deux institutions rivalisent : l'académie Goncourt, « saint des saints » que j'ai eu à cœur d'explorer, et l'Académie française, notre « Chambre des lords », selon la formule d'Henri de Régnier exhumée par le hussard Louis-Henri de La Rochefoucauld. Un écrivain, tout sauf académique, dont on pourra trouver les romans irrévérencieux à la chiquissime librairie Galignani, rue de Rivoli, à Paris. Tout comme les biographies renommées de Marie-Dominique Lelièvre (Yves Saint Laurent, Françoise Sagan, Françoise Hardy), qui jette une lumière tamisée sur ce temple du bon goût prisé des *happy few*. On retrouve certains d'entre eux aux meilleurs rangs des défilés de mode lors de la Fashion Week. Dans la société de Cour, l'habit reflétait un rang, nous rappelle le directeur adjoint de la rédaction du *Point*, Gilles Denis, vigie exigeante des pages « art de vivre » de l'hebdomadaire. Dans l'empire du tissu, on pratique depuis toujours le culte de l'étiquette et par essence l'art du paraître.

Le soir, après avoir jaugé les nouvelles collections de Dior ou de Chanel, cette élégante compagnie se retrouve autour d'un poulet frites croustillant (le prix l'est aussi), chez L'Ami Louis, restaurant de poche du Haut-Marais parisien abritant la plus forte concentration d'illustres et de puissants au mètre carré. Le plus ripailleur des patrons de journaux, le directeur de *Paris Match*, Jérôme Béglé, s'y est attablé pour notre plus grand bonheur.

Si le pouvoir régalien en France frappe par sa concentration et sa verticalité, les pouvoirs de l'ombre sont à la fois moins connus et plus dispersés, compliquant d'autant les enquêtes de nos modernes Sherlock Holmes. Les vingt contributeurs de cet ouvrage collectif ont une nouvelle fois œuvré en entomologistes gourmands. Chaque texte allie exigence sur le fond et limpidité dans la forme ; histoire, journalisme et littérature. Espérons que les lecteurs prendront autant de plaisir que d'intérêt à leur lecture.

1

Le bureau des « ex »
La retraite des présidents

par Nathalie SCHUCK

Depuis 1985, la République met à disposition des anciens présidents des locaux meublés et équipés, dont le loyer, les charges et les frais généraux sont pris en charge par l'État : 119, rue de Lille (Jacques Chirac) ; 77, rue de Miromesnil (Nicolas Sarkozy) ; 242, rue de Rivoli (François Hollande)... Ces adresses de prestige demeurent des points de passage obligés de la vie politique. En retrait, mais jamais vraiment à la retraite, les monarques républicains descendus du trône continuent à jouer un rôle actif. Tout en rêvant d'apparaître un jour comme des recours.

Le « 77 » de Sarkozy

Posé à même la table basse en verre, au milieu d'un fatras de pièces et de médailles, l'objet saisit d'emblée le visiteur : un fouet à bétail calédonien en peau de bœuf, bien en évidence entre le coffret à cigares et une maquette d'avion à hélices. Comme une invitation à se tenir à carreau ou, pour les plus téméraires, à tenter de dompter le tigre. Bon courage !

Pris dans les rets de la justice depuis son départ du pouvoir, le vieux fauve, bête blessée, a certes perdu de son mordant, mais rien de son panache. Toujours, il rugit. Tout aussi combatif, un rien plus fataliste, comme adouci par les soucis et la patine du temps. Nous voici dans son antre, sa tanière, la caverne au trésor du comte de Monte-Cristo tout juste évadé du château d'If. « Vous avez devant vous Edmond Dantès à la puissance dix ! » claironne Nicolas Sarkozy en invitant son hôte à prendre place face à lui dans les douillets canapés noirs Le Corbusier, qui ont remplacé les fauteuils couleur crème, en cours de restauration. D'alléchantes madeleines ont détrôné les légendaires chouquettes.

L'heure n'est pourtant pas aux réminiscences, mais à la bagarre. C'est ici, au 77, rue de Miromesnil (8e), à 800 mètres à vol d'oiseau de l'Élysée, que l'ancien président rumine sa revanche contre ceux qui ont obscurci son avenir politique. Il a si longtemps rêvé que ces bureaux ne soient pas ses derniers, convaincu que les Français le rappelleraient au pouvoir à la faveur d'une crise. « C'était une ruche avant, un peu moins maintenant. Il est atteint… » soupire un habitué. Avec ses invités, le rituel n'a pas changé depuis son installation à l'été 2012, dans la foulée de sa défaite. Des chocolats, d'abord, en guise de douceur, puis quelques bourre-pifs pour attendrir la viande. « Pardon, vous savez que je vous aime beaucoup, mais les journalistes ne foutent rien ! » s'entendent reprocher les éditorialistes qui défilent toujours, avides de son analyse sur la situation politique cataclysmique du pays. Il se plaît dans cet appartement de 320 mètres carrés, avec moulures et hauts plafonds, qu'il a aménagé à son goût au premier étage d'un immeuble classé.

L'entrepreneur Martial Caillebotte le fit ériger à la fin du XIXe siècle pour héberger sa famille et offrir un atelier à son fils peintre. Le Getty Museum de Los Angeles abrite ainsi une toile représentant le frère de Gustave Caillebotte, René, regardant une élégante s'éloigner sur le boulevard Malesherbes depuis une fenêtre du deuxième étage. Affable, Nicolas Sarkozy joue volontiers les guides. Ici, la photo en noir et blanc dédicacée de Nelson Mandela, déjà exposée dans son bureau officiel dans le salon doré de l'Élysée ; celles du pape Benoît XVI, de ses quatre enfants, de son épouse Carla ; là, le moelleux tapis bleuté qui trônait dans son bureau d'été au palais ; sa Marianne de cristal ; sa statue de la Liberté. Ses détracteurs comparent l'endroit à un mini-Élysée empreint de nostalgie, un mausolée à sa gloire.

C'est mal connaître cet homme qui ne vit pas confit dans le passé. À bien y regarder, le « 77 » tiendrait plutôt du cabinet de curiosités où ce collectionneur, numismate averti, aime exposer ses derniers fétiches, témoins de ses mille et une vies. Ainsi de ce morceau de la piste d'athlétisme des Jeux olympiques de Paris, cadeau de Tony Estanguet, du casque de moto signé du champion Charles Pic, de ce fragment du World Trade Center ou de cette dent géante de mégalodon, quelque peu incongrue dans le décor. « Je personnalise tout. J'aime les œuvres d'art, le lieu, l'ambiance. Je suis toujours étonné de voir les gens traumatisés à l'idée de quitter des bureaux de passage. Moi, je personnalise et j'oublie », confie-t-il. On ne la fait pas au vieux singe. Nicolas Sarkozy n'ignore pas que certains visiteurs viennent aussi, sans l'avouer, pour le clou du spectacle : ce bracelet électronique que l'administration pénitentiaire lui a imposé début 2025 pour purger sa peine de un an de prison ferme dans l'affaire dite des écoutes, quelques jours après son soixante-dixième anniversaire. Bravache, il pose négligemment le pied sur la table basse en conversant, l'air de ne pas y toucher, laissant entrevoir quelques centimètres de peau. Nul doute qu'il se délecte en son for intérieur des discrètes contorsions de ses hôtes pour apercevoir l'objet. En vain, car les curieux repartent marris. « J'ai bien regardé, je n'ai pas réussi à voir. Ça doit être tout petit ! » murmurent, frustrés, les *happy few* à la sortie.

La lettre de 1985

La République, brave fille, alloue à ses anciens présidents des locaux à vie, avec privilèges afférents. Ils ne sont pas les seuls, du reste. Ainsi les États-Unis octroient-ils aux anciens locataires de la Maison-Blanche des bureaux, ainsi que des collaborateurs (pour un montant, s'agissant du personnel, plafonné à 150 000 dollars en total annualisé durant les trente premiers mois, puis 96 000 dollars). Et ce, en vertu d'une loi fédérale de 1958, le Former Presidents Act. On se pince en songeant qu'en France, cette règle aux faux airs de survivance monarchique a été codifiée par une simple lettre tapuscrite adressée le 8 janvier 1985 par Laurent Fabius, Premier ministre, à Valéry Giscard d'Estaing, seul ancien chef de l'État alors en vie, à la demande de François Mitterrand. Lequel se souciait moins de l'avenir de son prédécesseur que du sien propre, qui semblait bien compromis. Ce n'est qu'en 2010 que le contenu détaillé du courrier, jamais publié au *Journal officiel*, est dévoilé, sur l'insistance du député apparenté PS René Dosière, chevalier blanc des comptes publics. On découvre alors que les « ex » bénéficient d'un appartement de fonction équipé, avec les charges (téléphonie, fournitures), sept membres de cabinet et deux employés de maison. De déplacements couverts par l'État au titre de leurs anciennes fonctions, en avion, train ou bateau, « dans la meilleure des classes » stipule le courrier. Le tout piloté de façon discrétionnaire par l'Élysée, dont le budget n'a été ouvert à la Cour des comptes qu'à compter de 2007 à la demande expresse de Nicolas Sarkozy.

S'ajoutent à cela une protection rapprochée avec deux fonctionnaires de police, une garde statique de leurs résidences, un véhicule de fonction et deux chauffeurs. Fait méconnu, la lettre de 1985 précise que le conjoint survivant de l'ancien président peut, à sa disparition, demander à jouir d'une partie de ces attributs. Ni le général de Gaulle, retiré à La Boisserie après sa démission de 1969 et mort peu après en novembre 1970, ni Georges Pompidou, emporté avant la fin de son mandat par la maladie de Waldenström, n'auraient pu en bénéficier.

Quant à François Mitterrand, il rend son dernier soupir le 8 janvier 1996 au troisième étage du 9, avenue Frédéric-Le-Play (7e), dans un grand appartement de 240 mètres carrés alloué par la République. Une villégiature qu'il a préférée au 22, rue de Bièvre (5e) où il résidait officiellement avec son épouse Danielle, pour continuer à partager la vie d'Anne Pingeot et de sa fille Mazarine, qui passe souvent, en coup de vent, dans l'insouciance de ses 20 ans, refusant l'imminence de la perte du père. Durant les quelques semaines avant qu'il ne soit emporté par le cancer, l'ancien président travaille dans son bureau, avec vue sur le Champ-de-Mars, à l'ouvrage sur sa politique étrangère promis aux éditions Odile Jacob, relit, non sans agacements, les épreuves du livre de conversations avec Georges-Marc Benamou sur son passé et Vichy, et se délecte des grandes grèves déclenchées par le gouvernement d'Alain Juppé. Avant que la maladie ne l'astreigne à demeure, il part en promenade aux abords de la tour Eiffel, escorté par son médecin personnel, le docteur Jean-Pierre Tarot, et le labrador noir Baltique. Parfois, quand sa grande carcasse qui se dérobe le lui permet, il festoie aux bonnes tables du quartier avec ses complices Michel Charasse ou Pierre Bergé.

Les visiteurs des dernières heures – la confidente et ancienne secrétaire générale adjointe de l'Élysée Anne Lauvergeon, la journaliste Laure Adler, les socialistes Jean-Luc Mélenchon, Henri Emmanuelli, Jack Lang, son ancien ministre de cohabitation Michel Barnier, l'exécuteur testamentaire André Rousselet et même Valéry Giscard d'Estaing – se souviennent d'un logement bourgeois scindé en deux espaces, l'un réservé aux collaborateurs et l'autre dévolu à « Tonton ». Dont cette chambre identique à celle qu'il occupait au palais, avec les portraits de ses parents et de saint François d'Assise, sa Bible et ses livres de chevet[1]. Dans les derniers jours, découvrant que la maladie gagnait le cerveau, l'ancien président cesse de s'alimenter et interrompt tout traitement. Anne Pingeot et sa fille Mazarine n'auront qu'une poignée d'heures pour se recueillir sur sa dépouille, avant que la famille officielle et la France ne soient informées. Une plaque est depuis apposée en souvenir au pied de l'immeuble.

À son arrivée au pouvoir, entachée par l'affaire Jérôme Cahuzac, François Hollande entreprend un grand ménage. Au nom de la « République exemplaire », le deuxième président socialiste commande un rapport à la Cour des comptes et au Conseil d'État pour serrer la vis. Avec des présidents élus toujours plus jeunes et un mandat élyséen raccourci à cinq ans, ces privilèges deviennent intenables en période de disette budgétaire. D'autant qu'un flou artistique rend impossible toute évaluation précise du coût des anciens chefs d'État, plusieurs ministères intervenant dans leur prise en charge. René Dosière, qui s'y essaie en 2016, estime la facture totale

1. Raphaëlle Bacqué, « 1995 : François Mitterrand, l'agonie », *Le Monde*, 2018. Valérie Trierweiler, « Mitterrand : les secrets du "dernier" voyage », *Paris Match*, 2011.

à 9,6 millions d'euros par an, protection incluse, pour les trois « ex » alors concernés. Sur la première marche du podium, champion toutes catégories, Valéry Giscard d'Estaing, sorti de l'Élysée à l'âge de 55 ans, avec 3,9 millions par an ; suivi par Nicolas Sarkozy (57 ans à son départ en 2012) avec 3,3 millions ; puis Jacques Chirac (74 ans en 2007) avec 2,4 millions. Ce qui fait de « VGE » l'ancien président le plus coûteux de la Vᵉ République, entre la fin de son mandat en 1981 et sa disparition en 2020 à l'âge de 94 ans, soit trente-neuf ans, dont trente-cinq à bénéficier des avantages du régime Fabius.

Un décret du 4 octobre 2016 vient raboter ces largesses. Passé un délai de cinq ans, les anciens locataires de l'Élysée n'ont plus droit qu'à trois collaborateurs, à un employé de maison et à une prise en charge réduite de leur loyer. Ainsi Nicolas Sarkozy, qui a conservé un maître d'hôtel pour les déjeuners du « 77 », en est-il désormais de sa poche, selon son entourage, à hauteur de « 40 % ». Exit, de même, les faveurs allouées aux conjoints survivants. Enfin, une ligne comptable spécifique voit le jour, sous le contrôle de Matignon. Le résultat se fait vite sentir pour les finances publiques. Au titre de l'année 2023, le budget consacré aux deux anciens présidents se montait à 1,32 million d'euros (hors protection), dont 194 000 euros pour les bureaux de Nicolas Sarkozy rue de Miromesnil, soit 16 000 euros par mois, en baisse de 21 % en quatre ans. Quant à François Hollande, qui a pu choisir des locaux moins onéreux en connaissance de cause, les charges liées au 242, rue de Rivoli (Paris 1er) se chiffraient à 165 000 euros, soit 13 800 euros environ par mois (+ 1 % en quatre ans). L'économie est encore plus nette sur la masse salariale pour l'année 2023 : respectivement 504 000 euros (– 45 % en quatre ans) et 389 000 euros (– 46 %).

Le « 242 » de François Hollande

François Hollande n'est pas payé de retour pour tant de vertu et doit passer, à son départ de l'Élysée, sous les fourches caudines de Matignon. Plusieurs semaines avant la fin de son mandat, sachant qu'il ne se représente pas, le socialiste prend contact avec le Secrétariat général du gouvernement – le « SGG » dans le jargon, rattaché au Premier ministre – pour solliciter des locaux. « Nous avons une solution pour vous : vous pouvez reprendre les bureaux que Jacques Chirac vient de quitter rue de Lille », s'entend-il répondre, estomaqué de tant de légèreté. La solidarité corrézienne ayant ses limites, il décline par décence.

Il se débrouillera seul. « Bien fait pour lui ! Il a réduit la voilure, c'est valable pour lui aussi », persifle un sarkozyste. Un jour de retour de déplacement officiel, François Hollande aperçoit un panneau « à louer » au quatrième étage d'un bel immeuble de style Directoire au 242, rue de Rivoli, en plein cœur de Paris. Un rendez-vous est fixé pour visiter l'appartement de 314 mètres carrés, destiné à un cabinet d'avocats, avec salle de réunion, salon de déjeuner et petite cuisine. Quelques menus travaux sont à prévoir, mais l'encore président est conquis par la vue dégagée sur la place de la Concorde, la tour Eiffel et le jardin des Tuileries. « À l'Élysée, on n'a pas de vue, j'ai beaucoup souffert de ça. On ne voit pas la vie, on ne voit pas les gens, même quand il y a des manifestations. Tout est amorti, étouffé, les gens marchent doucement sur les graviers pour ne pas faire de bruit », confie-t-il.

Au plus fort de la fronde contre la loi Taubira instituant le mariage pour les couples de même sexe, il s'agaçait de vivre dans une bulle : « Il pourrait y avoir la guerre dehors, on ne s'en rendrait pas compte ! » Le SGG, qui l'accompagne pour cette visite inaugurale, donne son imprimatur et François Hollande pose ses cartons au début de l'été 2017, une fois les clés du pays remises à Emmanuel Macron. Persuadé d'avoir une bonne étoile, il ne peut que se féliciter de son choix. Après les confinements de l'année 2020, la mairie de Paris bannit définitivement les voitures particulières de cet axe de 3 kilomètres traversant la capitale d'est en ouest, autrefois congestionné. Sainte Anne Hidalgo ! « Il y a trente ans, il y avait des bureaux d'avocats non loin d'ici et le bruit était terrible, la circulation abominable. Il fallait fermer les fenêtres », se souvient François Hollande en savourant, sur son balcon, le calme retrouvé.

Ses fidèles comprennent rapidement qu'il n'a pas choisi cet emplacement central, à mi-chemin entre l'Assemblée nationale et l'hôtel d'Évreux, pour couler une retraite paisible, comme s'il regrettait déjà d'avoir renoncé à briguer un second mandat. Le « 242 » dit tout de cette ambition mal éteinte. Peu attaché aux biens matériels, François Hollande n'a rapporté que quelques objets personnels, se délestant des cadeaux reçus durant son quinquennat auprès du musée Jacques-Chirac en Corrèze. Dans son bureau, comme s'il n'était que de passage, en transit : un casque à crinière de la garde républicaine, quelques maquettes de voitures et d'avions de chasse Rafale, un portrait réalisé par l'artiste JR, sa photo de la manifestation républicaine du 11 janvier 2015 contre le terrorisme avec une cinquantaine de dirigeants étrangers, et une table de travail croulant sous un capharnaüm de livres et de dossiers.

Lui qui tient à rester en prise directe avec la vie politique va être exaucé. Dès l'automne 2018, les cortèges monstres des Gilets jaunes défilent sous ses fenêtres aux cris de « Macron à l'échafaud ! », à deux pas de la place de la Concorde où Louis XVI et Marie-Antoinette furent décapités. Un jour qu'il travaille dans ses bureaux, un véhicule est incendié au pied de l'immeuble. Si les Gilets jaunes avaient eu vent de sa présence… Dans un registre plus insolite, ses gardes du corps se sont inquiétés un temps de coups de sonnette intempestifs donnés à l'interphone par des quidams fous de colère : des victimes malheureuses d'un cabinet de dentistes véreux installés au troisième étage, spécialisés dans la pose d'implants et partis avec la caisse en mars 2023, laissant sans soins des dizaines de patients mutilés et escroqués. Lesquels ont bien sûr été rebaptisés par les médias, dans une allusion grinçante aux déboires de François Hollande avec Valérie Trierweiler, « les sans-dents de Rivoli ».

« Des bases de repli où ils imaginent comment revenir »

Redevenu député de Corrèze à la faveur de la rocambolesque dissolution décrétée par son successeur, François Hollande n'entend pas renoncer à ces bureaux alloués par l'État. Question de commodité, tant il reçoit d'hôtes de marque et de délégations étrangères qui tiendraient péniblement dans un bureau confiné à l'Assemblée. Et confidentialité oblige, lui qui continue à tirer les ficelles des congrès du PS, curieux de tout, au fait du moindre écho, recevant en pagaille socialistes, journalistes et parfois même des macronistes. Si bien que l'on assiste à d'improbables chassés-croisés entre la rue de Miromesnil et celle de Rivoli, certains élus et conseillers des princes voyant parfois les deux « ex » à quelques jours d'intervalle. Un must pour toute personnalité qui s'imagine un destin et se doit de venir baiser la babouche et d'écouter les conseils avisés de ces deux papes, qui ont atteint le Graal de la vie politique française. « C'est amusant, car beaucoup d'élus de gauche vont voir Sarkozy, et les macronistes vont voir Hollande ! Leurs bureaux sont des bases de repli où ils imaginent comment revenir, en attendant la suite », relève l'un de ces privilégiés. « Hollande a clairement les meilleurs bureaux. C'est gai, lumineux. Il faut savoir choisir son exil ! », philosophe un autre habitué du « 77 » et du « 242 ». Notons que, s'ils se sont réconciliés au point d'organiser un dîner avec leurs épouses Carla Bruni et Julie Gayet, les deux anciens présidents, en dignes mâles alpha, ne sont pas allés jusqu'à visiter leurs locaux réciproques.

Nicolas Sarkozy non plus n'a pas renoncé à peser sur la vie politique et disserte volontiers depuis ses bureaux sur la marche du monde, effaré qu'une puissance nucléaire comme la France se saigne aux quatre veines pour se réarmer alors qu'elle dispose de la dissuasion suprême. « À moins qu'on ait des visées colonialistes ! » peste-t-il. Toujours, il se pique de faire et défaire les gouvernements, poussant ses lieutenants à chaque remaniement, pas peu fier d'avoir diagnostiqué le premier que la droite n'aurait d'autre choix que de s'allier à la macronie. À la rentrée de septembre 2024, alors que le pays est sans gouvernement depuis cinquante jours, il décroche son portable pour sonder les intentions de son fils spirituel, François Baroin. Accepterait-il de devenir Premier ministre ? Figure historique de la droite, sans litige majeur avec le RN, il coche toutes les cases. Surprise, le maire de Troyes est partant. L'ancien président annonce l'heureuse nouvelle à Emmanuel Macron, qui semble emballé et promet d'appeler Baroin. Mais de coup de fil il n'y aura point. Le 3 septembre à minuit, le président envoie un SMS à Baroin lui promettant de le contacter au matin. Le surlendemain, Michel Barnier est nommé… Irrité que ses conseils ne soient jamais suivis, Nicolas Sarkozy fera tout, ensuite, pour barrer la route de Matignon à François Bayrou, qui l'a trahi deux fois en soutenant Ségolène Royal, puis François Hollande. En vain. Parfois, son fils Louis assiste aux entretiens, avec les incontournables Véronique Waché, sa fidèle communicante, et Michel Gaudin, qui dirige son cabinet.

S'il ne se mêle pas officiellement des affaires des Républicains, il en reçoit tous les barons, réconfortant Laurent Wauquiez et coachant Bruno Retailleau, que pendant longtemps il n'a pas beaucoup aimé. Le Vendéen, en s'emparant du ministère de l'Intérieur et du parti, a eu l'intelligence de solliciter ses conseils. Il a apprécié. Jusqu'à Éric Ciotti, avec qui l'ancien président s'est réconcilié.

Le Niçois avait été vexé qu'il l'accuse de « monter sur le porte-bagages » de Marine Le Pen après son ralliement surprise au RN, qui a laissé la droite exsangue. Pas rancunier, Ciotti envoie tout de même un SMS de soutien à l'ancien président après sa condamnation définitive dans l'affaire des écoutes. Ils se revoient peu après, rue de Miromesnil. Le député des Alpes-Maritimes se fait moqueur : « On pourrait faire le voyage retour, moi sur le porte-bagages de Le Pen et toi sur celui de Bayrou ! » Le patriarche ira jusqu'à accepter à l'été 2025 de recevoir le président du parti à la flamme, Jordan Bardella, qui le revendique pour modèle. Flatté qu'il l'ait défendu après sa déchéance de la Légion d'honneur.

Les trois bureaux de Giscard

Hollande et Sarkozy ont une ambition commune, à 70 ans révolus : conjurer le temps qui passe en restant au sommet. Jeunes loups, ils ont assisté au lent déclin de leurs prédécesseurs, reclus dans leurs bureaux dorés sans parvenir à reconquérir l'Élysée. Comment ne pas se mettre dans la peau de Valéry Giscard d'Estaing, qui remonta un à un les barreaux de l'échelle après sa défaite, vécue comme un affront, sans retrouver jamais le chemin du cœur des Français ? L'ancien président centriste a une particularité : il n'a pas eu un bureau d'ancien chef de l'État, mais trois. Au 6, rue de Marignan (8e) d'abord, son ancien local de campagne sur six étages, décoré par son épouse Anne-Aymone, dont il ne prit possession qu'à regret après plusieurs mois dans un monastère grec et les montagnes Rocheuses au Canada. Puis il déménage à deux pas du siège de l'UDF dans le Triangle d'or du luxe au 19, rue François Ier (8e). Le propriétaire voulant en dénoncer le bail, il doit de nouveau partir. Si bien que ses meubles, souvenirs et archives accumulés en quarante ans de vie politique atterrissent au 199, boulevard Saint-Germain (7e), dans un appartement haussmannien de 200 mètres carrés qui devient le centre de gravité de son action. « Il ne venait pas tous les jours, mais assez régulièrement. Il y donnait ses interviews, honorait certains rendez-vous. Toujours très courtois, sympathique, aimable. J'étais la première qu'il voyait en arrivant. C'était son secrétariat particulier, là d'où tout partait », dépeint Isabelle Morineau, qui fut son assistante à compter de 1987. Véritable courant d'air, VGE multiplie les bureaux comme les fonctions électives et partisanes à Paris, Strasbourg ou Bruxelles. Les hauts dignitaires, quant à eux, sont reçus à son domicile de la rue Bénouville (16e). Tel un certain Emmanuel Macron, qui s'entendit délivrer cette sentence : « Vous êtes très bien, jeune homme, vous auriez mérité de travailler pour un grand président comme moi ! »

À la mort de Giscard en décembre 2020, sa famille découvre à son tour les *cost-killers* du Secrétariat général du gouvernement. « Matignon nous a tout de suite prévenus qu'il fallait libérer les locaux. On avait trois mois… » regrette son fils cadet, Louis Giscard d'Estaing, qui a dû envoyer en urgence onze conteneurs au garde-meubles, le temps de trouver des locaux pour abriter la fondation consacrée à son père. Sis avenue Franklin-Roosevelt (8e), ces bureaux exigus sont un trésor pour les passionnés. Louis Giscard d'Estaing, qui a repris la mairie de Chamalières, y a reproduit quasiment à l'identique les anciens bureaux de son père : sa table de travail et ses vitrines en bois massif brun, à l'élégant design contemporain. Au mur, un portrait de Giscard avec ses deux chiens, le braque de Weimar Jugurtha et le labrador noir Sandringham Samba. Les photos qui figuraient déjà rue de Marignan : l'ancien président accueillant le pape Jean-Paul II en hélicoptère sur les Champs-Élysées ; avec Anouar el-Sadate pour la première visite d'un dirigeant français en Égypte depuis la crise de Suez ; avec Jimmy Carter sur les plages de Normandie ; en 1962, dans le Bureau ovale avec Kennedy pour lui remettre le remboursement anticipé du plan Marshall ; le brigadier-chef Giscard, engagé dans le 2e régiment de dragons, sur un tank-destroyer à la libération de Paris ; sa fille Jacinte, qui aimait tant les animaux, partie avant lui. Et cette pépite, que son fils ne sort que rarement : une photo en noir et blanc, protégée par un fragile sous-verre écaillé par le temps, montrant son père avec Georges Pompidou, attablés en 1965 à la brasserie Lipp. Des rumeurs faisant à l'époque état de tensions entre le Premier ministre et son ministre des Finances, le général de Gaulle avait pressé le locataire de Matignon de calmer le jeu. Une photo des agapes, publiée dans *Paris-Match*, fut remise à Giscard avec, au dos, ces mots signés de la main de Pompidou : « En souvenir d'un dîner dont la cordialité n'a pu surprendre que "les autres". » Louis Giscard d'Estaing a fait reproduire le cliché pour l'offrir à Alain Pompidou, fils de l'ancien président, et Hervé Gaymard, président de la Fondation Charles de Gaulle. Lors d'un repas chez Lipp, bien sûr.

Le « 119 » de Chirac

Tout autre était l'ambiance des bureaux de Jacques Chirac au deuxième étage du 119, rue de Lille (7e), à deux pas de l'Assemblée, des ministères et de l'ancien siège du RPR. L'ancien monstre sacré savait que ces locaux seraient ses derniers, qu'il n'y avait pas de retour possible avec cette anosognosie qui corrodait ses souvenirs, depuis son AVC deux ans plus tôt. Le clan des chiraquiens avait bien entretenu en 2007 la rumeur d'une ultime candidature, mais nul n'avait acheté cette fable. Jacques Chirac, gagné par « une certaine déprime » de l'aveu des témoins de l'époque, s'installe donc à reculons au « 119 », après un séjour au Maroc. Jusqu'au bichon maltais Sumo qui, malheureux de ne plus gambader dans le parc de la présidence, le mord à plusieurs reprises violemment, le contraignant à s'en séparer. Pour qu'ils l'épaulent, il fait venir des collaborateurs de confiance de l'Élysée : le préfet Bertrand Landrieu, la communicante Bénédicte Brissart, le conseiller et chef de cabinet Hugues Renson, qu'il rebaptise « Barbichu », le diplomate Alain Sortais. Toujours en costume, sauf le vendredi en col roulé, l'ancien président, guère matinal, arrive entre 9 heures et 9 h 30 et regagne à l'heure du déjeuner son appartement du quai Voltaire, prêté par la famille Hariri. Parfois, il emmène son épouse Bernadette chez Tong Yen (8e) ou dans l'un de ses bistrots fétiches. Toujours chien et chat, ils s'égratignent à coups de petites perfidies, pourtant inséparables. À bientôt 75 ans, le père fondateur du RPR veut laisser une trace. Les jours s'étirent, consacrés à l'écriture de ses mémoires avec l'éditeur Jean-Luc Barré, au lancement de sa fondation pour le dialogue des cultures et aux séances de travail au Conseil constitutionnel. Il s'est fixé une règle et n'y déroge pas : jamais il ne parle en public de Nicolas Sarkozy, successeur honni qui a osé le qualifier de « roi fainéant ». « Il avait un principe, aucun commentaire sur la vie politique, car il considérait qu'il avait fait le choix de sortir du jeu », confirme Hugues Renson. « Une bonne vanne sur Sarko le faisait toujours rire ! » nuance un visiteur. Et lorsque des leaders étrangers – Bill Clinton, Angela Merkel, le chef Raoni, des ministres chinois – sont reçus par Sarkozy à l'Élysée, ils font souvent le détour rue de Lille pour saluer leur vieil ami. En 2012, désinhibé par la maladie, Chirac ne se privera pas d'apporter son soutien à François Hollande, à la grande panique des siens, qui prétexteront de l'humour corrézien.

Son état de santé déclinant à compter de 2010, les visites se font plus rares. C'est l'heure des derniers grognards : le copain de vadrouille Jean-Louis Debré ; le milliardaire François Pinault, qui prêta à la fin son hôtel particulier de la rue de Tournon (6e), car le fauteuil roulant de l'ancien président ne passait pas dans l'ascenseur du quai Voltaire ; le rabbin Haïm Korsia, devenu son confident ; Jacques Toubon, Alain Juppé, Jean-Pierre Raffarin, Christian Jacob, Dominique de Villepin. Un jour, François Baroin demande une audience en urgence. Nicolas Sarkozy veut le nommer ministre de l'Économie. « Baroin était venu chercher le blanc-seing de Chirac, qui le lui a donné », relate un ancien du cabinet. Dès qu'il le peut, l'ancien maire de Paris se rend à son musée du Quai Branly, dédié à sa passion des arts premiers. Esthète méconnu qui se grima toute sa vie en « Français popu », il a décoré son bureau du « 119 » avec une sobriété tout asiatique, en homme qui aime l'ordre et l'harmonie : ici, une réplique du crâne de Toumaï, plus ancien représentant connu du genre humain ; une toile de l'artiste chinoise Zao Wou-Ki ; un anneau porte-bonheur en jade ; une statuette du Congo qu'il surnomme

« Kofi Annan » parce qu'il lui trouve une ressemblance avec son ami, l'ancien secrétaire général des Nations unies ; une figurine de sumo miniature ; et une mystérieuse sacoche noire qu'il transporte partout, contenant des frises chronologiques depuis le big bang et des planches sur les civilisations préhistoriques[2]. Quand la surveillance des siens se relâche, il savoure en cachette une cigarette. Et moque ses visiteurs qui commandent un café le matin, leur offrant de déguster plutôt un gin-tonic. Le soir venu, il sirote un perroquet (pastis à la menthe) au Concorde, bavarde avec les touristes et complimente les jeunes femmes à coup de blagues de carabin, défiltré. Rue de Lille, sa fille Claude se fait plus présente, les invités se font, eux, plus rares, tristes de le voir s'enfoncer dans le silence. Souvent, un ange passe. Il survivra deux ans à sa fille aînée, Laurence, malade de longue date, le drame de sa vie. « Barbichu », son ancien conseiller, qui a connu ce monde englouti, soupire : « J'aimerais avoir son analyse du monde aujourd'hui... »

Lors de sa première rencontre en juillet 2017 avec Emmanuel Macron, Jacques Chirac a tenu à lui remettre un présent particulier : un petit cadre de bronze représentant le général de Gaulle en tenue de ville, cadeau de Georges Pompidou, qui l'a accompagné dans tous ses bureaux. Jamais le précieux objet n'a quitté depuis celui du président. Un jour viendra, bientôt, où lui aussi fera partie du club des « ex ». « Emmanuel fera de la politique comme les autres et verra des gens du matin au soir. Il ne pense déjà qu'à une chose : son retour en 2032 ! » badine un vieil ami. Un jour peut-être aussi, Macron offrira à son tour le petit cadre de bronze à un lointain successeur. Comme un passage de relais,

2. Arnaud Ardoin, *« Président, la nuit vient de tomber ». Le mystère Jacques Chirac*, Le Cherche Midi, 2017.

une transmission. Un ancien président, à l'instar des rois de France, ne meurt jamais vraiment.

Bibliographie sélective

ARDOIN Arnaud, *« Président, la nuit vient de tomber ». Le mystère Jacques Chirac*, Le Cherche Midi, 2017.

BARBIER Christophe, *Les Derniers Jours de François Mitterrand*, Grasset, 1998.

BEAUMONT Olivier, *La Tragédie de l'Élysée. Dans l'enfer des quinquennats Macron*, Robert Laffont, 2025.

COTTA Michèle, *Les Derniers Grands*, Plon, 2024.

GIESBERT Franz-Olivier, *Jacques Chirac. Une vie*, Flammarion, 2016.

HOLLANDE François, *Les Leçons du pouvoir*, Stock, 2018.

LAUVERGEON Anne, *La Promesse*, Grasset, 2024.

MARTICHOUX Élizabeth et MANGIN Catherine, *L'Art de perdre en politique. De Giscard à Macron, les politiques face à l'échec*, Stock, 2024.

MIGAUD Didier (premier président de la Cour des comptes) et SAUVÉ Jean-Marc (vice-président du Conseil d'État), *La Situation des anciens présidents de la République. Rapport et propositions*, juillet 2014, actualisé en mars 2016.

MINC Alain, *« Mes » présidents. De De Gaulle à Macron*, Grasset, 2020.

MITTERRAND François et BENAMOU Georges-Marc, *Mémoires interrompus*, Odile Jacob, 1996.

SAINT REMY Pauline DE (dir.), *La Surprise du chef. De la dissolution aux élections, 28 jours qui ont stupéfié la France*, « Politico », Denoël, 2024.

SARKOZY Nicolas, *Passions*, L'Observatoire, 2019.

TRIERWEILER Valérie, *Merci pour ce moment*, Les Arènes, 2014.

2

Le bureau du secrétaire général de l'Élysée Tour de contrôle de la République

par Guillaume TABARD

Pour les Français, le secrétaire général de la présidence est ce personnage qui annonce la composition de chaque nouveau gouvernement sur le perron de l'Élysée. À la fois relais et bouclier du président, ce Janus incarne une sorte de chef de gare de la nation. Si l'impulsion et la décision appartiennent au chef de l'État, le SG, comme le surnomment les initiés, les prépare et les fait mettre en œuvre. Centre névralgique du pouvoir en France, son bureau abrite tous les secrets d'État. Depuis 1959, ils sont vingt à avoir occupé la fonction. De leur entente avec le monarque républicain dépend l'efficacité de l'exécutif.

Voilà deux ans qu'il est secrétaire général de l'Élysée et, en cet été 2019, Alexis Kohler n'en peut plus. Il ne supporte plus ces tentures et ces rideaux qui tapissent son bureau d'un rose bonbon incertain, flétri par la poussière accumulée depuis… mais depuis quand, d'ailleurs ? En procédant au rafraîchissement de cette pièce à double exposition, à l'angle sud-ouest du premier étage de l'Élysée, les peintres retrouvent l'origine de cette décoration que le bras droit d'Emmanuel Macron se décide à changer. Mars 1979. Quarante ans plus tôt. Valéry Giscard d'Estaing était président de la République et son secrétaire général était Jacques Wahl, aujourd'hui nonagénaire.

Des chefs de l'État ont refait leur bureau, parfois changé de bureau ; les secrétaires généraux, eux, n'ont presque jamais touché au leur. Comme si, par une sorte de superstition républicaine, ils voulaient exprimer leur respect pour une fonction qui les dépasse. « On n'est pas le secrétaire général d'un président, mais le secrétaire général de la présidence de la République », insiste l'un des titulaires du poste, Frédéric Salat-Baroux, qui clôtura le mandat de Jacques Chirac. « Je me suis toujours senti un peu étranger à ce bureau », confie Philippe Bas, son prédécesseur, alors que, à la veille de mettre un terme à un bail exceptionnel de près de huit ans, Alexis Kohler admet « ne toujours pas réaliser que ce bureau est le [s]ien ».

En ce milieu du mois d'avril 2025, au moment de laisser son fauteuil à Emmanuel Moulin, le bras droit historique d'Emmanuel Macron n'a pas besoin de beaucoup de temps pour déménager ses affaires personnelles. Trois objets fétiches seulement : une enceinte connectée enchâssée dans la carcasse d'un poste de TSF des années 1930, que lui a offerte son ami Philippe Grangeon, autre proche du président ; le fac-similé du discours prononcé par Emmanuel Macron à Strasbourg pour les 70 ans du Conseil de l'Europe, en octobre 2019, quelques mois après la mort de son père, Charles Kohler, qui avait travaillé dans cette institution ; et, enfin, un cadre calligraphié offert par son épouse reprenant une phrase de Churchill : *If you're going trough hell, go on.* « Si vous traversez l'enfer, continuez. » Une devise pour tout occupant des lieux ? Moulin, en tous cas, ne s'est pas installé dans le décor vieux rose de tant de ses prédécesseurs, mais dans la clarté de la peinture, des rideaux et de la moquette, entre beige et gris clair, choisis par Kohler. Lequel avait aussi changé la disposition des meubles. Longtemps adossé au mur côté salle des fêtes, le bureau du SG est désormais placé entre les deux baies ouvrant sur le jardin, tandis que la grande table de réunion autour de laquelle une dizaine de personnes peuvent prendre place lui fait face, alignée sur le mur de son secrétariat particulier. Plus de tapisseries des Gobelins non plus. Ne reste plus comme décoration des origines que cette vue de Venise de petite dimension attribuée à Canaletto – « à son école », corrige Alexis Kohler –, devant laquelle ont travaillé les occupants successifs du lieu. Dans les réserves nationales, Frédéric Salat-Baroux avait déniché un grand et lumineux tableau de Nicolas de Staël qui, trois successeurs plus tard, fut retiré, comme si cette touche de modernité de seyait pas à l'immuabilité de ce lieu.

Gare de triage de la nation

Les vingt secrétaires généraux de la Ve République ont pourtant pleinement exercé leur mission de bras droit du chef de l'État, vivant véritablement dans cette pièce d'une trentaine de mètres carrés, y arrivant tous les matins dès 8 heures et n'en repartant jamais avant minuit lorsque, après le tourbillon d'une journée au sommet du pouvoir, le silence du palais permet de se concentrer sur d'ultimes dossiers. Kohler n'en repartait jamais en laissant une question du jour en suspens, « un retard de ma part se répercutant sur les autres ». Si ce bureau impressionne ses occupants qui, pour la plupart, n'ont pas osé y installer trop d'objets personnels, il intimide surtout ceux qui y sont conviés et, plus encore, ceux qui n'y rentreront jamais, mais qui savent qu'il est le centre névralgique du pouvoir en France. Si l'impulsion et la décision appartiennent au président de la République, le secrétaire général est celui qui prépare, instruit et fait mettre en œuvre ses décisions. Celui par qui tout passe avant d'arriver au président et par qui tout redescend. Le bureau du secrétaire général de l'Élysée est la gare de triage de la France. Et son occupant, le chef de gare de la République.

De Geoffroy Chodron de Courcel, l'aide du camp de De Gaulle à Londres, que ce dernier appela à ses côtés lorsqu'il devint « le premier en France » en 1959, à Emmanuel Moulin, ancien directeur de cabinet de Bruno Le Maire à Bercy, puis de Gabriel Attal à Matignon, appelé à fermer le mandat macronien, ils sont donc vingt à s'être succédé – vingt et un si l'on compte Bernard Beck qui effectua les deux intérims d'Alain Poher après la démission de De Gaulle et la mort de Pompidou. Vingt occupants de la fonction, mais pas de l'actuel bureau.

De Gaulle décide de s'installer au premier étage de l'Élysée, dans le salon doré central, pour marquer une rupture avec René Coty et ces présidents d'avant qui siégeaient au rez-de-chaussée – le salon d'angle du premier servait en effet de salle à manger et le nouveau chef de l'État y tint parfois des conseils des ministres. Entre le salon doré et cette pièce d'angle se trouve le bureau des aides de camp, aujourd'hui appelé le salon vert, où les présidents depuis Chirac organisent leurs réunions de travail. C'est de l'autre côté, à droite du salon présidentiel quand on regarde la façade depuis le parc, que sont deux autres bureaux. L'un, symétrique à la salle à manger de Coty, bénéficiant lui aussi d'une double exposition, réservé au directeur de cabinet, et l'autre, plus petit, mais mitoyen de celui du chef de l'État, occupé initialement par le secrétaire général.

C'est dans ce petit bureau-là que travaillèrent Chodron de Courcel, Étienne Burin des Roziers et Bernard Tricot sous de Gaulle, Michel Jobert et Édouard Balladur sous Pompidou. La géographie changea lorsque Valéry Giscard d'Estaing, élu en 1974 – est-ce par humilité ou pour signifier une rupture ? –, renonça au salon doré, repris ensuite à partir de François Mitterrand, pour s'installer dans ce deuxième bureau d'angle[1]. Ses collaborateurs durent s'adapter à cette nouvelle topographie et c'est ainsi que Claude Pierre-Brossolette fut le premier à occuper ce qui est désormais le bureau du secrétaire général.

Comme pour celui du président de la République, on y accède en gravissant l'escalier qui part à gauche du vestibule d'honneur, construit par le prince Murat, aux rampes ornées de palmes dorées. Passé le vestibule du premier étage où les huissiers accueillent les visiteurs, on arrive à l'antichambre commune au président et à son secrétaire général. Qui vient voir le second peut laisser croire qu'il est attendu par le premier ou espérer que celui-ci le croise et le salue. Mais si l'on entre dans le bureau présidentiel par le salon vert voisin, on rejoint celui de son bras droit par son secrétariat personnel à la porte aussi blanche que le mur, comme dérobée, donnant un caractère un tantinet secret à l'antre de l'homme le plus puissant de France. Lieu où les grandes affaires de la France sont préparées et décidées loin des regards. Lieu des confidences et des secrets. De messes basses ? À l'époque de Murat, un autel y fut bien installé, ce qui lui conféra un temps le nom de « salon de la chapelle ».

« Maison France » et « maison Élysée »

Une précision sémantique s'impose. Dans chaque ministère, l'homme clé est le directeur de cabinet. Bras droit du ministre,

---

1. Lire le chapitre de Solenn de Royer dans le précédent opus *Les Lieux du pouvoir*, dir. S. Le Fol, Perrin, 2024.

c'est lui qui met en œuvre la politique définie au sommet de l'exécutif, tandis que le secrétaire général du ministère, dont l'identité n'est d'ailleurs pas forcément liée à la personne du ministre ou à sa couleur politique, est celui qui fait tourner l'administration. Au directeur de cabinet l'animation de l'équipe politique, au secrétaire général du gouvernement la gestion des personnels du secteur concerné. Cette répartition des rôles se retrouve à Matignon, où le premier est le relais direct du Premier ministre, tandis que le second est le garant du fonctionnement et de la continuité de l'État.

À l'Élysée, c'est exactement l'inverse. Le politique, c'est le secrétaire général, l'intendant, c'est le directeur de cabinet. Le secrétaire gère l'équipe d'une trentaine ou quarantaine de conseillers ou chargés de mission thématique qui travaillent pour le président de la République. Le directeur chapeaute l'équipe de quelque huit cents personnes qui travaillent pour la présidence de la République et relèvent d'une multitude de métiers allant de l'intendance aux services de protection.

Dans le fonctionnement de l'exécutif, l'alter ego du secrétaire général de l'Élysée est donc avant tout le directeur de cabinet de Matignon. Le président, le Premier ministre et leurs bras droits forment un quatuor dirigeant la France. Sous la présidence Hollande, c'était un rituel : tous les lundis, le chef de l'État déjeunait avec le chef du gouvernement – Jean-Marc Ayrault, puis Manuel Valls – dans la salle à manger du rez-de-chaussée, tandis que dans son bureau, le secrétaire général – Pierre-René Lemas, puis Jean-Pierre Jouyet – partageait un plateau-repas avec le « dir cab » de Matignon – Christophe Chantepy pour Ayrault, Véronique Bédague pour Valls. Au moment du café, le quatuor se reconstituait. Sous Macron, Alexis Kohler a conservé l'habitude du plateau-repas, mais les cafés à quatre se sont espacés.

La répartition des rôles est claire entre le secrétaire général et le directeur de cabinet. La « maison France » pour le premier, la « maison Élysée » pour le second. Ce dernier est presque toujours un préfet. Ce qui lui confère en outre un droit de regard naturel sur les dossiers régaliens ou les nominations dans la préfectorale. Le SG va rarement sur ce terrain, sauf s'il en est lui-même issu, comme Claude Guéant, ayant fait toute sa carrière dans le périmètre du ministère de l'Intérieur. Mais dès son arrivée, il a été établi qu'Alexis Kohler aurait la main sur l'intégralité des affaires de l'Élysée. Ce fut donc lui, et non le directeur de cabinet, qui fut chargé de rationaliser l'organisation de la présidence, qui jusqu'alors ressemblait plus à un jardin à l'anglaise, en y mettant en place quatre directions opérationnelles.

Jeux de pouvoir

Mais à chacun son profil. Par tradition, la cellule diplomatique dispose d'une large autonomie. Son patron, souvent, ne rend de comptes qu'au président. Mais lorsque le secrétaire général était auparavant chef de cette cellule, comme Hubert Védrine, ou qu'il est issu du Quai d'Orsay, comme Dominique de Villepin, il est évident que rien de ce qui relève des Affaires étrangères ne lui est inconnu. D'autres prirent goût à la diplomatie, officielle autant qu'occulte, comme Claude Guéant. La cellule communication aussi dispose d'une grande autonomie, ne serait-ce que parce que, depuis Giscard, tous les présidents revendiquent une expertise personnelle en la matière. Ce qui n'empêche pas le secrétaire général de recevoir discrètement quelques éditorialistes triés sur le volet. Lorsqu'un ministre commet une bévue dans une matinale radio, c'est lui aussi qui s'empresse de faire le tour des rédactions pour éteindre au plus vite les incendies. Un seul alla jusqu'à assumer un rôle médiatique public : Claude Guéant qui, à la demande de Nicolas Sarkozy, accorda des interviews. Il en fit une la veille du discours de politique générale de François Fillon, manière de faire comprendre que les décisions et les annonces venaient de l'Élysée et pas de Matignon.

Certains SG ont un profil plus régalien, quand d'autres ont davantage leurs réseaux dans les milieux économiques. Tel Xavier Musca, passé par les cabinets de Francis Mer et Nicolas Sarkozy à Bercy et qui était secrétaire général adjoint chargé des questions économiques avant de succéder à Claude Guéant. Même quand il fut promu, le chef de l'État lui demanda de garder son rôle de « sherpa », c'est-à-dire de cheville ouvrière des sommets internationaux auxquels participe le président de la République. Inspecteur des finances et spécialiste des questions européennes, Jean-Pierre Jouyet était particulièrement soucieux des nominations à la tête des grandes entreprises publiques.

Au sommet de la pyramide élyséenne, le secrétaire général doit parfois composer avec un « conseiller spécial » ou une « plume » (rédacteur des discours du président) jouant les électrons libres et jaloux de sa relation exclusive avec le chef de l'État. Arrivé à l'Élysée, Pompidou choisit Michel Jobert pour le secrétariat général. « Pour le reste, arrangez-vous entre vous », dit le nouvel élu. Pierre Juillet, jouant les grands seigneurs, laissa le fauteuil de secrétaire général adjoint à Édouard Balladur, lequel découvrit quelques jours plus tard que Juillet avait obtenu un titre de « conseiller spécial » le plaçant en deuxième position, derrière Jobert, dans la hiérarchie. Ce titre fut ensuite celui de Jacques Attali sous Mitterrand. L'essayiste aurait aimé être secrétaire général, mais les « politiques » s'y opposèrent, imposant Pierre Bérégovoy en 1981, puis Jean-Louis Bianco en 1982.

Mais Mitterrand aimait diviser, ou plutôt cloisonner, pour mieux régner. Marginalisé dans l'organigramme officiel, Attali, également « sherpa » du président, obtint de s'installer dans le salon vert. C'est lui, et pas le secrétaire général, qui occupa ainsi le bureau mitoyen du chef de l'État, voyant passer devant lui chaque visiteur de Mitterrand. Après lui, Anne Lauvergeon conserva la place, avant que le salon vert redevienne sous Chirac le lieu des réunions et des séances de relecture des discours. Pas toujours facile non plus pour un Pierre-René Lemas, sous Hollande, de faire avec Aquilino Morelle, ou pour Claude Guéant, sous Sarkozy, de composer avec Henri Guaino, ces deux plumes souhaitant non seulement donner du style au président, mais une ligne à la présidence.

Un emploi du temps chahuté

Tous les SG font le même calcul : les réunions ou rendez-vous fixes accaparent plus d'un tiers de leur emploi du temps. Tous les lundis, en fin de journée, le « premier collaborateur » accueille, dans son bureau, le secrétaire général du gouvernement pour préparer l'ordre du jour du Conseil des ministres. Le mercredi matin, les deux hommes assistent, muets, mais scribes attentifs, au Conseil, assis sur une petite table en retrait. Le SG préside une réunion de cabinet hebdomadaire, de préférence dans un des salons du rez-de-chaussée pour accueillir la trentaine ou la quarantaine de participants. Jouyet la tenait le vendredi à 10 heures. Mais c'est dans son bureau que se déroule la réunion des chefs de pôle – moins d'une dizaine de personnes – parfois hebdomadaire (sous Hollande), bihebdomadaire (sous Macron), voire quotidienne (sous Chirac ou Sarkozy). Toujours en début de matinée – « et debout », précise Philippe Bas. Mais ces bourreaux de travail veillent à l'équilibre personnel de leurs équipes. « Je me suis toujours interdit de convoquer une réunion avant 8 heures ou après 19 heures », assure Alexis Kohler. Il faut y ajouter les différents conseils de défense, particulièrement nombreux sous Macron, ou la si importante réunion de communication, que Nicolas Sarkozy aimait réunir le dimanche après-midi. Mais le propre de l'emploi du temps de la vigie élyséenne est d'être en permanence chahuté. Un script de réunion archivé relate ainsi un rendez-vous organisé sur le Liban par Jean-Louis Bianco en 1984 interrompu successivement par un appel téléphonique, une demande de François Mitterrand qui ne peut pas attendre, une digression de Jacques Attali sur une déclaration de Margaret Thatcher, le passage inopiné d'Edgar Faure attendant d'être reçu par le président, puis le départ obligé à un déjeuner diplomatique. Une demi-heure après le lancement de la réunion, le sujet à l'ordre du jour n'a toujours pas été abordé. Scène de la vie quotidienne à l'Élysée…

Tour de contrôle, le secrétaire général est à la fois le relais et le bouclier du président. « Notre rôle n'est jamais de décider à sa place, mais de lui donner tous les moyens de décider en toute connaissance de cause », résument en termes quasiment identiques tous les intéressés. C'est vrai pour les nominations à faire où il faut lui présenter tous les profils possibles. Comme lorsque Xavier Musca fit rencontrer Mario Draghi à Nicolas Sarkozy qui ne le connaissait pas lorsqu'il fallut désigner un successeur à Jean-Claude Trichet pour la présidence de la Banque centrale européenne. Ne pas décider à sa place, mais peser, oui. Frédéric Salat-Baroux s'est battu pour qu'au moment des émeutes urbaines de novembre 2005, Jacques Chirac glisse cette phrase dans son discours : « Je veux dire aux enfants des quartiers difficiles, quelles que soient leurs origines, qu'ils sont tous les filles et les fils de la

République. » Philippe Bas avait suggéré à Chirac de changer de Premier ministre dès 2004, ce qu'il ne fit pas. Et Alexis Kohler reconnaît avoir à chaque changement de gouvernement suggéré un nom à Emmanuel Macron ; sans préciser s'il fut chaque fois écouté.

Aider le président, c'est aussi ne pas lui faire perdre de temps. Pierre Bérégovoy instaura l'usage des notes ne dépassant pas une page. Habitude de l'inspection des finances, Jean-Pierre Jouyet rédigeait les siennes à l'encre verte. Informer le chef de l'État complètement sans l'encombrer inutilement, autre casse-tête pour le SG. Et en quelles circonstances faut-il le réveiller la nuit ? Dans *Le Pouvoir et la Vie*, Valéry Giscard d'Estaing rapporte que Jacques Wahl l'appela ainsi au milieu de la nuit pour lui annoncer l'attentat contre la synagogue de la rue Copernic. Trois décennies plus tard, alerté de l'arrestation de Dominique Strauss-Kahn dans la nuit du 14 avril 2011, Xavier Musca s'est interrogé, avant de conclure que cela ne changerait rien de laisser Nicolas Sarkozy dormir quelques heures de plus. Ce qui lui valut une réaction agacée de l'intéressé qui avait déjà appris la nouvelle par un appel nocturne d'un de ses fils.

Pour les Français, le secrétaire général de la présidence n'existe que lorsqu'il apparaît sur le perron de l'Élysée pour annoncer la composition du gouvernement. On se souvient du sourire ravi que Jean-Pierre Jouyet ne put retenir en citant le nom d'Emmanuel Macron, nommé à Bercy, son poulain qu'il couvait lorsqu'il était secrétaire général adjoint chargé des questions économiques. On sait moins que François Hollande fut informé à la dernière seconde de la « phobie administrative » qui frappait Thomas Thévenoud ; mais trop tard pour rattraper Jouyet qui commençait déjà à égrener la liste. Sous Chirac, un nom fut changé au moment où Frédéric

Salat-Baroux descendait les marches de l'escalier Murat. Ni le malheureux biffé ni l'heureux nommé ne le savent.

Une histoire de couple

Vingt titulaires pour huit présidents de la République. Le général de Gaulle en a nommé trois (en dix ans), Georges Pompidou, deux (en cinq ans), Valéry Giscard d'Estaing, trois (en sept ans), François Mitterrand et Jacques Chirac, trois également (mais en respectivement quatorze et douze ans), Nicolas Sarkozy et François Hollande, deux chacun (en un quinquennat), ce qui est désormais aussi le cas d'Emmanuel Macron.

Sur la même période, ces présidents ont nommé vingt-huit Premiers ministres (vingt-neuf si l'on distingue les deux passages de Jacques Chirac à Matignon, en 1974, puis en 1986). Les présidents de la République ont donc changé plus fréquemment de chef de gouvernement que de premier collaborateur. Et pour cause, si le bail du premier est indexé sur les évolutions politiques et notamment les échéances électorales, celui du second ne dépend que de l'entente personnelle entre les deux hommes. Laquelle fut souvent très forte, comme en a attesté le fonctionnement constant du tandem Macron-Kohler.

Alexis Kohler est ainsi demeuré secrétaire général de l'Élysée durant près de huit ans. S'il avait continué jusqu'au terme du mandat d'Emmanuel Macron, il aurait battu le record de longévité dans la fonction. Avec ce départ, Jean-Louis Bianco détient toujours le record, en poste près de neuf ans auprès de François Mitterrand, de 1982 à 1991. Deux autres SG ont tenu plus de cinq ans : Dominique de Villepin, qui a effectué la totalité du septennat de Jacques Chirac (1995-2002), et Étienne Burin des Roziers, qui a accompagné de Gaulle pendant cinq ans et demi, de 1962 à 1967. Un seul des vingt n'a pas franchi la barre de la première année, Édouard Balladur, en poste lors du décès de Georges Pompidou, mais qui, de ce fait, joua un rôle décisif durant la maladie et l'agonie du successeur du Général.

Nommé à 44 ans, Kohler ne fut pas non plus le benjamin des bras droits de présidents. La palme revient là encore à Jean-Louis Bianco, qui n'avait que 39 ans lors de sa nomination. Frédéric Salat-Baroux (41 ans), Hubert Védrine, Philippe Bas et Édouard Balladur étaient également plus jeunes que lui en s'installant dans ce fauteuil. Trois seulement étaient sexagénaires lors de leur nomination : Claude Guéant (62 ans) sous Nicolas Sarkozy, Pierre-René Lemas (61 ans) et Jean-Pierre Jouyet (qui venait de fêter ses 60 ans) sous François Hollande. Le nouveau nommé, Emmanuel Moulin, a 56 ans.

Le bureau des confidences

Pour travailler, le secrétaire général traverse dix fois par jour le salon vert pour se rendre dans le salon doré. Le trajet inverse est bien plus rare. Mais cela arrive. Il ne s'agit pas alors pour le président de travailler, mais de s'épancher. « Le bureau du secrétaire général est le bureau des confidences », se souvient avec un rien de nostalgie François Hollande. En toute fin de journée, les dossiers ayant été traités, les rendez-vous honorés et les réunions achevées, le chef de l'État retrouve son bras droit pour échanger sur les humeurs de la ville. Emmanuel Macron aime y bavarder un verre de whisky à la main. Hubert Védrine se souvient de François Mitterrand venant épancher un désarroi, si rare chez lui, face au déchaînement de la violence entre Hutus et Tutsis au Rwanda, ou s'inquiéter des réactions des gens de l'Élysée aux révélations sur son passé dans le livre de Pierre Péan. Philippe Bas n'a pas oublié Jacques Chirac poussant la porte pour évaluer devant lui l'alternative entre Dominique de Villepin et Michèle Alliot-Marie pour succéder à Jean-Pierre Raffarin. Frédéric Salat-Baroux revoit le visage de Jacques Chirac se figer en suivant sur la télévision du secrétaire général le discours de victoire de Nicolas Sarkozy, lequel ne cita pas même le nom de celui qu'il allait remplacer. Xavier Musca reste impressionné par le sang-froid d'un Sarkozy qui, apprenant tout juste sa défaite, vint lui donner des consignes minutieuses pour organiser les jours à venir jusqu'à la passation de pouvoir avec François Hollande et ses équipes.

Il y a, on l'a vu, un côté Janus dans la figure du secrétaire général de l'Élysée. Il est à la fois un « techno » et un politique. Un techno, car il est l'homme des dossiers ; un politique, car il est l'homme du président. Haut fonctionnaire, il n'est pas censé porter une vision personnelle du pays ni nouer un lien direct avec ses habitants, il doit juste s'assurer du bon fonctionnement de la maison France. Disposant d'un lien unique avec le chef de l'État, il est écouté comme s'il était sa voix. Sa parole engage et a du poids, car elle exprime la pensée, la volonté ou les décisions du premier détenteur de la légitimité populaire. S'il lui est demandé d'être compétent, on le sait aussi influent. Il ne parle pas à la première personne, mais, après le président, il est la première personne à l'Élysée.

D'où la nécessité pour lui de surveiller chacun de ses mots. Et de se garder d'être utilisé dans des jeux d'influence. Nommé en même temps que le gouvernement Raffarin, Philippe Bas a aussitôt vu arriver dans son bureau le nouveau ministre de l'Intérieur, Nicolas Sarkozy. Lequel, déjà habité de pensées présidentielles, lui a proposé qu'ils se rencontrent seul à seul tous les quinze jours. Le secrétaire général débutant y a deviné un prétexte pour établir une ligne directe avec l'Élysée en ignorant le Premier ministre. Il n'a pas donné suite à l'offre.

Rôle politique encore quand il s'agit de recevoir ceux que le président n'a pas le temps ou pas l'envie de voir. Ou qu'il y a des tournants délicats à gérer. Après la défaite de 1993 qui annonçait une seconde cohabitation, Hubert Védrine fut chargé de rencontrer Édouard Balladur, pressenti pour Matignon, pour lui faire passer ce message d'un François Mitterrand à la fois malade et en fin de mandat : « Je veux être respecté dans ma personne et dans ma fonction. »

Et après ?

Être ainsi considéré comme l'homme le plus puissant de France peut donner des idées. Et l'envie de passer de l'autre côté de la rampe. Certes, à quelques rares exceptions, aucun SG ne s'est pris pour plus important qu'aucune autre figure de proue de l'exécutif. « Si vous commencez à vous croire puissant, c'est que vous faites mal votre travail. Le bon secrétaire général, c'est celui qui sacrifie son ego », tranche Xavier Musca. Mais maîtriser tous les dossiers, et parfois mieux ou plus sérieusement que certains ministres, finit par instiller la conviction que l'on saurait faire soi-même ce que d'autres sont légitimés à faire. C'est donc dans ce bureau que peut naître l'envie de devenir ministre. Dans certains cas, c'est le chef de l'État qui souhaite donner sa chance à son premier collaborateur ou estime qu'une telle promotion est pour lui un gage à la fois de tranquillité dans la relation et d'efficacité dans le travail.

Sur les vingt titulaires de la fonction, neuf sont ensuite entrés au gouvernement. Le premier fut Michel Jobert. Bras droit de Pompidou à Matignon, puis à l'Élysée, il fut nommé ministre des Affaires étrangères en mars 1973 lorsque Maurice Schumann fut battu aux élections législatives. S'il ne resta qu'un an au Quai d'Orsay, il a marqué par son bras de fer avec Henry Kissinger contre les ingérences américaines en Europe. Au purgatoire sous Giscard, il fut ensuite l'unique ancien membre d'un gouvernement de la Ve à devenir ministre de François Mitterrand (chargé du commerce extérieur, de 1981 à 1983). Cinq ans après lui, Jean François-Poncet passa aussi du secrétariat général de la présidence au Quai d'Orsay. Tout comme Dominique de Villepin, aux côtés de Chirac à l'Élysée durant tout le septennat (1995-2002), puis ministre des Affaires étrangères dans le gouvernement de Jean-Pierre Raffarin (2002-2004). Un quatrième SG devint patron de la diplomatie, Hubert Védrine, durant les cinq ans du gouvernement de Lionel Jospin, mais après une coupure de deux ans.

Du quai d'Orsay, Villepin est passé place Beauvau, comme plus tard Claude Guéant sous la présidence Sarkozy, avant d'être nommé Premier ministre. Il fut le troisième secrétaire général de l'Élysée à prendre ses quartiers à Matignon. Deux autres ont accédé à la tête du gouvernement : Pierre Bérégovoy (1992-1993) et Édouard Balladur (1993-1995), les deux hommes ayant en commun d'avoir été préalablement ministres de l'Économie et des Finances.

Dans cette lignée ministérielle, il faut ajouter Jean-Louis Bianco qui, comme Pierre Bérégovoy avant lui, franchit la Seine pour prendre en charge les Affaires sociales, et Philippe Bas qui s'occupa de secteurs sociaux (Sécurité sociale, personnes handicapées, famille, santé), dont cet ancien collaborateur de Simone Veil et de Jacques Barrot était familier. « Philippe, dites-moi oui, car c'est la dernière fois que je pourrai vous le proposer », lui dit Jacques Chirac qui, en 2005, s'approchait de la fin de son mandat.

Entrer en politique, c'est aussi décrocher un mandat électif. Édouard Balladur fut le premier SG à se faire élire député, en 1986 à Paris. Il fut suivi par Pierre Bérégovoy, élu député et maire de Nevers ; par Jean-Louis Bianco, devenu maire de Digne en 1995, puis député et président du conseil général des Alpes-de-Haute-Provence, et par Philippe Bas, qui s'implanta dans la Manche, dont il présida le conseil général et dont il fut sénateur.

Claude Guéant se présenta aux législatives à Boulogne-Billancourt, en 2012, mais fut battu. Un seul secrétaire général eut une carrière d'élu local avant de devenir le premier collaborateur du chef de l'État : Jean François-Poncet, qui était déjà élu du Lot-et-Garonne depuis dix ans, et dont il présida ensuite le conseil général. Autre particularité : François-Poncet, nommé ensuite au Quai d'Orsay, avait été membre du gouvernement avant d'être à l'Élysée, comme secrétaire d'État aux Affaires étrangères. Tel fut le cas également de Jean-Pierre Jouyet, secrétaire d'État aux Affaires européennes de Nicolas Sarkozy avant de devenir, cinq ans plus tard, secrétaire général de François Hollande.

Le même Jouyet, à sa sortie de l'Élysée, fut nommé ambassadeur à Londres. Ce fut le cas du tout premier des secrétaires généraux, Geoffroy Chodron de Courcel, ambassadeur au Royaume-Uni de 1962 à 1972. Le successeur de celui-ci, Étienne Burin des Roziers, connut la même suite de carrière, comme ambassadeur à Rome de 1967 à 1972.

Alexis Kohler, lui, a fait le choix de rejoindre la banque, en devenant directeur général adjoint de la Société générale. Avant lui, trois autres secrétaires généraux avaient suivi cette voie : Claude Pierre-Brossolette, nommé président du Crédit Lyonnais en 1976 ; Jacques Wahl, nommé directeur général de la BNP après la victoire de François Mitterrand sur Valéry Giscard d'Estaing. Enfin, Xavier Musca, après la victoire de

François Hollande sur Nicolas Sarkozy, est devenu directeur général délégué de Crédit agricole SA.

Ainsi, dans cette longue chaîne de grands ordonnateurs de l'action publique, quatre ont été au Quai d'Orsay, trois à Matignon, deux place Beauvau et deux aux Finances (rue de Rivoli pour Balladur, Bercy pour Bérégovoy), mais aucun n'est encore retourné à l'Élysée comme président de la République. L'un d'entre eux, Édouard Balladur, a été candidat à la présidentielle, en 1995, et un autre, Dominique de Villepin, a espéré et espère toujours se présenter. Emmanuel Macron aurait aimé être promu secrétaire général. Faute de l'avoir été, il quitta l'Élysée en juillet 2014. Si François Hollande l'avait choisi, aurait-il été le premier secrétaire général à devenir président de la République ? Ou, à l'inverse, ce lien l'aurait-il dissuadé de se lancer dans cette aventure politique personnelle qui le ramena à l'Élysée trois ans plus tard, dans le salon doré ?

Bibliographie sélective

ARMAND César et BONGIBAULT Romain, *Dans l'ombre des présidents. Au cœur du pouvoir : les secrétaires généraux de l'Élysée*, Fayard, 2016.

BALLADUR Édouard, *La Tragédie du pouvoir. Le courage de Georges Pompidou*, Fayard, 2013.

BAS Philippe, *Avec Chirac*, L'Archipel, 2012.

CASTA-ROSAZ Fabienne et ABERGEL Philippe, *L'Élysée*, Le Cherche Midi, 2010.

DUHAMEL Patrice et SANTAMARIA Jacques, *L'Élysée. Coulisses et secrets d'un palais*, Plon, 2017.

JOUYET Jean-Pierre, *L'Envers du décor*, Albin Michel, 2020.

REVEL Renaud, *Les Cardinaux de la République*, First, 2016.

3

Bercy
Le ministère de la dépense publique

par Corinne LHAÏK

Il fallait du culot, en 1983, pour installer le ministère de l'Économie à l'est de Paris, dans ce qui était alors un no man's land de rails, de grilles et de bitume. Les Finances quittèrent alors l'aile Richelieu du musée du Louvre, que François Mitterrand souhaitait « rendre à l'histoire de France ». L'édifice dessiné par les architectes Borja Huidobro et Paul Chemetov, avec ses 42 kilomètres de couloirs et ses six mille fonctionnaires, symbolise la passion française pour l'État.

Rien ne donne envie d'entrer à Bercy. Rien ne donne envie d'en sortir non plus. Dans cette carapace de pierre, coupée du commun par des douves, on peut déjeuner et dîner, faire du sport, jouer du piano ou au baby-foot, confier ses enfants à la garderie, inventer de nouveaux impôts, dépenser des milliards, nationaliser, privatiser, créer une monnaie, l'euro, sauver des entreprises, décider (autrefois) du prix du pain et (toujours) de celui des cigarettes. Le pouvoir attire les meilleurs, les meilleurs confisquent le pouvoir : que l'État soit fort ou faible, les fonctionnaires du ministère incarnent l'excellence et le font savoir.

Le premier contact, le contrôle de sécurité par des douaniers, est trivial. Le reste se veut une marche majestueuse au cœur du pouvoir de l'argent. Les talons claquent le long de l'allée Jean Monnet. Cette épine dorsale distribue le bâtiment Vauban, à droite, son jumeau Colbert, à gauche. Les portes, les poteaux, les passerelles et les courants d'air défilent avant de déboucher sur la cour Robert-Schuman. Le centre de conférence Pierre-Mendès-France et l'hôtel des ministres se font face. Puisé dans les livres d'histoire, ce chapelet de noms brosse le portrait d'une France forteresse économique ouverte sur l'Europe.

Tout au bout coule la Seine. Bercy plonge une jambe minérale dans l'eau fluviale. En aval, une autre cathédrale vous contemple, Notre-Dame de Paris. Le 15 avril 2019, du haut de sa salle à manger tombant à pic sur l'eau, Bruno Le Maire, locataire de Bercy sept ans durant, un record, voit le feu s'emparer de l'édifice. Il a fallu cinq ans pour en effacer les traces. Sept ans seulement pour bâtir le ministère de l'Économie, des Finances, de la Souveraineté industrielle et numérique (son nom actuel) au 139, rue de Bercy, dans le 12e arrondissement parisien, une presque banlieue. Près de quarante ans plus tard, un nouveau chantier est envisagé. Une rénovation pour sacrifier aux nouveaux dieux, l'isolation thermique, le télétravail, les économies de mètres carrés.

Le temps béni du Louvre

Il fallait du culot, en 1983, pour installer ce lieu de pouvoir aux confins des lieux historiques de pouvoir. Alors, les architectes insistent : ils marquent l'appartenance à la capitale en donnant au métal la couleur de la Tour Eiffel, le beige Ral 1015 ; et ils égrènent des signes de puissance, tels les cailloux du Petit Poucet. Borja Huidobro, 88 ans, l'un des deux architectes de Bercy, avec Paul Chemetov, décédé en 2024, a voulu respecter la feuille de route. « Il existe deux sortes d'architectes, dit-il, les contextuels et les conceptuels. Je fais partie de la première catégorie. »

Bercy revient de loin. De la rue de Rivoli et de l'aile Richelieu du musée du Louvre que les Finances occupent de 1871 à 1989. Une perle parmi les perles. La vie du fonctionnaire s'écoule alors entre la Comédie-Française, l'Opéra, les Galeries Lafayette, les Tuileries, agréables promenades à l'heure du déjeuner. Les uns poussent jusqu'au bowling de la porte Maillot, d'autres suivent la construction des Halles, le grand chantier de l'époque.

En ce temps-là, le métier de coursier est essentiel. Celui de secrétaire, stratégique. Ces dames travaillent en pool, tapent les écrits de ces messieurs. Les tâches sont genrées. Le téléphone est fixe et rare. Le chef de bureau et son adjoint disposent d'un poste, leurs subordonnés doivent en partager un, relié à celui des secrétaires.

Les câbles courent dans les couloirs, les calculatrices sont mécaniques, les délais aussi. À la direction du Budget, les comptes de la France pour l'année suivante doivent être bouclés avant le 14 juillet de l'année en cours, pour une raison sacrée : à partir de cette date, l'Imprimerie nationale est en vacances jusqu'au 1er septembre.

À la fin des années 1970, quand ils en ont encore, les hommes portent les cheveux un peu longs, parfois légèrement gonflés par un brushing. Chaque semaine, les chefs de cabinet des ministres se rendent à la Banque de France, toute proche, et reviennent avec des mallettes de billets. Des primes en espèces sont distribuées aux conseillers. Personne n'y trouve à redire[1].

1. La pratique des fonds spéciaux à disposition du gouvernement et de l'Élysée, légale, a été réformée en 2001.

Les murs gardent le souvenir de leurs hôtes, parfum de Gitanes et de Gauloises, de cigares pour la hiérarchie. La fumée, la bagnole – la rue de Rivoli n'est pas encore une piste cyclable –, un parking à ciel ouvert, le plus connu du monde puisque y trône aujourd'hui la pyramide de verre de Pei… Les images sont de Claude Sautet, les décors de Napoléon III. Au premier étage, le cabinet du ministre de l'Économie et des Finances est installé dans les anciens appartements du ministre d'État de l'empereur, un déluge de velours, de dorures et de pampilles. Conseiller de Pierre Bérégovoy, ministre de l'Économie et des Finances de 1984 à 1986, puis de 1988 à 1992, André Gauron garde le souvenir d'un couloir central sans fenêtres. Il débouche sur le bureau du ministre. À droite, un autre couloir conduit à un salon rouge et or. Des confidents, fauteuils en forme de S, permettent la conversation à deux sans avoir à tourner la tête.

Un escalier en colimaçon mène à l'entresol, royaume de l'entre-soi. Les directions les plus prestigieuses l'occupent, le Budget, le Trésor. Et surtout, la mythique Inspection des finances, marchepied vers les grands postes de l'administration ou de l'entreprise. Dans cette pépinière du pouvoir, les débuts sont humbles, que l'on s'appelle Valéry Giscard d'Estaing, Michel Rocard ou Daniel Bouton. « Vous allez partir pour Carcassonne inspecter les services extérieurs du département de l'Aude », dit-on à ce dernier, futur patron de la Société générale. Il aura vu Annecy, Chartres et Château-Thierry…

Apprendre à dépenser

En 1981, un double malheur s'abat sur le poumon financier de la France. Le 10 mai, François Mitterrand est élu président de la République. L'argent n'aime pas le désordre. Au sommet de l'État, les destins se croisent. Laurent Fabius, nommé ministre du Budget, commence une carrière. Il ira jusqu'à Matignon. Maurice Papon, son prédécesseur, finit la sienne dans le déshonneur. Le 6 mai 1981, *Le Canard enchaîné* révèle que l'ancien préfet de Bordeaux a joué un rôle actif dans la déportation des juifs. Les membres de son cabinet veulent alors démissionner en bloc, pour marquer leur dégoût. À leur tête, Pierre Bilger les en dissuade. L'élection présidentielle met un terme à ces démangeaisons.

Il va falloir apprendre à dépenser. Tel est le langage tenu par Louis Schweitzer, directeur du cabinet de Laurent Fabius, quand il réunit l'ensemble des fonctionnaires du Budget, salle Colbert. Les fonctionnaires sont secoués par un séisme aussi intense que celui du « quoi qu'il en coûte », quarante ans plus tard, pour cause de Covid-19.

Il s'agit de créer 150 000 emplois publics. Ce n'est pas si facile… Pierre-Mathieu Duhamel est alors un jeune énarque, arrivé rue de Rivoli le 1er juin. Il doit doter les PTT de 5 000 postes supplémentaires. « Que me proposez-vous ? » demande le fonctionnaire à cette administration. « Rien, parce qu'on n'a besoin de rien. » Le futur directeur du cabinet d'Alain Juppé à Matignon mesure l'absurdité de la situation, mais il obéit au politique. « Vous devez m'en proposer 5 000 », insiste-t-il. Le refus persiste. Les 5 000 seront bien inscrits au budget des PTT. « On les met où ? » demande Pierre-Mathieu Duhamel. Réponse : « Nulle part. » L'énarque ne baisse pas les bras et répartit les postes au prorata des différentes catégories d'emploi.

Le second choc arrive le 24 septembre 1981. Ce jour-là, François Mitterrand annonce vouloir « rendre le Louvre à l'histoire de France ». Chassé de ses terres, le ministère est programmé pour s'installer rue de Bercy, dans l'est de Paris, près de la gare de Lyon. Un *no man's land* de rails, de grilles et de bitume. Le chantier démarre en 1984, les ennuis commencent deux ans plus tard. L'enquiquineur en chef s'appelle Édouard Balladur. Avant les législatives de 1986 et le retour probable de la droite, la mitterrandie sortante fait détruire, par anticipation, tout ce qui doit l'être. Il en faudrait plus pour impressionner le nouveau ministre d'État de l'Économie et des Finances. Il fait reconstruire les décors Napoléon III à l'identique. Il exige que l'on retrouve une moquette bleue chamarrée, dont l'installation est bien postérieure au règne de l'empereur. Cette restauration était-elle indispensable ?

Dans son écrin vintage flambant neuf, Édouard Balladur a pour directeur de cabinet Jean-Claude Trichet. Ce diplomate de la finance internationale se sent une âme de casque bleu. Il organise un déjeuner de la dernière chance pour concilier les conservateurs et les destructeurs. Autour de la table, le ministre d'État, François Léotard, ministre de la Culture, l'architecte américain d'origine chinoise Pei. Face à l'interrogatoire du ministre des Finances, l'inventeur de la pyramide se montre plus qu'à la hauteur. Il connaît par cœur l'histoire du Louvre, des Tuileries, les projets de Catherine de Médicis. Édouard Balladur est impressionné, il montre son intérêt. Jusqu'à la question fatale : « Auriez-vous construit un musée avec une pyramide au cœur de la Cité interdite ? » La réponse fuse : « Vous n'y pensez pas, c'est le centre historique de la Chine ! » Le camp du Drap d'or s'effondre.

Pendant que le cabinet du ministre et les principales directions réinvestissent la rue de Rivoli, les travaux continuent dans une partie de l'aile Richelieu. Ils dérangent ses habitants naturels, les souris. Les bestioles manifestent leur courroux par des apparitions intempestives. Au Trésor, Henri de Castries, futur patron d'Axa, se plaint : pourquoi les rongeurs pullulent-ils davantage dans sa direction que dans celle du

Budget ? Ces deux administrations se détestent et se toisent. Henri Emmanuelli, ministre du Budget, qualifiait l'ennemi de « putes bourgeoises », vantant l'esprit de « moines-soldats » de ses fonctionnaires. La souris préfère la luxure ? Pas du tout. Jean-Marc Daniel, à l'époque chef de bureau au Budget, aujourd'hui économiste réputé, raconte la suite. « En fait, on maniait davantage l'aspirateur au Budget qu'au Trésor », explique-t-il. Hasard de la vie de bureau, une fonctionnaire de sa direction loge en zone Trésor et souffre de la présence de ces petits animaux. Jean-Marc Daniel s'en ouvre au responsable technique. « Où êtes-vous ? », interroge celui-ci. Réponse : « Entresol, aile droite numéro 1. — C'est une bonne nouvelle, ce n'est pas l'étage du ministre. Faites en sorte que les souris ne montent pas. »

Horizontalité des lieux, verticalité de l'organisation

Le jour fatal arrive. Il faut bien partir. À la fin de juin 1989, Pierre Bérégovoy s'installe au 139, rue de Bercy. Chacun rapporte son petit souvenir du Louvre. Pour Daniel Bouton, directeur du Budget, ce sera une table à la Tronchin (bureau à transformations). Michel Charasse, ministre du Budget, jette son dévolu sur une bibliothèque de style Empire, datant des années 1825-1830. Elle n'a pas bougé depuis.

Jean-Claude Trichet quitte Rivoli, incarnation de l'élégance française à ses yeux, avec un pincement au cœur. En 1987, devenu directeur du Trésor, il faisait découvrir les beautés de son cadre de travail à son homologue allemand, Hans Tietmeyer. Notamment, les fondations de l'ancienne tour de Philippe le Bel, restaurées à l'occasion des travaux. « C'est dans cette tour, tu sais, que se tenait le directeur du Trésor de l'Ancien Régime, bien avant la construction du Louvre », dit le Français. « Je comprends mieux la France et la continuité de l'État », répond l'Allemand.

La nostalgie n'empêche pas la raison : Bercy est tellement monumental, on n'a pas voulu humilier les Finances, reconnaît Jean-Claude Trichet. Un autre inspecteur des finances, d'une autre génération, Nicolas Théry adore cet immense Lego, l'horizontalité des lieux, la circulation permanente dans les 42 kilomètres de couloir. Certains agents en parcourent 20 par jour du fait de leurs fonctions.

À Rivoli, tout était vertical. Bercy accomplit sa nuit du 4 août. Au Louvre, le bureau du directeur du Trésor occupait la même taille que celui du ministre. Avec le déménagement, sa superficie se réduit de moitié. Mais il reste physiquement le plus proche de celui du patron. Jean-Claude Trichet ne s'est pas battu pour rien.

Les huiles sont toujours mieux traitées que la piétaille, mais moins bien que dans leur ancien palais. Fini les 4 mètres de hauteur sous plafond. Parce qu'elle mesure 1,80 mètre, Christine Lagarde, première femme ministre de l'Économie et des Finances, en 2007, se sent étouffée. Pour mettre un peu d'oxygène dans un camaïeu de gris, elle fait changer la moquette, optant pour des rayures ondulantes, façon pelage de tigre. Cette vision donne le mal de mer et oblige les fonctionnaires à ne pas regarder leurs chaussures, mais la ministre, dans les yeux. En 2012, Pierre Moscovici hérite du revêtement et des haut-le-cœur. Il s'en débarrasse et, bon prince, fait parvenir un carré souvenir à l'ancienne occupante.

Les hiérarchies demeurent, plus subtiles. L'importance des six mille agents, répartis sur cinq bâtiments, se mesure au nombre de fenêtres. Continuité troublante, ce signe extérieur de richesse a longtemps servi d'assiette à l'impôt. Tous les bureaux sont composés de cubes de 90 centimètres de côté, modulables selon que vous serez puissant ou misérable.

Comme Versailles, Rivoli puis Bercy chérissent l'étiquette et sa « cascade de mépris » (Tocqueville). Au royaume des énarques, le polytechnicien est mal vu. Jean Peyrelevade, ancien directeur de cabinet adjoint de Pierre Mauroy, a toujours senti ce procès en illégitimité. « À Bercy, le parcours est fléché sur les lieux de pouvoir, grandes directions, cabinets, présidence de grandes sociétés », constate-t-il. Depuis, les exigences du management – on recherche des profils connaissant l'entreprise plus que l'État – et les règles de pantouflage ont érodé ce *cursus honorum*.

Aux étages nobles

L'hôtel des ministres trône au cœur de ce temple de l'État républicain. « Nous avons voulu en faire un accident géométrique, explique Hervé Chanson, architecte qui a travaillé avec Borja Huidobro. Alors que les bâtiments Vauban et Colbert sont organisés selon une trame orthogonale, il est légèrement désaxé, de 12 degrés, par rapport à eux. »

Au septième étage du ministère, la galerie des Glaces dessert les salles à manger et le salon Michel Debré, lieux familiers du public, tant cette enfilade de miroirs fait de belles images. Sur le toit du bâtiment, une piste d'hélicoptère permet d'affronter les urgences. Très peu de ministres ont joué les Tom Cruise, en revanche Tom Cruise lui-même y a tourné *Mission impossible 6*. Un hélicoptère et un pilote de l'armée ont été mobilisés.

On peut quitter Bercy par voie fluviale, grâce à deux navettes. Le voyage le plus célèbre fut celui d'Emmanuel Macron. Le 30 août 2016, le ministre de l'Économie marche sur l'eau pour remettre sa démission au président de la République, François Hollande. Le trajet le plus mouvementé a pour héros (involontaire) Nicolas Sarkozy. Ministre du Budget (1993-1995), il se rend à l'Assemblée nationale par les flots. Mais l'accélérateur se bloque. Aucun moyen de freiner le bateau ivre. La seconde navette doit rejoindre la première. Les deux embarcations, à pleine allure, naviguent bord à bord, permettant au ministre de passer de l'une à l'autre. Le pilote du véhicule d'origine doit faire des ronds dans l'eau jusqu'à épuisement du carburant.

Les transports en commun ne sont pas moins dangereux. Se méfier des ascenseurs. En 1989, on s'étonne qu'ils parlent annonçant les étages d'une voix mécanique. Au fil du temps, on comprend qu'ils écoutent. Qui sont vos compagnons de voyage ? Appartiendraient-ils au cabinet d'un ministre ennemi ? Il faut surveiller le bouton sur lequel ils appuient : le 6 est l'étage le plus noble, celui du ministre des Finances. Le 5, celui du Budget, n'est pas mal non plus. Le 3 abrite l'Industrie. Ce fut celui d'Emmanuel Macron qui cumulait ce portefeuille avec celui de l'Économie. Dans l'univers bercyen, les cohabitations ne sont pas toutes de velours.

Coco-Girls, traiteurs et matchs de foot

Certains ministres habitent sur leur lieu de travail. Deux grands appartements plus trois petits avec duplex sont à leur disposition. Nommé ministre du Budget en 2002, Alain Lambert tient à conserver son domicile personnel. Son officier de sécurité le convainc de n'en rien faire : « Un ministre du Budget dort cinq heures par nuit. Vous allez perdre une heure de sommeil en déplacements. » L'argument fait mouche.

Les appartements sont accessibles par les bureaux, mais aussi par les quais de la Seine, à la hauteur des navettes. « Il existait un ascenseur, mais il n'est plus en service. Trop vieux.

Sa maintenance est devenue impossible. On peut emprunter un escalier en colimaçon », explique Borja Huidobro. François Hollande utilisait cet accès quand il venait regarder un match de foot avec son ministre des Finances et ami, Michel Sapin. Ou pour rendre visite à Emmanuel Macron. Un jour, avec sa compagne Julie Gayet, il débarque à l'improviste chez celui qui mijote son émancipation. Une trahison aux yeux de son mentor. Curieux, le président fait le tour du propriétaire, ouvre les placards, admire le rangement des cravates et suggère à Julie Gayet de s'en inspirer. Il ne remarque pas une affiche, heureusement tournée à l'envers : celle du lancement d'En Marche !.

Entre Michel Sapin et Emmanuel Macron, les relations deviennent fraîches, puis glaciales. Elles sont courtoises entre les familles. Brigitte Macron est souvent accompagnée de sa fille Tiphaine, de ses petits-enfants, à trottinette. On sympathise.

Quelques années auparavant, les enfants de Michel Sapin, déjà hôte des lieux en 1992 et 1993, pêchent à la ligne depuis la fenêtre du cinquième étage, appartement de leur père, grâce à un long fil plongeant dans la Seine. Comme partout, les voisins sont parfois bruyants. Michel Charasse, ministre du Budget, mène grand train. Des camionnettes du traiteur Lenôtre stationnent souvent dans la cour de l'hôtel des ministres. Dans les ascenseurs, on croise Patrick Bruel, Véronique Colucci ou des danseuses de l'émission à succès de Stéphane Collaro, les Coco-Girls. Enfin des courbes plus gracieuses que celles des déficits ! Face aux nuisances sonores, Michel Sapin riposte à coups de balai sur le sol. Quelques années plus tard, son nouveau colocataire, Emmanuel Macron, ne fait pas de tintouin, mais dépense l'argent du « ménage » : les deux ministres partagent un budget commun pour leurs réceptions et Michel Sapin doit demander une rallonge pour finir l'année.

Il s'en passe de belles dans les bureaux aussi. Ministre de l'Économie et des Finances de 2000 à 2002, Laurent Fabius, fait venir son directeur de cabinet adjoint, Matthieu Pigasse. « Le colonel des douanes, commandant de la place de Bercy, veut me voir, mais seul », lui confie-t-il un peu gêné. Il revient à 18 h 30 et dodeline de la tête, embarrassé : « Soyez discrets », dit-il à son collaborateur. Mais pourquoi ? Le ministre gonfle les joues, soupire : « Au moins, ouvrez les fenêtres », suggère-t-il. Les douaniers ont reconnu une odeur qu'ils sont payés pour repérer : celle du cannabis. Elle vient du bureau de certains conseillers.

Par ici le Trésor !

Quand ils ne fument pas de l'herbe, c'est-à-dire la plupart du temps, les agents de Bercy excellent à dépenser et à lever l'impôt. « Au fur et à mesure que l'État s'affaiblit, les épines dorsales du pouvoir – ses deux monopoles, la défense et les impôts – se renforcent », constate Bruno Le Maire. En 1314, Philippe le Bel convoque les états généraux et décide du premier prélèvement direct sur tout le territoire. Sept siècles plus tard, ce savoir-faire s'est perfectionné : 97 % des impôts dus sont perçus, l'un des meilleurs taux du monde. Ces recettes ne suffisent pourtant pas à combler les dépenses, les déficits se creusent. À la fin de mars 2025, la dette publique atteint 3 305 milliards d'euros. Un problème ? Bercy a la solution. Son agence France Trésor sait financer cette montagne à moindre coût. La vertu vient au secours du vice.

Bercy est le ministère de l'obsession française, l'État. Son patron est reçu par les plus grands dirigeants de la planète. Valéry Giscard d'Estaing s'est retrouvé dans le Bureau ovale avec John Fitzgerald Kennedy ; Bruno Le Maire, à deux reprises, avec Donald Trump. Ils ont parlé de la Chine. Paradoxe, la direction du Trésor, matrice de l'État, a porté la libéralisation de l'économie. Sachant récupérer d'autres pouvoirs au fur et à mesure qu'elle abandonnait ses instruments classiques. Elle est notamment responsable de la prévision budgétaire – et au cœur des polémiques sur les mauvaises estimations de 2023 et 2024 –, comme elle s'est arrogé le quasi-monopole de la relation avec la Commission européenne à Bruxelles.

Le Trésor brille à l'extérieur, le Budget règne à l'intérieur. N'importe quel maire sait qu'un ministre peut trouver 5 millions d'euros pour sauver une entreprise en difficulté. N'importe quel chef de bureau sait où il peut gratter des économies. Jean-Marc Daniel a exercé cette fonction de 1986 à 1988. Il en rapporte quelques anecdotes. Ainsi cet échange, dont l'ironie cache à peine la brutalité, entre son chef Jean-Dominique Comolli, sous-directeur, et le responsable budgétaire du ministère des Affaires étrangères. « La situation est dramatique, les finances sont déséquilibrées », commence Comolli pour une mise en condition. L'autre ne se laisse pas démonter et, dans un mélange de morgue et de mauvaise foi, se lance : « Il y a des demandes que l'on ne peut pas accepter. Pour deux raisons. La première est que je suis mieux sorti de l'Ena que vous. J'ai pu choisir le Quai par vocation et depuis que je suis dans ce ministère, il n'y a pas eu de guerre. Alors que vous, vous n'avez pas eu le choix et, depuis que vous êtes au ministère des Finances, les déficits augmentent. »

En 1986, Jacques Chirac, Premier ministre, décide d'une loi sur les rapatriés. « Avez-vous pris en compte ceux de Shanghai ? » avance Jean-Marc Daniel. Quel rapport avec l'Algérie ? Aucun, mais il s'agit de gagner du temps ; spécialité des directions d'administration centrales récalcitrantes. Un jour, André Santini, secrétaire d'État chargé des Rapatriés, appelle le chef de bureau : « J'ai mis du temps à comprendre qui décide. C'est vous. Passez au ministère et jouons cartes sur table, je ne vais pas attendre que Juppé [ministre délégué chargé du Budget] tranche. »

En 1987, Jean-Marc Daniel reçoit un coup de fil du chef de la synthèse, son supérieur hiérarchique. Verbatim : « Il manque 15 milliards de francs [près de 2,3 milliards d'euros] pour boucler le budget, tu peux me les trouver sur l'aide publique au développement ? » Bien sûr, répond le fonctionnaire.

Les cigarettes font aussi partie du musée des Horreurs. Ces mesures, pas très finaudes, permettent de réduire la dépense ou d'augmenter l'impôt, dans l'urgence. « Quand j'étais au budget, un de mes collègues, installé dans l'hémicycle de l'Assemblée nationale, utilisait sa calculette pour savoir de combien il fallait augmenter le prix du paquet afin d'obtenir la somme recherchée, raconte toujours Jean-Marc Daniel. Nous étions admiratifs de son savoir-faire, mais il faisait semblant de calculer, il y allait au doigt mouillé. »

Des hauts fonctionnaires omnipotents

Les hauts fonctionnaires de Bercy, surpuissants, aiment être commandés (comme les militaires). Ils gardent la nostalgie de Giscard, Balladur, Bérégovoy ou Strauss-Kahn. Devenu chef de l'État, Valéry Giscard d'Estaing garde la ligne directe avec son ministère d'origine. Il demande à Maurice Papon de réformer quatre vieux services, régie des tabacs, service des alcools, garantie des métaux précieux et loterie nationale. Ce sera fait sur plusieurs années. En 1981, les directeurs de la haute administration, plutôt de droite, sont hostiles à l'impôt sur les grandes fortunes. Pourtant, ils le mettent en place avec ardeur, dans un mélange de loyauté et d'effervescence intellectuelle.

À Bercy, les directeurs peuvent contredire leur patron. Une fois, pas deux. Si le ministre persiste, ils s'exécutent sans traîner. « À la Justice, j'ai mené une réforme de la procédure pénale, mais il a fallu vingt ans pour qu'elle aboutisse », constate Michel Sapin, ancien garde des Sceaux.

Dans le hall d'accueil de l'hôtel des ministres, une rotonde, devant les ascenseurs, est tapissée des photos des locataires successifs. « Thierry Breton [ministre de 2005 à 2007] nous a fait cette demande à son arrivée à Bercy, car c'est une tradition dans la plupart des ministères », explique Hervé Chanson.

Le regard s'arrête sur le visage de Pierre Bérégovoy. Son suicide, le 1er mai 1993, inspire le silence. Son parcours, le respect. Le socialiste autodidacte s'est imposé parmi les énarques. Il mène une politique de dérégulation financière dont la direction du Trésor ne veut pas, mais il tient bon. Il ne flanche pas sur le maintien d'un franc fort. Pourtant, les doutes le taraudent au fur et à mesure de la montée du chômage.

Cinq années séparent les tourments de Pierre Bérégovoy des certitudes de Dominique Strauss-Kahn. Durant deux années (1997-1999), lui et son équipe écrivent une histoire joyeuse et studieuse, celle de gens brillants, sûrs de s'activer pour le bonheur des autres, en menant à terme la naissance de l'euro, en réformant la taxe professionnelle, etc. Le soir, Stéphane Keita, chef de cabinet, organise des pots dans son bureau, toujours ouvert. À 20 heures, on regarde *Les Guignols de l'info*, l'émission la plus politique de l'époque. Comme ceux qui ont décidé d'arrêter de fumer, Philippe Grangeon, futur conseiller spécial d'Emmanuel Macron, pique des cigarettes à tout le monde. Matthieu Pigasse, le dévergondé de la bande, fan des Clash, écoute du rock dans son bureau. Les assistantes font partie intégrante de l'équipe. Nicolas Théry dort sur la moquette. L'y trouvant un jour, un huissier s'inquiète et appelle les pompiers.

François Villeroy de Galhau, le directeur du cabinet, a l'air très sérieux. Il l'est. D'un côté, son extrême courtoisie autorise les exigences. « Si vous pouviez revenir, tranquillement », dit-il à une secrétaire qu'il réveille à 3 heures du matin pour travailler à un dossier urgent. De l'autre, il soigne son stress en puisant dans sa réserve de biscuits Prince, cachée dans un tiroir. Dominique Strauss-Kahn apprécie les tartelettes au citron des cuisines de Bercy. On peut manger à toute heure. L'un de ses conseillers grossit de 10 kilos en deux ans.

Le ministre organise des séminaires de réflexion à la campagne. « Sans vous, jc nc suis rien », dit-il à son équipe. Le pense-t-il vraiment ? Peu importe, ce vrai patron est aimé. Coauteur d'une biographie de DSK, Vincent Giret rapporte un échange entre le ministre et Jean Peyrelevade, alors PDG du Crédit Lyonnais. Les deux hommes viennent de boucler le plan de sauvetage de la banque. L'heure est à la détente.

« Au fond, Jean, tu sais après quoi on court ? demande DSK.

— Oui, répond Peyrelevade, l'argent, le pouvoir, les femmes.

— Et tu y arrives ?

— Oui, mais moi, je me contente de peu. »

Quelques années plus tard, en 2011, le presque candidat à l'Élysée passe de la rubrique politique à celle des scandales sexuels. Le cas est rare. Bercy est un tremplin plus qu'un plongeoir. Sous la Ve république, ce ministère aura propulsé à l'Élysée trois présidents de la République : Valéry Giscard d'Estaing, Nicolas Sarkozy et Emmanuel Macron.

Bibliographie sélective

ARTHUIS Jean, *Dans les coulisses de Bercy. Le cinquième pouvoir*, Albin Michel, 1998.

BRONNEC Thomas et FARGUES Laurent, *Bercy au cœur du pouvoir. Enquête sur le ministère des Finances*, Denoël, 2011.

GIRET Vincent et LE BILLON Véronique, *Les Vies cachées de DSK*, Seuil, 2000.

VIDAL Guy, « Le Ministère des Finances de Rivoli à Bercy », *La Revue administrative*, n° 253, 1990.

4

Beauvau
Les légendes d'un bureau

par Tugdual Denis

Léon Gambetta, Jules Moch, François Mitterrand, Roger Frey, Gaston Defferre, Charles Pasqua, Nicolas Sarkozy... Tous ces fauves de la politique occupèrent le ministère de l'Intérieur. Mais celui qui hante encore les lieux, c'est « le Tigre » Georges Clemenceau, locataire de 1906 à 1909. Le costume de « premier flic de France » ne convient pas à tout le monde. Il faut exprimer une forme certaine d'autorité. Il y a un ton propre à ce ministère. Ici, on pilote l'État comme nulle part ailleurs. Les tragédies de la nation s'y dénouent. La notion du temps y est différente : on y vit dans l'urgence absolue. Dans une carrière politique, Beauvau représente un Graal. Quand on le décroche, tout devient possible. Même de traverser la rue qui le sépare du palais de l'Élysée...

Elles ne peuvent être que plusieurs. Confuse, brouillonne, leur agrégation constitue un tout qui peu à peu prend forme. Comment, en effet, définir la première image de sa vie ? Louis Sarkozy est persuadé que la scène inaugurale de son existence, celle que sa mémoire et sa conscience, dans ce mariage prometteur pour la suite, ont choisi de retenir, avait eu lieu place Beauvau. Le 7 mai 2002, soit cinq ans et neuf jours après sa naissance, le dernier fils de Nicolas Sarkozy accompagne son père dans son nouveau ministère. Cet endroit public, aucun autre ne le précède dans ses souvenirs. Il deviendra, dans un oxymore républicain non dénué de force symbolique, son berceau intime.

Le quasi-trentenaire évoque aujourd'hui une « naissance visuelle », à laquelle suivit rapidement son baptême médiatique. Celui qui déménage aux États-Unis, après que sa mère s'est séparée de son père, signera son entrée dans l'inconscient des Français par le truchement d'un cliché. Quelques semaines après la nomination de Nicolas Sarkozy, *Paris Match* publie un reportage sur la star du gouvernement, celle dont le duel avec le président Jacques Chirac nourrira la chronique du quinquennat. « Quelqu'un a dû me pousser sous le bureau… » sourit aujourd'hui le sujet. Parmi les photos publiées par le magazine, une retient l'attention des lecteurs et des commentateurs. Les premiers pour son efficacité spectaculaire, les seconds en raison de la référence à laquelle elle fait allusion. Le cliché représente Nicolas Sarkozy assis derrière son bureau, en chemise rose sans cravate. À son côté, debout, féline, les bras posés sur le meuble et le regard détourné vers sa gauche, Cécilia. Un élément vient déstructurer la composition de cette image. Sous le bureau, entre deux pieds, Louis Sarkozy prend la pose, allongé sur un épais tapis néoclassique des manufactures nationales, vêtu d'un accoutrement déjà très américain : jean, chemise rentrée dans le pantalon et casquette de baseball bleue sur son petit crâne.

Une mise en scène qui rappelle la célèbre photographie de John F. Kennedy Jr. jouant sous le bureau de son trente-cinquième président des États-Unis de père, dans le Bureau ovale, le 10 octobre 1963. Le fils Kennedy, alors âgé de 2 ans, joue sous le *Resolute Desk*. Bureau qui tient son nom du HMS *Resolute*, un navire britannique abandonné dans l'Arctique et récupéré par les Américains en 1855. Offert par la reine Victoria au président Rutherford B. Hayes en 1880 comme symbole de l'amitié entre le Royaume-Uni et les États-Unis, il sera modifié sous Franklin D. Roosevelt. Un panneau avant rabattable y est ajouté pour cacher le fauteuil roulant du chef de l'État, paralysé des membres inférieurs à 39 ans. Et c'est justement à travers ce panneau, ouvert sur la photo représentant JFK, que l'on découvre son fils.

L'indépassable « Cambacérès »

Louis, lui, prend négligemment la pose sous un meuble Empire français. Un bureau qui fait partie intégrante de la mythologie de tous ceux passés place Beauvau : celui dit de Cambacérès. Il faut s'imaginer un bureau plat de style Empire, réalisé en 1812. Construit en acajou, orné de riches bronzes dorés finement ciselés, il comporte tous les attributs décoratifs du goût impérial : des motifs de palmettes, des couronnes de laurier, des aigles napoléoniennes, ainsi que des colonnes à chapiteaux corinthiens stylisés encadrant les panneaux latéraux. Le plateau est recouvert de cuir vert, qu'il aura maintes fois fallu restaurer au fil du temps. Il repose, tel un colosse de la République, sur pas moins de huit pieds.

Ce meuble a été exécuté par les élèves de l'École impériale d'arts et métiers d'une ville qu'on appelait alors Châlons-sur-Marne, l'actuelle Châlons-en-Champagne. L'institution, fondée pour former les artisans d'élite de l'Empire, exerçait son artisanat dans un geste de loyauté et de démonstration du savoir-faire français à destination des plus hauts représentants de l'État…

Et c'est ainsi que ce bureau symbole fut attribué à Jean-Jacques-Régis de Cambacérès, archichancelier de l'Empire, bras droit civil de Napoléon Ier et franc-maçon notoire. Avant que les historiens n'aient le temps de protester au milieu de ces lignes quelque peu enfiévrées, précisons d'emblée une chose : Cambacérès n'a jamais occupé le ministère de l'Intérieur. L'attribution du bureau à son nom renvoie en réalité à son rôle institutionnel central sous l'Empire et à son image d'homme de droit rigoureux et méthodique. Juriste d'exception, il fut l'un des principaux architectes du Code civil. Comme si ce meuble incarnait tout autant le lourd héritage administratif napoléonien que le faste du pouvoir d'un homme qu'on aurait pu qualifier de vice-empereur du domaine civil. Le bureau de Cambacérès n'est pas seulement une pièce de mobilier historique : il constitue un symbole de continuité historique, de centralité de l'État et de l'autorité de « l'Intérieur ».

20 novembre 2024. Après avoir échangé quelques messages avec Jean-Baptiste Doat, l'un des conseillers de Bruno Retailleau, et s'être signalé au ministre lui-même, Louis Sarkozy arrive place Beauvau. Cela fait donc vingt-deux ans qu'il n'a pas foulé les pavés de cette longue allée qui sépare la rue de l'hôtel particulier. Ce mercredi, la République lui autorise une visite privée à visée commémorative. Le voilà qui pénètre l'hôtel du ministre, en franchissant le perron gauche de la petite cour d'honneur. En haut de l'escalier principal, au premier étage, il laisse sur sa droite le petit appartement qu'occupait son frère aîné Pierre au début des années 2000. Bruno Retailleau, plutôt moine-soldat que pharaon, a choisi de résider dans ce logement plus modeste que celui qui lui fait face. De l'autre côté du palier s'ouvre l'appartement de fonction normalement dévolu au ministre, et à cette heure vacant depuis le départ de Gérald Darmanin et de sa famille. Pour Louis Sarkozy, rien n'a changé,

excepté l'échelle de son regard. L'appartement, ses salons, ses chambres et salles de bains, sa salle à manger et ses couloirs, ses buanderies n'ont rien de modeste. Le visiteur avait le souvenir d'un logement encore plus gigantesque. Le bois a en revanche gardé son odeur d'encaustique, la lumière demeure la même. En redescendant, une surprise l'attend : le bureau Cambacérès sous lequel il s'était caché a disparu de celui du ministre...

Ceux qui le connaissent ne s'en étonneront pas : Bruno Retailleau n'a jamais été matérialiste. Il suffit pour s'en convaincre de visiter sa rustique maison vendéenne du village de Saint-Malô-du-Bois. Là même où il est né. Il n'est qu'à observer cet homme se nourrir chichement ou se vêtir sans ostentation. Alors, quand ce proche de François Fillon arrive au ministère de l'Intérieur dans un contexte d'instabilité politique majeure et après que Michel Barnier l'a appelé à ce poste, il ne se formalise pas des questions mobilières. Le bureau de Cambacérès a disparu, perdu dans les limbes entremêlés de la réfection du Mobilier national et des sentiers sinueux de la procédure administrative traitant de ces sujets. À la place, un meuble moderne, de bois clair, sert de table de travail au ministre.

« Cela ne me dérange pas, j'aurais le sentiment de me trouver dans un musée », évacue Bruno Retailleau, assis devant la cheminée de son bureau. Nous sommes un samedi matin d'hiver, le ministre surveille à cet instant-là l'arrivée de Donald Trump et Volodymyr Zelensky pour l'inauguration de Notre-Dame de Paris. Une fois les avions présidentiels posés, il reprend : « Je suis sans aucun doute un peu conservateur, mais, en réalité, j'aime l'art contemporain. Je préfère des lignes épurées, claires. C'est mieux pour travailler... Bien sûr que le bureau de Cambacérès me touche, surtout quand je pense que Clemenceau a travaillé dessus.

Je ne suis pas arrivé pour rapatrier du mobilier, mais pour faire une politique, appliquer des convictions, poursuivre un idéal. Car je crois qu'on habite d'abord un idéal avant d'habiter des lieux… »

Les idéaux du Vendéen n'y changeront rien, Brice Hortefeux ne s'est jamais véritablement remis de sa première visite à Beauvau de l'ère Retailleau. Lui qui avait découvert le bureau de Cambacérès au début des années 1990 en venant rencontrer Pasqua, lui dont la mère était professeur d'histoire, lui dont l'Intérieur était son quatrième poste ministériel, mais « comparable à nul autre », lui dont le premier geste une fois à Beauvau était d'avoir par superstition apposé sur ce fameux bureau des cartes de visite nouvellement imprimées « Brice Hortefeux, ancien ministre », bref, lui qui prend les choses au sérieux n'en revient toujours pas que son collègue des Républicains puisse vivre ici sans le meuble sacré. « Réfection ou pas, je vous garantis qu'avec moi le bureau serait revenu du Mobilier national dans les quinze jours ! » Heureuse consolation pour les nerfs de Brice Hortefeux, le lustre magistral, conçu pour le sacre de Charles X, pend toujours au plafond. Édouard Philippe, lui, ne s'y est pas trompé. Bien qu'ayant passé seulement treize jours dans ce ministère pour en assurer l'intérim alors qu'il était toujours Premier ministre, il possède une photo de lui assis devant le bureau légendaire. Lui et son photographe, c'est-à-dire son directeur de cabinet (et meilleur ami dans la vie) Benoît Ribadeau-Dumas, ont réussi à l'immortaliser. Avec, là encore, une référence difficilement dépassable : « Tout de même, Clemenceau y a posé ses avant-bras ! »

Les goûts et les couleurs

Cela n'étonnera personne d'apprendre que Nicolas Sarkozy peinait à rester trop longtemps dans la pièce. Un rayon de soleil ? Le déjeuner était servi sur la terrasse attenante. Un coup de fil qui s'éternise ? Le voilà en train de faire les mille pas dans le petit jardin circulaire et de longer la cour de cette improbable crèche voisine. Besoin de s'éclaircir les idées ? Direction le premier étage. Suivez-le : « Pour être tranquille, j'allais m'isoler dans l'appartement. Quand on franchit la porte, on entre dans un autre monde, où le reste du cabinet ne pénétrait pas. À gauche, vous avez la grande salle à manger, le grand salon. Dans le couloir, à droite, il y a la petite salle à manger. Après, il y a une chambre, et en face de la chambre, il y a un bureau. C'est là où je me réfugiais. Il faut pouvoir réfléchir. Et pour pouvoir réfléchir, il faut prendre de la distance… »

Si l'on poursuit notre lancée sur la déconstruction des *a priori*, alors il faut décrire, après le Sarkozy monacal, le Retailleau décorateur moderne. Il y a bien sûr du janséniste chez ce catholique vendéen, mais il ne faut pas se méprendre : l'homme a sa façon de s'approprier le lieu. Visez ces deux œuvres d'art contemporain accrochées au mur. Une première peinture, signée Anselme Boix-Vives. Un peintre peu connu au style expressif et coloré, berger catalan venu s'installer en France à l'âge de 18 ans, mort en 1969. La seconde toile est signée René Laubiès. Lui aussi peintre autodidacte, Laubiès se voit associé aux mouvements de l'abstraction lyrique et de l'art informel. Les manuels d'histoire de l'art le décrivent également comme un peintre lié au groupe des « nuagistes ».

De là à parler d'une peinture éthérée… « Daniel Cordier le collectionnait aussi », précise le ministre de l'Intérieur de ce début d'année 2025, fier de partager ses goûts artistiques avec le plus résistant des marchands d'art du XXe siècle. « On voit bien, explique Retailleau en désignant, comme pour se l'appliquer à lui-même, son tableau de Laupiès, qu'il ne représente pas le vide, mais le dépouillement. »

Dans un registre plus réaliste et fonctionnel, de grandes cartes en relief de la pieuse et indisciplinée Corse ainsi que de Mayotte la meurtrie complètent ce bureau. Sur la cheminée, une photo en noir et blanc d'une belle jeune fille. Prise, sans doute possible, le jour de son mariage. Il s'agit de Charlotte Retailleau, un des enfants du ministre. Est-ce parce que nous sommes samedi ? Une femme brune passe l'entrebâillement de la porte pour annoncer une mise à jour sur l'agenda. « Je vous présente la maman de Charlotte », introduit le ministre, pour faire place à son épouse, Isabelle, une discrète médecin scolaire. Posé sur un meuble, dans un coin, près de la fenêtre, on distingue un faire-part de décès. Cette fois, aucun lien familial n'attache le ministre à ce document. Il s'agirait plutôt, pour lui, d'un acte de naissance symbolique. D'un héritage qui jamais ne devra le quitter. On reconnaît le visage au sourire bouleversant de Philippine. Philippine, un prénom qui viendra transpercer les premiers pas de son installation place Beauvau. Philippine, tuée par un Marocain sous OQTF à quelques dizaines de mètres de son université, Dauphine. Philippine, assassinée la veille de la nomination du ministre à Beauvau, le 20 septembre 2024. Philippine, exécutée à la lisière du bois de Boulogne, donnant des airs d'automne éternel à son mandat.

Clemenceau, saint patron de Beauvau

On ne pourrait parfaire la description du bureau de Bruno Retailleau sans mentionner les deux derniers personnages qui ornent ses murs. Deux Vendéens. Tous deux originaires du même village de Mouilleron-en-Pareds. De Lattre, le militaire catholique, le plus jeune général de France ayant combattu l'Allemagne nazie et le régime de Vichy. « Le roi Jean », sa geste héroïque et sa dimension sacrificielle, lui qui perdit son unique fils en Indochine, en 1951. Quant à Clemenceau, c'est Retailleau qui en parle le mieux : « Il a assisté au surgissement de l'antisémitisme avec l'affaire Dreyfus. Il a accueilli la tribune de Zola dans son propre journal, *L'Aurore*. Trouvant lui-même ce titre, "J'accuse", entré dans notre patrimoine historique. Clemenceau, il faut le savoir, était profondément attaché à la liberté. Il appartenait à une gauche républicaine et incarne à mes yeux l'archétype même de cette tradition politique. Il a été marqué, voire effrayé, par la violence populaire lors de la Commune, ce qui l'a rendu absolument intransigeant sur les questions d'ordre public. C'est dans cet esprit qu'il a créé ce qui deviendrait la police judiciaire – avec une culture du renseignement et de la fermeté qui préfigure les "brigades du Tigre". Mais ce que peu de gens savent, c'est qu'il a aussi fait preuve d'une grande prudence lors des inventaires liés à la séparation de l'Église et de l'État. Il avait compris que vouloir recenser le nombre de chandeliers dans une église ne valait pas qu'on risque une vie humaine. Il s'est opposé à une grande partie de la gauche de son temps en refusant le monopole de l'État sur l'éducation. Il dénonçait ce qu'il appelait "l'absorption totale", c'est-à-dire une étatisation excessive de l'enseignement. »

Cette gauche qui se tient droite n'a pas non plus échappé à Nicolas Sarkozy. L'ancien président de la République, dont le premier livre était une biographie de Mandel, collaborateur et disciple du « Père la Victoire », n'a jamais manqué de profondeur historique. Il sait quel type de ministre fut le Tigre entre octobre 1906 et juillet 1909. « Quand il y a eu la grande manifestation des mineurs à Lens, Clemenceau avait fait envoyer l'armée… Beaucoup de gens sont restés sur le carreau. Les gens qui se réclament de l'homme d'État ne connaissent généralement pas très bien son histoire… » Sarkozy pense alors à tous ceux qui, invoquant leur référence à Clemenceau, ont fait, un siècle plus tard, le procès de Pasqua après la mort de Malik Oussekine.

Clemenceau hante Beauvau, et pas seulement la pièce où le ministre travaille. Ici, chaque pas a son importance. Accéder au bureau du « premier flic de France » n'est pas un but en soi. Il s'agit d'un parcours initiatique, ou plutôt d'un chemin méritoire. Il y a d'abord cette grille, si proche de l'Élysée, cette longue allée pavée permettant une arrivée en voiture majestueuse, que les nouveaux ministres remontent en ayant le temps de revoir leur vie défiler plusieurs fois. Sans jamais trouver réellement de réponse satisfaisante à la question qui s'impose à eux : « Comment en suis-je arrivé là ? » Manuel Valls en garde un souvenir impressionné, la sensation d'un souffle comprimé : « J'avais du mal à ouvrir ma cage thoracique… » En ce printemps 2012, se dirigeant pour la passation de pouvoir vers Claude Guéant, le voilà qui dialogue avec lui-même. « Mon gars, tu l'as voulu, tu y es… alors au boulot. » C'est une cour prestigieuse, mais peu spacieuse, à vrai dire. Bruno Retailleau a raison de remarquer : « On sent tout de suite que c'est très concentré. Il y a un côté citadelle. » Accentué par la dimension régalienne du ministère où les uniformes sont partout présents. Souligné par le poids de l'histoire, aussi.

Sur ce court, mais remarquable parcours qui mène au bureau du ministre, la galerie des portraits de tous ceux qui ont occupé ce poste impossible ferait presque office de station de chemin de croix républicain. On se recueille, on s'oublie, on s'identifie et, il faut bien le dire, on se glorifie. Comment rester de marbre en se rappelant tous les jours, devant ces portraits en noir et blanc, que vous êtes le successeur de ces piliers de la nation française ? Léon Gambetta, Jules Moch, François Mitterrand, Roger Frey, Gaston Defferre, Pasqua, Sarko… Bienvenue au temple des monstres. Une fois sur place, Valls réorganise soigneusement ce portfolio unique. Il fait corriger des dates, réhabilite des oubliés, et édite une petite revue compilant ses prédécesseurs. Les cinq ayant servi durant la Collaboration, à commencer par Pierre Laval, se voient entourés d'un liseré noir.

Le ton Intérieur

Les éphémères, tels Édouard Philippe ou François Baroin, ne regrettent pas d'avoir droit à leur portrait sur ce mur mythique. Et protocolaire… sauf pour Gérald Darmanin. Comme le Roubaisien n'aime pas faire les choses comme tout le monde, sa photo rompt avec la charte visuelle observée par ses prédécesseurs. Au portrait noir et blanc classique, il a adjoint la couleur des anneaux olympiques de Paris 2024 et partage sa photo avec des policiers en tenue. Une fois cette incontournable galerie des illustres portraits dépassée, voilà qu'on approche du Graal et de ce bureau comparable à un cockpit : on y pilote l'État comme nulle part.

Ne parlez pas de l'enfer de Matignon à Édouard Philippe. Il a été Premier ministre mille cent quarante-cinq jours, et ministre de l'Intérieur par intérim, entre la démission de Gérard Collomb et la nomination de Christophe Castaner, pendant treize jours. Cumulant les deux postes. Treize jours aussi palpitants qu'épuisants, si l'on en croit la confidence qu'il fit devant nous à Bruno Retailleau, venu lui rendre visite dans son bureau du Havre : « À la fin de la deuxième semaine, j'étais liquide… » Installé dans un délicieux restaurant libanais de sa ville portuaire, il nous avait permis de comprendre pourquoi : « À Matignon, le stress est constant et il tient au fait que vous avez des décisions nombreuses à prendre. Mais vous avez un niveau d'urgence qui, à quelques exceptions près, n'est jamais très élevé. Rarement à moins de vingt-quatre heures. Quand vous êtes à l'Intérieur, vous êtes dans une zone de réaction où l'urgence se situe sur une ligne d'horizon d'une demi-heure, une heure. » Rester frais devient l'objectif de toutes vos journées. Et cela explique le teint usé de ceux qui ont exercé à Beauvau plusieurs années.

Édouard Philippe, qui a le goût de la formule et dont le tropisme « fana mili » transpire dans sa manière d'exercer le pouvoir, résumait souvent la spécificité du « job » (il ne renâcle pas devant quelques anglicismes) en évoquant le « ton Intérieur ». Ce ton qui, pour lui, ne fait pas un pli : « Quand le ministre a fini de parler, il n'y a pas grand monde qui a envie de parler après lui. Qui ose ? On doit exprimer une certaine forme d'autorité. Il ne faut pas laisser les phrases ouvertes. On se doit de clore les sujets. “Voilà l'information, voilà la réaction.” Je n'irai pas jusqu'à dire que le ton doit être martial, mais il doit être décisif. » Et cela vaut pour ses propres troupes. Flashé à 210 kilomètres/heure, Nicolas Sarkozy avait renvoyé l'un de ses gardes du corps. « J'étais très dur… » confesse-t-il. À tous les fonctionnaires, Sarko ministre demande de proscrire la familiarité. Pas de tutoiement, pas de brutalité. En échange d'un soutien total.

On a demandé à ce même Nicolas Sarkozy si l'on pouvait comparer le ministère de la Défense à celui de l'Intérieur. Après tout, les deux sont des postes régaliens où l'uniforme, sa symbolique et son esprit envahissent la fonction. L'ancien président nous a répondu dans son style : « L'armée, elle est utilisée en situation opérationnelle de façon ponctuelle. Tandis qu'à Beauvau, pour la police, la guerre est permanente. » En servant comme chef de cabinet de Robert Pandraud, le ministre délégué à la sécurité du tout-puissant ministre de l'Intérieur, Charles Pasqua, Patrick Stefanini n'aura pas mis longtemps à s'en rendre compte. À peine nommé, il voit la France ensanglantée par les attentats attribuables à l'Iran. Cinq pour le seul mois de septembre, dont celui très meurtrier (12 morts) commis devant le magasin Tati de la rue de Rennes. Nous sommes en 1986, alors que le bureau du ministre délégué était contigu à celui de Pasqua. Ce bureau, qui sert aujourd'hui d'antichambre au « vrai » ministre, voyait défiler chaque soir des conciliabules de haute volée. Le whisky était devenu rituel. Pasqua grommelle devant son cabinet qu'il faut « terroriser les terroristes » avant de reprendre sa formule à la télévision. Le 21 février 1987, les leaders du groupe d'extrême gauche Action directe (ils avaient notamment assassiné l'année précédente le patron de Renault) sont appréhendés dans une petite ferme du Loiret. On sort alors le champagne dans le bureau du « patron ».

L'émotion intérieure

Ces anecdotes-là, Manuel Valls les connaît déjà. Vice-président de la région Île-de-France, il a eu à négocier avec Charles Pasqua, alors patron des Hauts-de-Seine. Des déjeuners mémorables, où l'on mangeait bien, dans sa tour du conseil départemental, pendant lesquels le Corse refaisait l'Intérieur. Valls prend possession du bureau de son illustre prédécesseur en mai 2012, alors que le sang versé par Merah diffuse encore son parfum glaçant. Le 17 juin de la même année, jour du second tour des élections législatives, les Français accordent une majorité énorme aux socialistes. Les résultats tombent lorsqu'une terrible nouvelle survient : deux femmes gendarmes ont été assassinées. Dans le Var.

« Je suis descendu le lendemain, rembobine Valls. L'angoisse. Cette affaire nous a poursuivis pendant l'été. Les familles ne voulaient pas parler à Hollande… Et c'est bien sûr moi qui me suis rendu aux obsèques. » À l'enterrement d'un gendarme, un petit garçon qui se trouve être son fils plante ses yeux dans ceux de Nicolas Sarkozy : « Sors mon papa de la boîte. » De quoi le faire vaciller ? « Vous savez, il faut faire très attention. La souffrance, ce n'est pas la vôtre, c'est celle de la famille. Il faut bien rester à sa place. Il faut faire attention quand même. Je veux dire que partager l'émotion, ce n'est pas se donner en spectacle. Les gens s'effondrent spectaculairement, mais c'est la mère qui a perdu son fils, c'est le mari qui a perdu sa femme. Ce n'est pas moi. La fois où j'étais un peu dépassé, c'est quand une petite est revenue de l'attentat de Marrakech en avril 2011. J'étais président de la République, j'ai accueilli son cercueil. Et j'avais écrit :

“Un assassin d’enfant ne lui permettra pas de fêter ses 11 ans.” Et là, vraiment, j’étais… Bon. »

Peut-on se remettre d’un passage à un tel poste ? Peut-on oublier un bureau pareil ? On n’éteint pas la lumière en quittant le bureau du ministère de l’Intérieur. Parce que la continuité de l’État ne souffre aucun interrupteur. Et parce que l’émotion qui vous étreint ne vous quittera jamais vraiment. Gérard Collomb est décédé en 2023 après avoir laissé un testament sur le perron de son ministère. « Aujourd’hui on vit côte à côte… Je crains que demain on ne vive face à face. » Si Gérald Darmanin a popularisé le mot d’« ensauvagement », ce n’est pas qu’une affaire de communication politique. Les synthèses pluriquotidiennes, qu’épluchent les ministres dans leur bureau, dessinent une délinquance de tous les instants. Il faut s’en nourrir pour son métier, s’en protéger pour sa psyché. En nous quittant, Nicolas Sarkozy nous a soufflé : « L’insécurité, en France, c’est une bombe à retardement ». Dont le minuteur se trouve sous le siège du bureau que vous savez.

Bibliographie sélective

Collectif, *Histoire du ministère de l’Intérieur de 1790 à nos jours*, La Documentation française, 1993.

Manenti Pierre, *Charles Pasqua. Dans l’ombre de la République*, Passés / Composés, 2025.

Sarkozy Nicolas, *Le Temps des combats*, Fayard, 2023.

Winock Michel, *Clemenceau*, Tempus, 2011.

5

Montretout
Le petit royaume des Le Pen

par Olivier BEAUMONT

« Marine dit qu'elle n'a pas aimé Montretout ! » déplorait Jean-Marie Le Pen au soir de sa vie. Si le tribun nationaliste a vécu ses derniers jours à La Bonbonnière, à Rueil-Malmaison, c'est au pavillon de l'Écuyer, à Saint-Cloud, qu'il a construit le succès du Front national. Dans cet hôtel particulier de 430 mètres carrés, construit sous Napoléon III, la frontière entre vie publique et vie privée a toujours été poreuse. Complots, divorce, trahisons, réconciliation… Les lieux furent le théâtre d'un soap opera *permanent, digne de la série « Dallas ». Pour les filles Le Pen, ce « Southfork Ranch » à la française constitua une véritable école de la politique. Les fêtes données par le tribun accueillirent une faune aussi bigarrée qu'inattendue. Tout comme son bureau, au premier étage, dominant Paris. Et ses sous-sols où dorment des archives très recherchées. Un héritage, politique et personnel, qui forge un peu plus la légende de ce clan politique hors norme dans l'histoire de la Ve République.*

Journées crépusculaires à La Bonbonnière

Sa canne était devenue sa plus fidèle compagne au crépuscule de sa vie. « Allez, Jean-Marie », s'appuie péniblement le vieil homme, en dépit du faux air va-t-en-guerre qu'il se donne pour parvenir à se relever du fauteuil. Il n'a pourtant pas bien loin à aller : à peine un mètre et une bibliothèque où sont entassés dans un grand désordre des livres par centaines, certains posés à même le sol. D'un pas lent, geste incertain et corps fragile, Jean-Marie Le Pen se penche et cherche son ouvrage en balayant du regard les étagères. Il vient de saisir une anthologie de la poésie grecque signée Robert Brasillach, l'écrivain collaborationniste fusillé en 1945 pour crime d'intelligence avec l'ennemi. Elle côtoie dans cette collection foisonnante des biographies de Staline et de Jeanne d'Arc, des recueils de l'essayiste catholique traditionaliste Bernard Antony, des romans de l'écrivain Saint-Loup, engagé dans la Waffen-SS, et le *Voyage au bout de la nuit* de Céline…

« Je replonge dans mes classiques », grogne le patriarche de 95 ans. Seul, dans ce petit boudoir sombre d'à peine 10 mètres carrés qui lui sert désormais de bureau, au premier étage de La Bonbonnière – du nom de sa demeure à Rueil-Malmaison –, l'ancien leader de l'extrême droite française n'a pas perdu son goût pour la provocation. Même si elle n'a plus le moindre écho.

Ces derniers mois, les visites se sont espacées dans cette grande villa de 300 mètres carrés avec piscine où il vit désormais reclus avec son épouse Jany, ainsi que leurs deux lévriers d'Ibiza, Olga et Stella. Un mausolée à la gloire du couple, avec photos d'eux entreposées un peu partout dans ce décor rococo, voire un peu kitsch, chargé de nombreux bibelots, des estampes japonaises sur les murs et même de fausses colonnes corinthiennes entre certaines pièces. Au rez-de-chaussée, les visiteurs restent toujours un peu interloqués par un énorme tigre blanc en peluche gisant sous une table en verre. Dans un petit salon en forme d'alcôve, une immense télé à écran plat incurvé voisine avec la statue d'un bouddha en méditation posée sur un guéridon. « Ici, vous êtes dans l'intimité », croit bon de préciser l'hôte des lieux, toujours impeccablement vêtu quand il reçoit : pantalon en velours côtelé et pull en laine à col roulé… tandis que, non loin, Jany traîne encore en chaussons et peignoir de soie. Curieuse fin de vie en solitaire pour celui qui a tant baroudé.

« Marine ne vient quasiment plus. Quant à Marion… je n'en parle même pas », reproche Le Pen ce jour de printemps 2024, où sa santé va de plus en plus déclinant. Quelques mois plus tôt, on a décidé pour lui qu'il ne s'exprimerait plus sur le réseau social X, comme il a arrêté l'enregistrement hebdomadaire de son journal de bord vidéo, diffusé sur YouTube, où il commentait depuis sa salle à manger ou sa terrasse l'actualité pour quelque 30 000 visiteurs réguliers. Sa benjamine en a voulu ainsi, pour que les saillies paternelles n'interfèrent plus dans le débat public et son combat politique. D'aucuns l'ont surtout perçu comme une manière de le pousser un peu plus vers la tombe, après l'avoir déjà exclu en 2015 du parti qu'il a fondé : le Front national, l'œuvre de sa vie.

« C'est son musée Grévin ! »

« Mais je suis immortel ! La caisse en bois n'est pas pour tout de suite », fanfaronne le Menhir pour se donner une contenance, parfois rattrapée par un long râle qui manque de l'étouffer. Quelques semaines plus tôt, une nouvelle alerte cardiaque et des trous de mémoire un peu plus récurrents sont aussi venus lui rappeler son âge. « Je vis, je survis. Je bouche les trous au fur et à mesure. »

À La Bonbonnière, la politique n'est plus qu'un vague souvenir. Son temps, Jean-Marie Le Pen le passe à lire – souvent la nuit, au cours de longues heures d'insomnie – ou devant sa télévision à regarder principalement les chaînes d'info et des séries sur Netflix. Une vie de petits rituels, comme ce plateau-repas servi chaque jour à 13 heures par Zora, leur domestique. Entrecoupés de soins réalisés par des infirmières à domicile, des cachets à prendre à heures fixes. Parfois, la visite de quelques amies de Jany – 90 ans de moyenne d'âge, visage lifté et lèvres botoxées – égaie péniblement de longues journées de silence. « C'est son musée Grévin ! » persifle Pierrette, l'ex-épouse un peu jalouse.

Puis il y a ces derniers moments de convivialité, quand le couple reçoit son ultime carré de fidèles. Souvent le dimanche. Des *happy few* où se croisent l'éternel compagnon Bruno Gollnisch, son conseiller Lorrain de Saint-Affrique, l'amie catho Marie d'Herbais, l'ancien frontiste Alexandre Simonnot, ou encore le diamantaire et animateur d'une émission sur Radio Courtoisie Éric Hamers. On est loin, bien loin, de la grande époque, quand le Tout-Paris se pressait pour rencontrer le « diable de la République » dans son autre repaire : Montretout. Fief politique et familial, épicentre du Front national pendant plus de quarante ans, où Jean-Marie Le Pen et tout son clan ont forgé leur réputation. Et encore plus, ont bâti leur légende.

Voisins de Jean Dujardin et Mylène Farmer

« Elle dit qu'elle n'a pas aimé Montretout ! » fulmine le patriarche quand il découvre vers la fin de son règne que sa fille a détesté vivre dans cette propriété située sur les hauteurs de Saint-Cloud. La maison ne manque pourtant pas de charme. On l'appelle le « pavillon de l'Écuyer ». En fait, un hôtel particulier de 430 mètres carrés construit sous Napoléon III, offrant une vue plongeante sur Paris, avec dépendances et parc de 4 600 mètres carrés bordé de châtaigniers. Il est niché dans un domaine archiprivé et sécurisé où se sont installées grandes fortunes, industriels et stars du showbiz (aujourd'hui Mylène Farmer, Jean Dujardin et une fille du roi de Thaïlande ; autrefois Guy Béart, Lino Ventura et Michel-Édouard Leclerc). Marine Le Pen, elle, en a surtout hérité un surnom à charge des années durant : la châtelaine de Montretout.

Un lieu nourri par les passions, les crises et les ruptures d'une dynastie politique hors norme dans l'histoire de la Ve République. Un clan que les Français ont suivi des années durant par presse interposée, comme on regarde un bon film ou un mauvais *soap opera* : *Dallas*, *Psychose*… *La Famille Adams*. « Le soir, ça fait un drôle d'effet. Si on éteint tout et qu'on laisse deux trois lampes allumées, avec un bruit de chouette et la pleine lune… on y est », plante un jour Lorrain de Saint-Affrique à propos de cette maison géographiquement en dehors de la capitale, de l'autre côté de la Seine. À l'écart des lieux de pouvoirs et de décisions, comme l'a été le FN pendant longtemps.

Explosion et draps maculés de sang

À Montretout, l'histoire des Le Pen commence par une scène d'horreur, le 23 décembre 1976, quand la tribu débarque avec ses valises. Et cette insupportable odeur pestilentielle venue du premier étage, dans une chambre aux volets fermés, où la famille découvre un lit défait, draps et murs maculés de sang. C'est là que le précédent propriétaire, Hubert Lambert, 42 ans, richissime héritier des cimenteries du même nom, a été retrouvé mort quatre mois plus tôt dans des conditions qui sont toujours restées obscures.

Un bien drôle de personnage cet Hubert. Esprit solitaire à la santé fragile qui milite dans les milieux nationalistes et royalistes, puis se rapproche du Front national au moment de sa création en 1972, avant d'en devenir un généreux mécène. Lui et sa mère (avec qui il vit) se lient d'amitié avec Jean-Marie Le Pen et son épouse Pierrette. Au point qu'au début de l'année 1976, Angèle, veuve à l'esprit fantasque, prend une incroyable décision lors d'un dîner à quatre : faire du couple les légataires universels de sa fortune si elle et Hubert, par la suite, venaient un jour à disparaître. Farfelu ?

Elle décède pourtant, quelques mois plus tard, d'une occlusion intestinale. Par désespoir et désœuvrement, le fils s'isole, cesse de se nourrir et se gave de paracétamol. Les couloirs de Saint-Cloud commencent alors à sentir la mort. Il disparaît le 24 septembre 1976… neuf mois après la rédaction du fameux testament. De manière aussi improbable qu'inattendue, les Le Pen héritent ainsi de cette somptueuse villa dans les Hauts-de-Seine.

L'histoire est forcément rocambolesque. Surtout qu'un autre événement va accélérer leur arrivée : l'explosion de leur appartement, villa Poirier (15e arrondissement), dans la nuit du 1er novembre, dont les commanditaires ne seront jamais identifiés. Par miracle, aucun mort. « On ne savait pas où aller ailleurs. Et personne ne se pressait pour héberger des gens qui venaient de faire l'objet d'un attentat. Nécessité fait loi », a toujours assumé le Menhir, pour justifier cette installation précipitée à Montretout avec sa femme et leurs trois filles (Marie-Caroline, 16 ans ; Yann, 13 ans ; Marine, 8 ans). Sans le moindre complexe, au point que le couple dormira dès le premier soir dans la chambre où Hubert fut retrouvé mort. L'épouse ayant néanmoins eu le réflexe d'aérer quelques heures la pièce… et bien sûr de changer les draps.

« C'était moche et vraiment horrible »

Pour les filles, les premières heures sont surtout un vrai cauchemar. Encore traumatisées par l'explosion de la villa Poirier, elles découvrent une maison d'un autre temps : mobilier Louis XV, rideaux en velours, murs marron et vert bouteille, épaisse moquette rouge. « C'était moche, vraiment horrible », en parle encore aujourd'hui Marie-Caroline. Leurs parents, eux, se satisfont au contraire de récupérer les effets matériels laissés par les défunts, y compris la vaisselle en porcelaine, les verres de cristal et les anciennes fourrures d'Angèle. Sans gêne. « Et pourquoi donc ? Nous n'avons fait que respecter les dernières volontés de nos amis ! » a toujours assumé l'ancien président du FN, malgré le contentieux avec plusieurs autres membres du clan Lambert qui ont toujours contesté la légalité testamentaire de cet héritage.

Un accord définitif sera néanmoins trouvé à la fin de l'été 1977. Un « deal », dont plusieurs articles de l'époque rapporteront qu'il a été signé en Suisse, contenant, outre l'hôtel particulier de Saint-Cloud, un héritage évalué à plusieurs dizaines de millions de francs de l'époque. Du jour au lendemain, Jean-Marie Le Pen devient un homme riche et suffisamment délesté des contraintes matérielles pour se consacrer entièrement à ses combats politiques. Sans ne plus jamais avoir à travailler. L'ancien fils de marin-pêcheur, pupille de la nation, devenu député en 1956, puis engagé dans les campagnes d'Égypte et d'Indochine, avant la guerre d'Algérie, en a fini avec sa traversée du désert. Montretout sera le symbole de sa gloire et de sa puissance.

Vive les mariés !

Ce coup-là, Marine Le Pen ne l'avait pas vu venir. Le samedi 16 janvier 2021, dans la plus stricte intimité et selon les rites de l'Église catholique, Jean-Marie Le Pen, 92 ans, a dit « oui » à Jany, 88 ans, née Paschos, lors d'une cérémonie religieuse organisée chez eux à la Bonbonnière. Vingt ans après leur mariage civil. C'est l'abbé Philippe Laguérie, figure du monde catholique traditionaliste et ancien curé de la très conservatrice paroisse de Saint-Nicolas-du-Chardonnet à Paris, qui a béni – en latin – cette union en petit comité. Lui et l'ancien leader du Front national se connaissent de longue date. En 1987, alors que Le Pen est emporté dans la polémique sur les chambres à gaz et le détail de l'histoire de la Seconde Guerre mondiale, il vole à son secours dans les médias, en prétendant de manière nauséabonde qu'il est victime de la « grande banque juive qui tient la France en dictature depuis quarante-cinq ans ». En 1996, il célèbre aussi les obsèques de Paul Touvier, condamné deux ans plus tôt pour crime contre l'humanité. Puis, en 2008, il baptise l'un des enfants de l'humoriste Dieudonné, la petite Plume

M'bala M'bala, dont le parrain n'est autre que… Jean-Marie Le Pen.

En apprenant deux jours plus tard, par la presse, la nouvelle de ce mariage où ni elle ni ses sœurs, et encore moins les petits-enfants, n'ont été invités, le sang de Marine Le Pen ne fait qu'un tour. « Mais pourquoi ? Et surtout, comme ça ? » Une humiliation qui ne fait que s'accroître quand elle découvre les images de cette bénédiction filmée et diffusée sur le site d'extrême droite *Boulevard Voltaire*. Il était dit que son diable de père ferait encore et toujours parler de lui, malgré son retrait de la vie publique. Un coup de canif (un de plus) dans l'entreprise de normalisation qu'elle a entreprise depuis déjà plus de dix ans… mais souvent rattrapée par les frasques sulfureuses du vieux chef frontiste. « Je ne vois pas pourquoi je l'aurais invitée. Elle m'invite chez elle, elle ? » rabroue le *pater familias* à ceux qui l'interrogent, expliquant avoir voulu « faire plaisir à Jany »… qui de toute façon n'a jamais eu les meilleures relations du monde avec ses filles.

« Marion, tu dois montrer l'exemple »

En se lançant dans le grand bain de la politique alors qu'elle a tout juste 22 ans, Marion Maréchal-Le Pen a été prévenue : « Tu verras, on ne t'épargnera rien à cause de ton nom. Tes combats seront tes médailles. Ta patrie sera ta famille », s'épanche un soir de février 2012 Jean-Marie Le Pen, alors qu'il devise tranquillement dans son bureau avec sa petite-fille, au premier étage de Montretout. Elle, mieux que quiconque, connaît le poids de l'héritage politique alors qu'elle s'apprête à se lancer pour la première fois dans une campagne législative, à Carpentras. Elle a pourtant longtemps hésité. « Comment veux-tu que je demande à nos jeunes de s'engager, si ma propre petite-fille ne s'engage pas. Tu dois montrer l'exemple », la presse-t-il à cette époque, jusqu'à lui dire crûment qu'elle ne serait « pas digne de porter le nom Le Pen » si elle n'y allait pas.

Marion est née en 1989 et est la fille de Yann, la deuxième des sœurs Le Pen. Son père biologique est l'ancien journaliste et ex-otage au Liban Roger Auque, aujourd'hui décédé. Mais elle a été élevée en grande partie par Samuel Maréchal, ancien responsable du Front national de la jeunesse (FNJ), qui a épousé sa mère en 1993. Elle a grandi dans un appartement aménagé pour Yann au second étage du domaine familial, avec scolarité en partie suivie chez les sœurs dominicaines Saint-Pie X. Un établissement privé ultraconservateur situé… sur le même coteau que celui de Montretout. « C'était une enfant qui ne disait jamais rien, calme, tranquille, toute secrète. Jamais un mot de trop », s'épanche un membre de la tribu. Ce qui détonnait dans cet environnement parfois hystérique, où elle a vu défiler des années durant tout le ban et l'arrière-ban de l'extrême droite française, observant dans son coin les grandes soirées organisées « à domicile » par son grand-père lors des campagnes présidentielles, et d'où elle a souvent assisté, aussi, aux déchirements de son clan. « Elle était toute jeune, mais elle a vu tout ça, toute cette violence. Montretout a été pour elle une vraie école de la vie politique », raconte Samuel Maréchal.

Alors, à l'amorce de ce grand saut dans l'inconnu, cette campagne électorale voulue pour laver « l'affront de Carpentras » (en mai 1990, le FN avait été pointé du doigt, à tort, après la profanation du cimetière juif), la jeune étudiante en droit à Assas a préparé une blague toute prête pour éventuellement répondre aux journalistes qui l'interrogeraient sur sa filiation politique et familiale. Une provocation, entre gêne et maladresse, parfois dite lors d'échanges *off the record* avec la presse pour prétendument détendre l'atmosphère : « Le samedi après-midi à Montretout, quand les enfants avaient besoin de s'occuper, on organisait des ateliers croix gammée ! » Sa maman l'excuse : « Elle en a tellement bavé pendant son adolescence des caricatures autour de sa famille, qu'elle a décidé ensuite d'en rire. C'est sa façon à elle de se blinder. » Même si la maison n'a jamais caché ses fréquentations sulfureuses...

Delon, Mourousi...

« Himmler et Bormann étaient indisponibles. Quant à Ribbentrop, il s'est fait excuser », provoque avec sa voix caverneuse Lorrain de Saint-Affrique, pas mécontent de sa petite formule. Le 26 juin 2016, les jardins du pavillon de l'Écuyer sont aménagés luxueusement pour recevoir 300 invités triés sur le volet. L'alcool coule à flots et les petits-fours sont servis à volonté à l'occasion des 88 ans de Jean-Marie Le Pen.

Tous ses amis sont là : Roger Holeindre, cofondateur du FN en 1972, l'ancien vice-président Jean-Claude Martinez, Bruno Gollnisch aussi. Mais surtout une foule aussi hétéroclite qu'improbable : Fadila d'Égypte, épouse du roi Farouk (dernier souverain égyptien avant l'instauration de la République), la veuve du dernier empereur du Viêt Nam, des diplomates, un prêtre orthodoxe en soutane et calotte noires, des représentants de l'association catholique intégriste Civitas, mais aussi Jérôme Bourbon, le patron de l'hebdomadaire d'extrême droite *Rivarol*, et dans un tout autre genre l'ex-play-boy italien Massimo Gargia. Puis quelques stars du barreau de Paris, comme « l'avocat des dictateurs » Marcel Ceccaldi, ou l'ancien défenseur du mercenaire Bob Denard, Elie Hatem. Ils sont la démonstration que, malgré son exclusion du FN dix mois plus tôt – après ses nouveaux dérapages sur les chambres à gaz –, Le Pen dispose encore d'un carnet d'adresses bien rempli.

Forcément, Marine et ses sœurs, avec qui il est fâché, n'ont pas été conviées. Mais lui rit, chante et ripaille. Comme à la grande époque, quand Montretout célébrait en grande pompe les mariages des filles, les anniversaires (parfois en tenues costumées), ou y organisait les soirées électorales. Des événements avec chapiteaux, traiteurs, orchestres et serveurs. Et souvent du beau monde, bien loin de la sphère politique. Le journaliste et star du 13 heures de TF1, Yves Mourousi, fut ainsi aperçu lors de ces réceptions. Également l'acteur Georges Descrières – rendu célèbre pour son personnage d'Arsène Lupin à la télévision. Puis le navigateur Olivier de Kersauson, enfant de La Trinité-sur-Mer, que certains ont croisé à la fin des années 1970. Sans oublier le plus célèbre d'entre tous : Alain Delon, qui a fait la campagne d'Indochine avec Le Pen, et témoin de mariage de Marie-Caroline. *The place to be.*

... Tapie et Bokassa

Dans ce curieux aréopage, loin des grandes fêtes et à l'abri des regards indiscrets, des visiteurs plus secrets ont aussi parfois poussé les lourdes grilles en fer forgé du domaine, sans se soucier de la réputation de son occupant. « Montretout était le poste de commandement du Front national, mais aussi le lieu qui lui a permis de faire prospérer ses réseaux parallèles », avoue l'ancien secrétaire général du FN, Carl Lang. « Il a toujours tissé des liens en dehors du Front, y compris avec l'étranger et certains réseaux diplomatiques. Mais des liens qui ne servaient que ses propres intérêts, pas ceux du parti », abonde un ex-conseiller. À l'instar de certains diplomates russes ou africains, dont les berlines sont de temps à autre garées à l'entrée du domaine. Également des proches de Saddam Hussein, l'ancien dictateur irakien, invités à la fin des années 1990. Et même un ancien empereur autoproclamé : Jean-Bedel Bokassa, dit Bokassa Ier, en exil en France après avoir été renversé en 1979… et convié à déjeuner un jour d'été 1984 par Jean-Marie Le Pen. Lequel reçut quelques mois plus tard une réplique de l'épée de son sacre d'empereur, parodie de celui de Napoléon, sertie de nombreux bijoux. De ces entrevues, rien n'a jamais filtré. « C'était son côté florentin, comme Mitterrand », raconte l'ex-numéro 2 du FN, Bruno Mégret.

D'autres rendez-vous confidentiels ont néanmoins fini par fuiter… Ainsi, Victor Chapo, homme de confiance de Valéry Giscard d'Estaing, alors président de la République, fut mandaté pour aller chez « le diable de la République » et tenter d'obtenir son soutien à la veille de la présidentielle de 1981… sans succès. Bernard Tapie se présenta entre les deux tours des législatives de 1993 pour obtenir le retrait du candidat FN à Gardanne (Bouches-du-Rhône). Puis, en 2007, c'est Patrick Buisson, l'ancien patron de l'hebdomadaire d'extrême droite *Minute,* devenu conseiller officieux de Nicolas Sarkozy, qui s'invite dans le bureau du leader frontiste, et en présence de Marine Le Pen, pour sonder les intentions du clan avant la présidentielle.

Frasques familiales

Si les murs pouvaient parler… Ceux de Montretout regorgent encore de bien des mystères, à jamais enfouis depuis la disparition de Jean-Marie Le Pen. En quarante ans, la maison a tout vécu. Bien sûr, le drame de la séparation avec Pierrette, partie du jour au lendemain en octobre 1984, au prétexte qu'elle ne supportait plus de voir sa vie privée sans cesse reléguée derrière les ambitions politiques de son mari : « Notre chambre était juste à côté de son bureau où se tenaient toutes les réunions stratégiques, plutôt qu'au siège du parti. Pour aller aux toilettes, je devais ainsi passer devant les assistantes et les visiteurs qu'il recevait. Aucune intimité ! Alors un jour, j'ai dit stop et je suis partie. » Le Pen ne voyait pourtant pas où était le problème, trop satisfait de voir sa cour graviter autour de lui. Une petite ruche au service du chef suprême, avec ses fidèles et toujours dévouées secrétaires dont les bureaux font face au sien, posters de lui en majesté et affiches de campagne accrochés sur tous les murs de la pièce ; son majordome particulier installé à demeure ; et une ribambelle de petits personnels souvent payés « à l'enveloppe ». C'est que Jean-Marie Le Pen veillait à la dépense. Au point que certains surnoms lui ont été affublés : « Picsou », le « Radin », « Harpagon ». Jusqu'à noter sur un carnet toutes les dépenses de la maison, même de surveiller les factures téléphoniques de ses filles qui n'ont jamais eu droit au moindre argent de poche. « Quand je quitte une pièce, j'éteins la lumière. Cela fait que j'aurais, paraît-il, une réputation de pingre. Mais c'est la moindre des choses que d'éteindre la lumière ! » s'en est-il longtemps défendu.

Puis la maison a connu les mariages des filles et leurs divorces, les bagarres entre gendres après des soirées trop arrosées, le départ de certains lieutenants partis rejoindre le félon Bruno Mégret… dont sa propre fille Marie-Caroline qui sera longtemps répudiée. Et même le déménagement précipité de Marine en 2014… parce qu'un des molosses de la propriété avait encore une fois tué un de ses chats.

Un jour de février 2016, Jean-Marie Le Pen a même essuyé une longue perquisition de la police, pour soupçon de blanchiment de fraude fiscale. Rien de probant ne fut trouvé, à l'exception de quelques lingots dans un coffre-fort, dont il a toujours juré qu'ils « appartenaient à Jany ». Entre-temps, Pierrette est discrètement revenue au début des années 2000. L'ex-époux bafoué, après qu'elle a posé quasi nue dans *Playboy* au milieu des années 1980 pour se venger de lui, dit avoir pratiqué « le pardon des offenses », après avoir refait sa vie sentimentale. La mère de Marine Le Pen est alors hébergée dans une des dépendances, au fond du jardin. Dans la grande demeure, ne reste aujourd'hui plus que Yann. Tous les autres sont partis… Souvenirs rangés, dans une vieille maison endormie.

Dernier voyage

Nuit du 7 novembre 2024, nouvelle alerte à Rueil-Malmaison. Cette fois-ci, l'alerte est sérieuse. Jean-Marie Le Pen est pris de spasmes qui font paniquer Jany. On appelle son médecin personnel qui, retenu à un dîner bien arrosé, finit par arriver un peu avant minuit. L'état de santé du patriarche est jugé suffisamment préoccupant pour nécessiter un transfert à l'hôpital. Une place lui est trouvée à Ambroise-Paré, à Boulogne-Billancourt. Souffle court, le malade s'y oppose d'abord. De longues minutes de tergiversation au rez-de-chaussée de la maison, avant l'arrivée du Samu. « Il ne voulait vraiment pas y aller », raconte un témoin aux premières loges, qui se souvient de la présence, parmi le personnel soignant, d'une « très jolie fille. Si bien que lorsque Jean-Marie l'a regardée, les choses ont changé… et il s'est laissé transporter dans le fourgon ».

Cela sera son dernier voyage. Jean-Marie Le Pen est mort deux mois plus tard, le 7 janvier 2025.

Question d'héritage, encore et toujours

« Mais qui vient encore à Montretout ? » s'était-il demandé en voyant sa fin approcher. La dernière année de sa vie, l'ancien président du Front national n'y a plus jamais remis les pieds. « À partir du moment où il n'a plus été capable de monter au premier étage pour rejoindre son bureau, il a cessé de s'y rendre », témoigne un ami intime. La pièce, chargée de nombreux bibelots témoins de sa gloire passée, dont les fameuses jumelles marines sur trépied avec lesquelles il posait fièrement devant les journalistes, est quant à elle restée quasi intacte. Un musée mémoire de ses multiples vies. Aux sous-sols, tous les documents, cartons, affiches de campagnes, correspondances personnelles et dossiers juridiques du Front national ont aussi été conservés. En 2024, cela ne s'est jamais su, la prestigieuse université de Stanford, au sud de San Francisco, proposa de récupérer ce fonds d'archives politiques dans le cadre de ses missions pour la recherche universitaire, tout en laissant une maîtrise d'accès pour les ayants droit. Jean-Marie Le Pen n'aurait pas été contre, mais Marine s'y est opposée. Le malade, au crépuscule de sa vie, n'en a plus jamais parlé.

Vengeance… et ultime coup de griffe. Il met à profit ses derniers moments en modifiant secrètement ses dispositions testamentaires au détriment de ses filles, pour donner une part d'usufruit sur la maison à Jany. Les trois sœurs ne l'ont découvert qu'après sa mort, alors qu'elles devaient être les seules héritières du domaine. Forcément, cette dépossession ne leur a pas du tout plu. « La succession de Jean-Marie est biblique : il y a l'Ancien… et le Nouveau Testament », préfère en rire Lorrain de Saint-Affrique.

Alors, quel avenir pour la vieille bâtisse ? « De toute façon, personne n'a les moyens d'entretenir une si grande propriété. Surtout avec tous les travaux de mise aux normes à faire », rapporte un visiteur régulier, confiant que les charges d'entretien mensuel sont de 5 000 euros. Quelques semaines après la mort du « diable », ses filles ont tout de même fait appel à un mandataire immobilier. Mise à prix : 10 millions d'euros. « Vendre Montretout c'est une chose, mais avec la modification testamentaire, ça ne pourra pas être fait sans l'accord de Jany et dans des conditions à négocier », rapporte un conseiller au fait de la tractation. Au printemps 2025, plusieurs acquéreurs potentiels avaient déjà visité l'immense propriété. Dans la foulée, des bennes étaient aperçues au début de l'été pour commencer à discrètement vider les lieux… avant le départ annoncé des occupants restants.

Les dispositions pour La Bonbonnière, elles, sont déjà réglées depuis quelque temps. Elle a été revendue pour 2,5 millions d'euros en novembre 2023 à un consortium immobilier détenu à 20 % par le milliardaire réactionnaire Pierre-Édouard Stérin et son bras droit François Durvye, par ailleurs conseiller économique de Marine Le Pen. Avec droit d'occupation pour Jean-Marie Le Pen et son épouse tant qu'ils sont vivants. La veuve y vit donc toujours. Seule, avec ses deux lévriers, dans cette grande demeure où les souvenirs de son époux traînent encore un peu partout, comme dans la maison de Saint-Cloud. Le Menhir est mort. Mais dans les murs de ses maisons, son fantôme est toujours là.

Bibliographie sélective

Beaumont Olivier, *Dans l'enfer de Montretout*, Flammarion, 2017.
Bourseiller Christophe, *Les Le Pen. Une famille française*, Perrin, 2025.
Chombeau Christiane, *Le Pen. Fille & père*, Panama, 2007.
Cohen Philippe et Péan Pierre, *Le Pen. Une histoire française*, Robert Laffont, 2012.
Le Pen Marine, *À contre flots*, Grancher, 2006.

6

Marseille la Maudite

par Franz-Olivier GIESBERT

Il n'est pas étonnant que les premières lois de décentralisation en France soient l'œuvre du ministre d'État Gaston Defferre, alors qu'il était maire de Marseille : sa ville fut l'emblème de la féodalité contre l'État central et, partant, du contre-pouvoir local. L'ancienne capitale du comté de Provence, forte de sa tradition et de sa langue intégrée, le provençal, qui valut au poète Frédéric Mistral le prix Nobel de littérature en 1904, incarne la résistance au jacobinisme parisien. La capitale le lui rend bien, oscillant à l'égard de la cité phocéenne entre mépris et fascination. Le pouvoir marseillais ? Une microsociété à nulle autre pareille, truculente et interlope, avec ses personnages de tragédie antique.

Paris et le syndrome de Louis XIV

Marseille est-elle encore en France ? C'est une question que me posent souvent mes amis avec inquiétude ou émerveillement, selon les cas, quand ils viennent me rendre visite dans la cité phocéenne où je me suis installé à la fin des années 2000, en plein centre-ville, non loin de l'abbaye Saint-Victor. Je leur réponds que, par la faute de Paris, elle n'a jamais été tout à fait en France.

Élu maire en 2020, Benoît Payan m'a donné un jour une définition de Marseille que j'ai entendue, à quelques différences près, dans la bouche de tous ceux qui ont « fait » la ville d'aujourd'hui : Martine Vassal, Jean-Claude Gaudin, Michel Pezet, Robert Vigouroux, Gaston Defferre, etc. C'est bien le signe qu'elle correspond à la vérité. La voici : « Grande comme deux fois Paris, Marseille se vit comme un pays. Ici, les immigrés sont fiers de leurs origines, mais ils sont d'abord Marseillais. Pour devenir Niçois, il faut au moins dix générations. Pour devenir Marseillais, dix secondes. »

« Voilà notre force », conclut Payan. Cette capacité à intégrer les flots d'immigrés est-elle l'une des explications du ressentiment de Paris contre Marseille ? Il y en a beaucoup d'autres, à commencer par l'insouciance, l'hédonisme, ou encore la galéjade. Depuis des siècles, Paris éprouve envers la cité phocéenne un mélange de mépris et de haine que cette dernière lui rend bien, comme peuvent souvent le vérifier les Parisiens qui ont le malheur de venir avec leur voiture immatriculée 75 : ils la retrouvent le lendemain matin, quand ils la retrouvent, avec la carrosserie rayée et les vitres brisées.

Les « élites » de la capitale réservent aussi un traitement particulier à la cité phocéenne qui, selon elles, serait mal gérée, désorganisée, voire paresseuse. Sans oublier d'être la capitale européenne du crime. Ces reproches sont recevables. Mais Marseille a des excuses : d'abord, elle est pauvre, l'emploi reposant pour une grande part sur la fonction publique ; ensuite, elle a ce qu'on peut appeler une tradition criminogène qui fut tour à tour d'origine italienne, corse et enfin maghrébine. La ville a pourtant fait des progrès que j'ai pu vérifier, ces dernières années. Elle a vécu une transmutation.

La preuve, il y a souvent des files interminables devant son musée phare, le Mucem. Elle grouille aussi de restaurants pas chers et très inventifs. Elle est également beaucoup plus propre, ce qui n'était pas très difficile. De grâce, finissons-en avec ce cliché : depuis que le ramassage des poubelles a été repris par les services de la métropole Aix-Marseille, présidée par Martine Vassal, les choses se sont bien améliorées et quand elles se dégradent, c'est à cause de la gréviculture, fléau local, qui génère des amoncellements de poubelles ou à cause de gros coups de mistral qui, sur la Canebière notamment, vous arrachent vos courses des mains, je parle d'expérience, pour rejoindre dans le ciel bleu les grands vols migrateurs de sacs en plastique.

Gaston, la main Defferre

De tous les maires qui ont administré la cité phocéenne, deux hommes se détachent, qui étaient en acier trempé et ont roulé leur meule sur la ville. Il est vrai qu'à Marseille, il est difficile de ne pas jouer des coudes. Ici, disait Fernandel, « pour le conducteur d'une voiture, il n'y a pas la gauche ni la droite, il y a l'ombre ». En attendant, dans les croisements, la priorité revient souvent à celui qui force le passage. Gaston Defferre est à cette image. D'origine protestante et cévenole, il a l'accent nîmois, mais il est plus marseillais que nature : moitié marlou, moitié grand seigneur. À la Libération, il prend le contrôle du journal régional, *Le Petit Provençal*, les armes à la main, avec le soutien du truand Nick Venturi et de sa petite milice, avant d'être élu à la mairie en 1953. Jusqu'à leur fâcherie vingt-cinq ans plus tard, le mélange des genres battra son plein : ledit Venturi monte une entreprise de bâtiment, la CEGM, qui, grâce à ses entrées à l'hôtel de ville, obtient pléthore de marchés publics, alors que, bénéficiant de protections politiques, il est considéré comme l'un des parrains du trafic de drogue, au temps de la French Connection, après avoir trempé dans plusieurs affaires de contrebande de cigarettes.

Dans les années 1970, Gaston Defferre est aussi du dernier bien avec Gaëtan (Tany) Zampa, roi de la drogue, patron de la pègre marseillaise, qui a été – cela crée des liens – l'un de ses anciens gardes du corps. Quand le caïd est arrêté en 1983, le maire de Marseille, alors ministre de l'Intérieur et numéro deux du gouvernement socialiste de Pierre Mauroy, remue alors ciel et terre pour le faire sortir, selon plusieurs témoins, comme Michel Pezet qui était encore son dauphin officiel. Non que Defferre soit, à ce moment, en affaire avec Zampa, mais il s'est longtemps appuyé sur lui pour contrôler la partie mal famée de sa ville. Il lui renvoie simplement l'ascenseur, comme le veut la tradition marseillaise.

Gaston Defferre est un maire à la main de fer, mais à mi-temps. Le matin, il est à son bureau de l'hôtel de ville où il vire, houspille et expédie les affaires municipales au pas de charge et, l'après-midi, il file au *Provençal,* le journal socialiste ou plutôt defferriste, où il règne en maître après Dieu, faisant souvent supprimer dans les pages les noms ou les photos de ses ennemis du moment. « Gaston » déteste attendre, notamment l'ascenseur, au point qu'il en a un jour défoncé la porte. Depuis, il a le sien pour lui tout seul. Alors que j'ai 27 ans et que je travaille au *Nouvel Observateur,* il me convoque à son bureau de président du groupe socialiste à l'Assemblée nationale pour me proposer un poste de rédacteur en chef dans son journal. Déjà attiré par Marseille, je demande une semaine de réflexion, mais pour le principe : j'ai succombé au charme de son maire, mélange de brutalité, d'ironie, d'austérité. Je n'ai pas perçu son autoritarisme, et le mot est faible.

Une semaine plus tard, alors que je viens lui remettre ma lettre d'embauche avec ma signature, Defferre reçoit un coup de fil d'un des directeurs du quotidien qui lui demande de valider le titre de la une du lendemain. « C'est nul », tranche-t-il. Et il lui donne une nouvelle manchette, militante, exécrable, qui met en cause son ennemi du moment : Valéry Giscard d'Estaing, alors président de la République. J'entends l'interlocuteur marmonner quelque chose au bout de la ligne. En guise de réponse, Defferre raccroche. Après ça, comprenant que je ne pourrais jamais travailler plus d'une minute sous le joug de ce genre de ce tyran, je lui annonce lâchement qu'après réflexion, je suis contraint de refuser son offre pour des raisons familiales.

Maire socialiste de Marseille pendant près de trente-trois ans, jusqu'à sa mort en 1986, Gaston Defferre fait encore, ici, l'objet d'un véritable culte. À *La Provence,* fruit de la fusion entre *Le Provençal* et *Le Méridional,* le journal très marqué à droite qu'il avait racheté pour mieux contrôler la presse marseillaise, son légendaire fauteuil de patron de presse a longtemps été conservé comme une relique dans la grande salle de réunion du journal. Interdit de s'asseoir dessus. Même chose pour son fauteuil d'édile municipal que Jean-Claude Gaudin avait gardé, bien en évidence, dans son bureau de l'hôtel de ville, lui qui parlait toujours de « Gaston » avec un respect pas dupe et taquin.

Gaudin, monument historique régional

Avant de devenir son adversaire, le centriste Gaudin avait aussi été l'allié politique de Defferre en même temps que son disciple. Il ne s'en cachait pas : « Je l'ai beaucoup observé », disait-il. Il dégageait la même autorité que son aîné, malgré une nature conviviale et volubile qui, apparemment, se prêtait moins au commandement. Mais si cet ancien professeur d'histoire-géographie avait le sourire facile et généreux, il arrivait parfois que son œil se fasse noir et vous fusille, quand il ne piquait pas une tonitruante colère. Les deux hommes étaient aussi clientélistes et politicards l'un que l'autre, mais Gaudin savait mieux déléguer, voire partager le pouvoir. Il se reposait ainsi beaucoup sur son directeur de cabinet et alter ego, que l'on surnommait son « Richelieu » : Claude Bertrand, un antijacobin militant et, malgré sa réserve, une personnalité forte qui s'appuyait sur un réseau important, y compris à gauche. C'est pourquoi, après un règne moins long – de 1995 à 2020, soit vingt-cinq ans –, son ami et patron Gaudin a plus marqué la ville que Defferre.

Le paradoxe est saisissant. D'un côté, Defferre n'a pas « pensé » Marseille : classé à gauche, il a subi l'urbanisation en favorisant le sud de la ville, où habite la partie la plus aisée de la population, et en délaissant totalement les quartiers pauvres du Nord qui votaient alors communistes. De l'autre, Gaudin a redessiné la cité phocéenne : catalogué à droite, il a, lui, entrepris la rénovation urbaine des terres de gauche au nord, sur 480 hectares, dans la foulée du projet « Euroméditerranée » lancé par son prédécesseur à la mairie, Robert Vigouroux. L'habitat insalubre a été remplacé par des HLM parfois esthétiques et la Joliette est devenue un quartier d'affaires, tandis que d'imposantes tours, œuvres de grands architectes, se dressent désormais sur le front de mer. Le Vieux-Port a été rendu aux piétons et le Mucem, musée des Civilisations de l'Europe et de la Méditerranée, imaginé par Rudy Ricciotti, est devenu l'un des joyaux de la ville, que dis-je, de la Provence.

Le Mucem a été, sur une idée de Michel Pezet, le plus grand casse de Gaudin qui fut l'un des meilleurs collecteurs de subventions de l'histoire de Marseille. Un jour que je lui faisais remarquer que les collections permanentes n'étaient pas folichonnes alors que les expositions temporaires étaient souvent de qualité, il avait éclaté de rire : « Tu n'as pas compris que j'ai fait un hold-up ? Quand j'ai vu l'énorme polémique autour de la fermeture du musée des Arts et Traditions populaires à Paris, à cause de sa très faible fréquentation, j'ai proposé à l'État qu'on récupère ici ce qu'il y avait dedans et qui, c'est vrai, n'était pas toujours extraordinaire. Mais bon, à nous d'ajouter des choses et de faire vivre le site. À la fin, c'est quand même une sacrée réussite, non ? »

Que Gaudin n'ait jamais eu, si j'ose dire, bonne presse dans les médias parisiens ne change rien à la réalité qui leur aurait crevé les yeux s'ils avaient pris la peine de passer un peu de temps à Marseille : cet homme a métamorphosé sa ville qu'il a su incarner, au point de se confondre avec elle. Comme Defferre auparavant, il *était* Marseille. Monument historique régional, il résumait d'une phrase la cité phocéenne : « Ce n'est pas une ville de gauche ou de droite, c'est une ville populaire. » Dans le sillage de Defferre ou de Vigouroux, il a su casser les clivages : ici, malgré les tartarinades, les éclats de voix ou les coups bas, les politiciens sont moins assignés à un camp et se mélangent plus aisément qu'ailleurs.

Je me souviens que Jean-Claude Gaudin, qui savait faire la part des choses, ne tarissait pas d'éloges sur l'avocat Michel Pezet, puits d'intelligence et de culture, qui fut l'un de ses adversaires socialistes et qui, à l'évidence, aurait été un grand maire de Marseille. Pour cause de rocardisme, Pezet fut, hélas ! victime d'une conspiration ourdie par Pierre Joxe à la fin de la présidence de François Mitterrand dans les années 1990. Benoît Payan fut pareillement encensé par Gaudin alors que c'était, au conseil municipal, le chef de son opposition socialiste, attaquant sans répit sa gestion : « C'est le meilleur. Le plus travailleur, le plus déterminé, le plus retors. Un jour, il sera à ma place. »

Gaudin disait aussi la même chose de Martine Vassal qui lui a succédé à la présidence de la métropole Aix-Marseille. Et il ajoutait : « Elle n'est pas dans le paraître, mais dans le faire. C'est un char d'assaut. Une grande bosseuse. Avec ça, très vive, très habile, très compétente. Quand elle s'empare d'un dossier, on peut être sûr qu'il sera mené à bien. » Mais bon, ce n'est pas si simple, les pouvoirs étant divisés entre les différents acteurs de la cité. « Le drame de notre ville, explique Vassal, c'est que les compétences sont enchevêtrées. La métropole est un outil fantastique, mais elle est seulement responsable des collèges, alors que la mairie est en charge des écoles et le conseil régional des lycées. C'est absurde. Dans l'idéal, il faudrait donner toutes les compétences à l'un des trois et qu'on n'en parle plus ! Même chose sur la propreté : j'ai tous les pouvoirs, mais pas ceux de la police pour verbaliser les contrevenants. En somme, on m'a donné le balai, mais pas le bâton. Sur les transports qui sont de mon ressort et où je développe deux lignes de tramway, c'est encore pareil : pour le tramway des Catalans, par exemple, la mairie n'a cessé de me mettre des bâtons dans les roues. J'essaie toujours de passer en force, mais on perd beaucoup de temps. Il faudrait simplifier tout cela ! »

Une microsociété institutionnelle et interlope

Malgré ces handicaps, il m'a toujours semblé qu'il y avait, ici, une solidarité, un nationalisme marseillais qui transcendait les partis. La scène se passe, il y a quelques années, dans un petit restaurant aux nappes en toile cirée, Chez Rose, entre le Vieux-Port et l'Opéra. Reine des aubergines à la provençale et des flans au caramel brûlé, Rose Suggello, l'octogénaire sicilienne qui le tenait, se flattait de cuisiner « comme à la maison ». Alors que je travaillais sur un roman policier, *L'Immortel*, je déjeunais, ce jour-là, avec Jacky Imbert, l'un des caïds historiques de la région, jadis victime d'une tentative d'assassinat de la bande à Zampa, où il avait reçu vingt-deux balles, dont deux traversèrent son cerveau. À une table voisine, il y avait Jean-Claude Gaudin. À une autre, Jean-Noël Guérini, son adversaire socialiste. Plus loin, une importante cheffe d'entreprise. Sans oublier un journaliste de gauche, pardonnez l'euphémisme. Quand tout ce joli monde arrivait ou repartait, il se saluait, quand il ne s'embrassait pas. Pour un peu, on aurait dit une réunion de famille – je n'ai pas dit de la mafia, ne pas confondre. Il ne manquait plus que le préfet de police…

À Marseille, les politiques forment une microsociété où l'institutionnel et l'interlope peuvent se retrouver dans la même personne. Au siècle dernier, comme tous les journalistes, je voyais souvent Charles-Émile Loo. Principal lieutenant de Defferre, c'était une source inépuisable d'informations, qui avait un pied dans la politique, un autre dans les affaires. Avec ça, toujours vêtu de blanc, une belle gueule et beaucoup d'entregent. Résistant de la première heure, longtemps député et trésorier national du PS, « Milou », comme on l'appelait, avait monté une imprimerie, un commerce de vins d'Algérie, puis la fameuse Socoma, coopérative du personnel portuaire, pour contrer la CGT. C'est lui qui m'a expliqué comment on truquait les élections, dans la cité phocéenne : « Quand le dépouillement des bulletins a commencé, tu demandes à des copains d'entrer dans la salle en criant, l'air affolé : "Attention, ils arrivent !" Il s'agit, bien sûr, de nos ennemis du PC ou de la droite, qui sont censés venir piquer les urnes pour les bourrer. Pour les en empêcher, tu prends les urnes avec tes camarades et tu les emportes, pour les cacher, dans une autre pièce où tu les bourres, à l'abri des regards, avec les bulletins que tu avais préparés, et le tour est joué. »

Les choses ont (un peu) changé, depuis, même si Marseille a une pratique particulière de la démocratie. Ainsi, après avoir élu l'écologiste et médecin Michèle Rubirola à la mairie, aux municipales de 2020, la ville s'est retrouvée, cinq mois plus tard, avec un maire socialiste : Benoît Payan. Par quel tour de passe-passe ? Peut-être Payan pensait-il n'être pas suffisamment « électoral » alors que son parti était dans une mauvaise passe. Après un pacte secret qui, pendant la campagne électorale, avait été évoqué par ses ennemis – mais démenti par ses soutiens –, il réussit, non sans mal, à reprendre le fauteuil qu'avait conquis Rubirola qui, ayant goûté à la lumière, fit un peu de résistance.

Impossible n'est peut-être plus français, mais ce mot est toujours marseillais où l'on en fait souvent trop, à l'image (caricaturale) de Renaud Muselier, Tartarin aux petits bras et Gribouille marseillais. C'est sans doute pourquoi Paris, ses politiques, ses médias, ses magistrats et ses hauts fonctionnaires n'ont toujours pas fait la paix avec Marseille, à l'instar des ministres ou des présidents qui se font de la publicité sur le dos de la cité phocéenne, comme Emmanuel Macron venu lancer, le 18 mars 2024, lors d'une visite surprise, l'opération de com baptisée « Place nette XXL » contre le trafic de drogue, dont le bilan aura été plus que mitigé. On n'en dira pas autant de l'ambitieux plan « Marseille en grand » du même Macron, une enveloppe promise en 2021 de 5 milliards pour les écoles, les transports, les logements, la sécurité, même si son « suivi » est, selon la Cour des comptes, « indigent ». Là, c'est Benoît Payan qui a été à la manœuvre, comme Gaudin avec le Mucem, encore qu'il récuse, lui, le terme de « subvention » – « On mérite quand même mieux », corrige-t-il…

« J'ai beaucoup apprécié, dit le maire, qu'à aucun moment, le chef de l'État ne cherche à passer un *deal* et ne me demande d'être reconnaissant. »

L'édifiante affaire de l'incendie des Nouvelles Galeries

Si, selon les jours, Paris est paternaliste, soupçonneuse ou vindicative vis-à-vis de Marseille, cette dernière fascine toujours les « élites » politiques parisiennes. Comme les metteurs en scène de cinéma qui adorent tourner ici, elles aiment se pavaner devant les caméras dans la cité phocéenne. Ça fait des jolis fonds et de belles images, lorsqu'elles disent, jugulaire au menton, l'index menaçant, qu'elles ne toléreront plus les règlements de compte entre bandes rivales dans le trafic de drogue et qu'on va voir ce qu'on va voir. Après quoi, les « affaires » et les crimes reprennent leur cours.

Pour permettre de comprendre la vraie nature des rapports entre Paris et l'autre capitale, Jean-Claude Gaudin aimait raconter l'édifiante affaire de l'incendie des Nouvelles Galeries. Le 28 octobre 1938, un mois après les accords de Munich, signés par la France et la Grande-Bretagne avec Adolf Hitler, se tient à Marseille, au parc Chanot, le 35e congrès du Parti républicain, radical et radical-socialiste – tel est son vrai nom. Un nouvel épisode de la guerre plus ou moins sourde que se livrent les deux Édouard, le Vauclusien Daladier, président du Conseil, et le Lyonnais Herriot, président de la Chambre des députés, deux lettrés qui n'ont pas la même conception du radicalisme.

Non loin de là, peu après 14 h 30, alors que le mistral souffle fort sur la Canebière, un incendie se déclare aux Nouvelles Galeries, le plus grand magasin de la région. Le bâtiment, d'une surface de 3 500 mètres carrés, étant décoré avec de somptueuses tentures et des tapis épais, sans parler de ses parquets cirés, le feu se propage rapidement à travers les étages. Les sapeurs-pompiers arrivent vite sur les lieux, avec leurs autopompes, mais, la malchance s'en mêlant, les dysfonctionnements s'accumulent, qui vont bientôt faire de cet événement l'une des grandes catastrophes de l'histoire de Marseille.

Envoyés, le matin même, au parc Chanot pour assurer la sécurité du congrès radical, les policiers manquent cruellement aux abords des Nouvelles Galeries vers lesquelles convergent, pour assister au « spectacle », piétons et voitures qui vont retarder les secours. Pour ne rien arranger, les roues de ces dernières font souvent éclater les tuyaux qui traversent les rues pour alimenter les lances à incendie. Quant à la chaîne de commandement des sapeurs-pompiers, elle est décapitée : leur chef ayant été blessé en tentant d'éteindre un feu dans une usine quelques jours plus tôt, il a été remplacé par son adjoint qui a lui-même été accidenté dès son arrivée.

La pression de l'eau baisse dangereusement dans les lances à incendie et le mistral attise les flammes qui lèchent les immeubles alentour, comme les hôtels Noailles ou Astoria. Appelés à la rescousse, les marins-pompiers de Toulon arrivent en fin d'après-midi pour aider leurs collègues marseillais à finir le travail en faisant la part du feu, autrement dit en sacrifiant le magasin ou plutôt sa carcasse pour sauver le quartier. Grâce à un système de motopompes, ils réussissent à récupérer l'eau du Vieux-Port, à quelques centaines de mètres. Bilan : 73 morts, surtout des employés des Nouvelles Galeries.

Après cette tragédie, que croyez-vous qu'il soit arrivé ? Édouard Daladier n'a aucun doute sur l'identité du coupable : « N'y a-t-il donc personne pour faire régner l'ordre dans cette ville ? s'écrie-t-il. C'est lamentable ! » À partir de là, Marseille et son maire, Henri Tasso, sont mis en accusation. On n'a pas eu vent d'une telle hystérie contre la capitale et ses autorités municipales après ses grands incendies, comme celui du grand magasin parisien du boulevard Haussmann, le Printemps, en 1921 (80 morts) où, là aussi, la pression de l'eau n'a pas été suffisante pour les lances à incendie des pompiers.

Mais voilà, nous sommes à Marseille, qui a toujours droit à un traitement de défaveur. Sous-secrétaire d'État à la Marine marchande dans les trois gouvernements de Léon Blum sous le Front populaire, le socialiste Tasso qui avait une réputation de clientélisme soignait certes trop bien ses employés municipaux, au grand dam de certains de ses adjoints à la mairie. Mais il ne pouvait être tenu pour responsable de toutes les défaillances pendant l'incendie et ne méritait sans doute pas l'opprobre et les insultes qui lui sont tombées dessus en provenance du gouvernement ou de son opposition locale.

Qu'importe : Édouard Daladier a obtenu gain de cause et la tête de Tasso sur un plateau. Cinq mois après l'incendie des Nouvelles Galeries, le décret-loi du 20 mars 1939 a mis sous tutelle Marseille qui s'est retrouvée avec un administrateur provisoire, Frédéric Sureau, directeur général adjoint de la SNCF, tandis que son maire, désormais sans pouvoir, devenait « président » du conseil municipal. Un zombie qui, comme beaucoup de parlementaires socialistes, allait voter les pleins pouvoirs au maréchal Pétain en 1940.

La grande presse ne peut jamais s'empêcher de rabaisser la cité phocéenne. Comme si cela ne suffisait pas, l'usine à bobards a si bien travaillé que les fausses nouvelles, à force d'être répétées, sont devenues des vérités premières : ainsi, les sapeurs-pompiers de Marseille n'auraient disposé que d'une seule motopompe et même pas d'une grande échelle. Alors qu'à l'origine, c'était un mégot qui aurait mis le feu, la rumeur a couru que l'incendie avait été l'œuvre de la mafia – une affaire de racket. À la fin, la compagnie d'assurance du magasin, la Séquanaise, s'est retournée contre la Ville pour obtenir le remboursement des sommes qu'elle avait payées. En 1952, un arrêt du Conseil d'État a donné raison à la compagnie et lui a permis de récupérer les deux tiers de ce qu'elle avait versé pour les dommages, sauf pour l'immeuble et les stocks qui y étaient entreposés.

Délit de sale gueule

Jean-Claude Gaudin m'avait parlé de l'incendie des Nouvelles Galeries et de la déchéance de Tasso, bien avant l'effondrement de deux vieux immeubles de la rue d'Aubagne, qui a fait 8 morts, le 5 novembre 2018. Les similitudes entre les deux affaires sautent aux yeux. Là encore, c'est le maire de Marseille qui fut montré du doigt, comme s'il était coupable, alors que l'habitat insalubre est depuis longtemps endémique : ici, beaucoup de bâtiments ont été construits sans fondations. Les médias se déchaînèrent contre Gaudin et il eut à s'expliquer devant la justice, tandis que ses opposants les plus virulents demandaient la mise sous tutelle de la ville. Chose étrange, rien de tel à Paris après l'explosion, de la rue de Trévise, à la suite d'une fuite de gaz, sous une boulangerie, le 12 janvier 2019, alors que, dans cette affaire, la responsabilité de la mairie d'Anne Hidalgo fut pourtant établie, d'entrée de jeu, par la justice.

Deux poids, deux mesures. Si la mairie de Marseille est, avec la métropole Aix-Marseille, un lieu de pouvoir, on peut dire qu'elle souffre d'une certaine discrimination, voire d'un délit de sale gueule, à plus forte raison quand elle est de droite. Pour preuve éclatante, l'affaire du temps de travail des employés municipaux à Paris et à Marseille. Dans la première, à Paris donc, ils étaient astreints, en 2021, à effectuer 1 552 heures de travail par an, au lieu des 1 607 annuelles, durée légale en vigueur dans la fonction publique. Dans la cité phocéenne, ils travaillaient moins que la durée légale, mais un petit peu plus que leurs collègues parisiens en 2018 : 1 567 heures annuelles. C'est pourtant sur Marseille que sont d'abord tombées les foudres de la justice par l'entremise de l'ultrapartisan Parquet national financier avec, à la clé, perquisitions et interrogatoire pendant cinq heures par les gendarmes de Jean-Claude Gaudin, condamné ensuite, pour ses « petits arrangements », à six mois de prison avec sursis et 10 000 euros d'amende pour « détournement de fonds publics par négligence ». Autant de désagréments qui furent évités à Anne Hidalgo qui, il est vrai, n'est ni de droite ni marseillaise. Dans son cas, pas de grands titres dans la presse : c'est le tribunal administratif qui, plus tard, s'est chargé en toute discrétion de la ramener sur le droit chemin.

On a peine à le croire, mais c'est bien ainsi que les choses se sont passées : l'État a montré, une fois de plus, par l'intermédiaire de la justice, qu'il avait un préjugé favorable pour Paris, au détriment de Marseille. Nos « élites » ne manquent jamais une occasion de stigmatiser la cité phocéenne, réputée, non sans raison, rebelle et séditieuse. C'est ce que j'appelle le syndrome de Louis XIV, dont nos dirigeants sont affectés depuis des lustres. En 1660, après une révolte de la ville qui voulait garder son autonomie contestée par le pouvoir central, le monarque, conseillé par Mazarin, a montré, à 22 ans, la voie aux générations futures. Le 20 janvier, une armée de 7 000 soldats entra dans la cité phocéenne, en prit possession et la désarma, tandis que des potences étaient érigées et que le chef des insoumis, Gaspard de Glandeves de Niozelles, était condamné à mort par contumace.

Le 2 mars 1660, Louis XIV entra dans Marseille, non par la grande porte, mais par une brèche percée dans les remparts, comme il est d'usage de le faire dans les cités que l'on a conquises. Après avoir supprimé le consulat et nommé un viguier perpétuel, le roi repartit en laissant une garnison de 3 500 hommes. Deux forts, Saint-Jean et Saint-Nicolas, se sont bientôt dressés, face à la mer. À leur sommet, les canons étaient pointés, non vers la mer d'où les ennemis pouvaient venir, mais en direction de… la ville, pour qu'elle se tienne tranquille.

Pour que les choses soient claires, le monarque fit graver cette inscription sur la première pierre du fort Saint-Nicolas : « De peur que la fidèle Marseille, trop souvent en proie aux criminelles agitations de quelques-uns, ne perdît enfin la ville ou le royaume, ou par la fougue des plus hardis, ou par une trop grande passion de la liberté, Louis XIV, roi des Français, a pourvu à la sécurité des grands et du peuple en faisant construire cette citadelle. » Une façon d'essayer d'en finir avec l'ancienne devise de la cité phocéenne, qui, ici, est toujours dans les têtes : *Sub cujus imperio summa libertas* (« Sous quelque empire que soit, liberté entière »).

Édifiante aussi aura été la réaction du pouvoir central à l'épidémie de peste qui, arrivée en 1720 par un bateau en provenance du Levant, partit du port de Marseille pour décimer un tiers des 400 000 habitants de la Provence. Comme l'a raconté l'historien Gilbert Buti dans son livre *Colère de Dieu, mémoire des hommes*, tandis que les Marseillais avaient interdiction de commercer sous peine de mort, un mur fut édifié autour de la ville et de sa périphérie avec des guérites et des corps de garde pour les milliers de soldats chargés de la surveillance. Il mesurait 2 mètres de haut pour une largeur de 65 centimètres.

Même s'il a été officiellement détruit, il reste toujours un mur mental entre Marseille et Paris.

Bibliographie sélective

AZIZA Judith, *Une histoire de Marseille en 90 lieux*, Gaussen, 2019.

BUTI Gilbert, *Colère de Dieu, mémoire des hommes*, Les Éditions du Cerf, 2020.

CONTRUCCI Jean, *La Merveilleuse Histoire de Marseille*, Éditions Hervé Chopin, 2023.

MÉRY Louis, *Histoire de Provence*, Marseille, imprimerie militaire de Dufort Cadet, 1830.

RUFFI Antoine DE, *Histoire de la ville de Marseille,* Henri Martel Imprimeur-libraire, 1642.

TROSSERO Denis, *Règlements de comptes à Marseille*, Mareuil Éditions, 2024.

VERGÉ-FRANCESCHI Michel, *Marseille. Histoire et dictionnaire*, Bouquins, 2013.

ZOLA Émile, *Les Mystères de Marseille*, 1867, publié dans plusieurs collections de poche.

7

Dans les coffres de la Banque de France

par François MIGUET

« Je veux que la Banque soit assez dans la main du gouvernement et n'y soit pas trop », affirmait Napoléon Bonaparte en 1800 en fondant la Banque de France. Cette institution constituait l'une des « masses de granit » voulues par le Premier consul pour soutenir la Grande Nation, à l'instar du Code civil et du corps préfectoral. Depuis la mise en place de l'euro, la politique monétaire ne se décide plus dans l'imposant édifice situé près du Palais-Royal, à Paris, mais à la Banque centrale européenne (BCE), à Francfort, en Allemagne. Néanmoins, cet établissement, qui a obtenu son indépendance légale en 1994, doit encore garantir la stabilité financière de la France tout en « servant l'économie et la société ». Lui seul peut aussi fabriquer des billets de banque sur notre territoire. Dans une immense salle des coffres souterraine dort (pas tant que ça) tout l'or du pays. Une valeur sûre…

Café, coiffeur, centre de formation… Le flanc nord-est de la rue de la Vrillière, paisible voie de 110 mètres longeant la place des Victoires et sa célèbre statue équestre du Roi-Soleil, dans le 1er arrondissement de Paris, n'a, en apparence, rien d'extraordinaire. Plus surprenant est cependant son flanc sud-ouest, qu'un imposant édifice aux fenêtres grillagées occupe en totalité. Ici se dresse, sur une superficie de 2,5 hectares, une mystérieuse forteresse, dont les caves cachent, sous les pas des Parisiens, l'or de la République : la Banque de France. On nous a dit de sonner au numéro 3 ; l'entrée menant le plus promptement au bureau du maître des lieux, avec qui nous avons rendez-vous. Une fois les premières vérifications faites, une porte blindée vert empire, haute comme trois hommes, s'ouvre automatiquement. Y sommes-nous ? Pas si vite ! Il ne s'agit là que d'un premier seuil…

« Pièce d'identité ! » intime l'un des gardiens du sas, avant de déclencher le mécanisme d'ouverture du second rempart. Ça y est : nous voilà dans l'enceinte. Une fois gravies les marches de l'immense escalier menant à l'étage noble, celui de la direction, François Villeroy de Galhau, gouverneur de la Banque centrale française depuis novembre 2015, apparaît. Deux toiles du peintre préromantique Hubert Robert et une marine contemporaine signée Angélique Lombard-Latune décorent son bureau. Qu'aurait donc pensé la princesse de Lamballe, épouse du petit-fils de Louis XIV, Louis-Alexandre de Bourbon, et dont c'était jadis la salle à coucher, de cette petite touche contemporaine ? Hormis cet ajout personnel du gouverneur, rien ou presque n'a bougé depuis des siècles. L'antichambre jouxtant le bureau s'illumine toujours de *La Fête à Saint-Cloud*, chef-d'œuvre de Jean-Honoré Fragonard.

« La Souterraine » : une immense salle des coffres

Dans ce même cabinet ont œuvré vingt-neuf des trente prédécesseurs de François Villeroy de Galhau. Vertigineux. La Banque de France a été fondée par le Premier consul Napoléon Bonaparte, le 28 nivôse an VIII (18 janvier 1800) ; une des premières décisions du tout jeune consulat et de son chef de 30 ans. À l'instar du Code civil et du corps préfectoral, elle était une des « masses de granit » vouées à servir de murs porteurs à la nation française après les troubles et tueries de la Révolution. Faire le tour du propriétaire permet de comprendre aisément pourquoi tant de notables, inspecteurs des finances pour la plupart – ce corps étant une autre création napoléonienne – ont rivalisé, plus de deux cents ans durant, pour s'installer dans l'hôtel de Toulouse ! Tout n'y est qu'ordre et beauté avec 8 mètres de hauteur sous plafond. Lors de son acquisition par la Banque de France en 1808, ses précédents occupants, les agents de l'Imprimerie nationale, mécontents d'en être chassés par l'empereur, avaient emporté portes, fenêtres et stocks d'avoine pour les chevaux…

« Bienvenue chez vous ! » lance François Villeroy de Galhau dans un sourire. C'est ainsi que ce haut fonctionnaire passé par le ministère des Finances et le groupe BNP Paribas accueille tous les Français qu'il reçoit en son palais républicain. Son style est à la fois rigoureux et bonhomme : costume bleu nuit, cravate sobre, lunettes à fines montures, Swatch en plastique. « Pour moi, la Banque de France, plutôt qu'un lieu de pouvoir, est un lieu de service », tient-il à tempérer. Quels services ? Citons les trois principaux. D'abord, participer à la définition et à la mise en œuvre de la stratégie monétaire ; même si, depuis le remplacement du franc par l'euro, c'est un sujet qui relève au premier chef de la Banque centrale européenne (BCE). Ensuite, garantir la stabilité financière du pays ; en particulier en veillant sur les moyens de paiement et à la sécurité des dépôts. Enfin, « servir l'économie et la société », ce qui recoupe, entre autres, le droit au compte bancaire, le surendettement et la médiation de crédit…

Pas un lieu de pouvoir la Banque de France ? Le gouverneur galèje. Car sa maison est bien un lieu stratégique. D'une part, parce qu'elle seule peut fabriquer des billets de banque sur notre territoire. Précisément sur ses sites ultrasécurisés de Vic-le-Comte (papeterie) et Chamalières (imprimerie), dans le Puy-de-Dôme. Aussi, parce qu'elle est l'unique gardienne du précieux métal jaune de la République dans son immense salle des coffres, surnommée la Souterraine. « Tout l'or du monde, connu et exploité depuis la nuit des temps, représente moins de 180 000 tonnes, soit environ 9 000 mètres cubes. La Souterraine pourrait l'accueillir sans difficulté », plastronne le site officiel de la Banque. Elle se contente de 1,35 % des réserves mondiales, c'est-à-dire de 2 436,8 tonnes. Mais c'est un joli pactole d'environ 225 milliards d'euros au cours actuel, qui place notre pays à la cinquième place des détenteurs d'or, après les États-Unis, l'Allemagne, l'Italie et le Fonds monétaire international.

En 1995, le gouverneur de la Banque d'Angleterre, Rupert Pennant-Rea, se fit pincer par ses huissiers en train de batifoler avec une journaliste sur le tapis de son bureau… « *Good lord !* » Il fut illico remercié. À notre connaissance, rien d'aussi croquignolesque n'est arrivé sous les lambris de la banque centrale française au cours de ses deux cent vingt-cinq années d'existence. Plus sage, l'histoire de l'hôtel de Toulouse n'en est pas moins tumultueuse. Des conflits d'intérêts – Napoléon avait donné des actions aux représentants de son clan ! –, des querelles homériques entre les « deux cents familles » qui constituaient à l'origine ses plus gros actionnaires, et même des scandales. Tel celui des faux bilans, qui, en 1925, fit à la fois tomber le gouverneur de l'époque, Georges Robineau, et le gouvernement du Cartel des gauches.

Jusqu'à la fin des années 1980, la tirelire de la République constituait un État dans l'État. Rémunérations plantureuses, régime de retraite ultrafavorable, prêts à taux bonifiés, appartements de fonction dans les beaux quartiers, cooptations à tous les étages… « Quand on m'a nommé dans la succursale de Saint-Étienne en 1990, les salariés de la caisse appartenaient tous aux deux mêmes familles », s'étonne encore un témoin de cette période révolue. Heureusement pour les contribuables, ces mille et un avantages ont été, à en croire les magistrats de la Cour des comptes, largement rabotés au cours des dernières années. Et, à présent qu'elles ont été vidées de leurs billets, les antennes de province ne font plus saliver les braqueurs, comme c'était encore le cas sous les Trente Glorieuses. Subsiste, néanmoins, un pouvoir réel. Celui de l'or. Ce métal des rois que l'immense économiste britannique John Maynard Keynes appelait « la relique barbare ».

À 27 mètres sous la terre, l'or des Français

En 1869, la prestigieuse *Revue des Deux Mondes* dépêche l'écrivain Maxime Du Camp dans les coffres de la maison de la rue de la Vrillière. Sa plume traduit son exaltation. « Les caves de la Banque ! Ce sont là les cinq mots magiques qui ouvrent un horizon sur le pays des *Mille et Une Nuits*. […] On s'imagine que dans ces souterrains, qui devraient, comme le trésor des Niebelungen, être gardés par des génies, les pièces d'or et les écus d'argent sont jetés en tas ainsi que l'avoine dans les greniers. » En bas de l'escalier en vrille, nulle caverne d'Ali Baba n'accueille pourtant Du Camp. « On s'attend à se trouver dans le domaine des éblouissements, à voir les masses d'or et d'argent briller à la lueur des bougies en étincelles éclatantes, et l'on se trouve en présence de hautes caisses de plomb, qui cachent hermétiquement ce qu'elles renferment. » Dégrisé, il remonte à la surface.

Soixante-trois ans plus tard, en 1932, c'est un autre homme de lettres, autrichien cette fois, que le gouverneur de la

Banque de France autorise à visiter la chambre forte. Stefan Zweig est ébloui. Depuis le reportage de Du Camp, la salle des coffres s'est modernisée. Creusée entre 1924 et 1928 par 12 000 ouvriers, qui se sont relayés jour et nuit, la Souterraine, pièce la plus vaste au monde en son temps, est devenue réalité. Enfouie à 27 mètres sous les pavés, sur 11 000 mètres carrés d'un seul tenant, et soutenue par 658 piliers, elle est… pharaonique. Cette année-là, dans un silence d'église, y dorment plus de 5 000 tonnes d'or et d'argent. C'est le record. « Un trésor que n'ont pu voir amassé ni César, ni Crassus, ni Cortez, ni Napoléon, ni tous les empereurs et les clans ayant régné sur cette terre, ni jamais un seul mortel depuis la nuit des temps », s'enflamme l'auteur de *La Confusion des sentiments*, dans son article au quotidien viennois *Neue Freie Presse*.

La Seconde Guerre mondiale va bientôt éclater. L'intellectuel pacifiste, ami intime de Romain Rolland, le pressent-il ? Voici comment Zweig poursuit sa description : « En vérité, cette salle a été soigneusement conçue […]. Elle attend les heures les plus sombres de l'humanité, son apocalypse, la guerre et la révolution, le moment où la ville et cette citadelle de la finance seront en péril. Comme un sous-marin cerné par ses attaquants qui se soustrait au danger en s'immergeant, la Banque de France, avec tous ses comptoirs, ses employés, ses livres, ses papiers et ses machines à écrire, pourrait instantanément disparaître de la zone des troubles pour trouver refuge ici […] ; les portes blindées se refermeraient hermétiquement, les tourelles seraient murées […] ; l'activité titanesque de la Banque de France se poursuivrait sans encombre dans ce havre exceptionnel. »

Voilà donc à quoi ressemblait, avant-guerre, le dispositif de sécurité. Et maintenant ? Motus. Ceux qui ont « besoin d'en connaître » certifient que les systèmes ont été modernisés, notamment les repères géodésiques qui permettraient « de retrouver, dans un Paris vitrifié par une attaque nucléaire, l'emplacement de la Souterraine et son or », selon la formule d'Arnaud Manas, le directeur du service du patrimoine et des archives de la Banque de France. Ou encore les cuisines, remplies de vivres, et les dortoirs permettant aux agents de se terrer pendant des semaines en cas d'attaque. Pour le reste – portes en acier, vérins et verrous... –, rien ne filtre. Secret-défense. Seul le gouverneur peut autoriser l'accès à ce sanctuaire dévoué au veau d'or. Visa qu'il ne délivre, en pratique, presque jamais. Les rares visites sont encadrées par un protocole fastidieux, avec surveillance à la fois physique et vidéo. Même pour l'actuel gouverneur, il n'est pas commode de descendre dans la Souterraine. « En près de dix ans, je ne m'y suis rendu que deux fois », reconnaît ce dernier.

L'incroyable sauvetage

15 juin 1940. L'armée allemande a fait main basse sur Paris. Des officiers nazis sonnent rue de la Vrillière. Ils sont venus saisir la deuxième réserve de la planète après celle des États-Unis. Mais ils n'en trouvent qu'une fraction. Que s'est-il passé ? Voilà des mois que les agents de la Banque de France se sont mis en mouvement pour que l'or échappe aux suppôts d'Hitler. Dès 1932, ils en déménagent 275 tonnes des 148 succursales proches de la frontière allemande. Puis, en 1938, alors que la Wehrmacht se fait plus menaçante, ils expédient plus de 600 tonnes aux États-Unis. Un an après, lors de la déclaration de guerre avec l'Allemagne, ils entament l'évacuation du trésor de la Souterraine. Cet effort logistique exceptionnel mobilise quelque trois cents camions et plusieurs croiseurs de la marine. Ces derniers doivent manœuvrer sous la menace des tirs des redoutables sous-marins U-Boote.

L'exploit aurait été impossible sans l'acte de désobéissance de Lucien Lamoureux, ministre des Finances du gouvernement de Paul Reynaud. Afin de ne pas susciter une panique dans l'opinion, ce dernier lui avait demandé de conserver le précieux minerai sur le territoire national… Mais, conscient du danger, Lamoureux décide de passer outre. Il fait partir 212 tonnes vers Casablanca et 1 600 tonnes vers la Bretagne, d'où des militaires et agents de la Banque les embarquent sous les bombardements des avions de la Luftwaffe. Quand, le 17 juin 1940, le maréchal Pétain appelle à « cesser le combat », ils amplifient leurs efforts. Les Allemands sont à Rennes, distante de seulement 235 kilomètres… Il faut faire vite. Mais le convoi bourré d'or, le plus important de l'histoire, finit par quitter les ports de Brest et de Lorient. Avec en outre, dans les cales des bateaux, les lingots polonais et belges. En juillet 1940, 1 145 tonnes ont trouvé refuge en Amérique, 225 en Martinique, 1 100 au Sénégal.

Demeure une question à plusieurs milliards de francs : à qui appartient le grisbi ? À la France libre de Charles de Gaulle ou bien à celle, sous le joug nazi, de Philippe Pétain ? Dès septembre 1940, ce dernier exige qu'on rapatrie le magot en territoire contrôlé par Vichy. Dieu merci, les agents de la Banque de France, jouant sur le caractère encore privé de l'institution, font la sourde oreille. Sous pression, ils sacrifient cependant les deux cents tonnes appartenant aux Belges, que les Allemands revendent aussitôt en Suisse pour s'offrir… des canons. En novembre 1942, l'opération « Torch » permet enfin aux Alliés de couper le régime de Vichy de ses colonies. Deux ans plus tard, lors de la libération de Paris, l'or de la République est, à peu de chose près, intact : 1 235 tonnes sont en Amérique du Nord, 390 au Maghreb, 350 au Sénégal et 255 patientent sur le sol de la Martinique. Seuls 395 kilos manquent à l'appel. C'est un miracle. Transportées dans des conditions dantesques, ces réserves joueront un rôle majeur dans le relèvement financier du pays.

Épater la galerie

À la fin du siècle dernier, le vingt-neuvième gouverneur de la Banque de France Jean-Claude Trichet, nommé en 1993, reçoit un couple d'amis : l'ancien ministre des Finances et président de la Commission européenne, Jacques Delors, et son épouse, Marie. « Comme ils avaient tous les deux commencé leur carrière à la Banque de France, et que le père de Jacques Delors, Louis, y avait également été encaisseur, ce dîner dans leur véritable "maison familiale" était triplement approprié », retrace-t-il. Après le repas, le banquier central a prévu une visite privée de la galerie dorée. Jumelle en format de poche de la galerie des Glaces de Versailles, cette salle de 40 mètres de long sur 6,5 de large abrite dix tableaux et, au plafond, une fresque du peintre François Perrier évoquant notamment la naissance inespérée du futur Louis XIV. Le couple est subjugué par ce trésor architectural de l'Ancien Régime. « Marie Delors, qui avait travaillé si longtemps comme cadre à la Banque de France, a confié à mon épouse Aline qu'elle n'avait jamais eu l'occasion de visiter la galerie dorée, poursuit Jean-Claude Trichet. Voilà pourquoi nous avons ce jour-là décidé de l'ouvrir au personnel, notamment lors de concerts. »

Le premier propriétaire de l'hôtel de Toulouse, Louis-Phélypeaux de la Vrillière, secrétaire d'État de Louis XIII, puis de Louis XIV, et son brillant architecte, François Mansart, avaient conçu cette galerie pour régaler la noblesse de Versailles. De nos jours, les stucs d'origine de Gérard Van Opstal et ceux, de style rocaille, rajoutés entre 1718 et

1719 par François-André Vassé à la demande du deuxième propriétaire, le comte de Toulouse, Louis-Alexandre de Bourbon, fils du Roi-Soleil et de sa maîtresse, la Montespan, ravissent les visiteurs du monde entier. François Villeroy de Galhau nous raconte : « Quand je fais visiter la galerie dorée à des non-Européens, je leur dis toujours : “Vous verrez peut-être un lieu aussi beau que celui-ci ailleurs en Europe. Peut-être… Mais jamais vous n’en verrez un en dehors de notre continent !” » À l’instar de ses prédécesseurs, le trente et unième chef de la Banque de France se plaît à fouler seul le parquet de la galerie à la nuit tombée, avant de rentrer à son domicile parisien. Comment résister ? Statues représentant les quatre continents, miroirs, trophées à la gloire d’Énée ou de Diane chasseresse… Cette formidable concentration de pièces muséales fait face à son bureau. Voilà qui change Villeroy des austères couloirs de Bercy qu’il a si longtemps arpentés !

Entre les mains de l’exécutif, mais « pas trop »

Au moment de la fondation de la Banque de France, qui était alors une institution privée en concurrence avec d’autres, Napoléon Bonaparte a eu cette phrase fameuse : « Je veux que la Banque soit assez dans la main du gouvernement et n’y soit pas trop. » Sentence qui résume bien les liens de l’établissement avec le pouvoir politique, au moins jusqu’au 1er janvier 1994, date de son autonomie légale. Jacques de Larosière, vingt-huitième gouverneur de l’institution, nommé en 1987, nous révèle comment les choses fonctionnaient alors. « J’étais directeur du FMI, quand Édouard Balladur, alors ministre des Finances, m’a proposé le poste. Je suis donc rentré de Washington. La règle était très claire. La politique monétaire de la nation était déterminée par le gouvernement, en l'occurrence par le ministre des Finances, et appliquée par le gouverneur de la Banque de France. » « Dans les mains du gouvernement », donc.

Mais « pas trop » ? Astucieux, Larosière s'était souvenu de la formule napoléonienne. « J'ai dit à Édouard Balladur ceci : "J'appliquerai votre politique monétaire, mais si je trouve qu'elle est contraire à l'intérêt national, alors je m'en irai." Il a semblé un peu surpris ! » En mai 1988, le président François Mitterrand est réélu et la cohabitation prend fin. C'est désormais Pierre Bérégovoy qui fixe la politique économique et monétaire de la nation. « Au cours de ma première visite chez le ministre des Finances, je lui ai dit la même chose que ce que j'avais dit à Édouard Balladur. Il a paru un peu étonné et m'a répondu : "Mais on se connaît à peine et vous me parlez déjà de démissionner ?" Finalement, nous nous sommes très bien entendus, même si l'on s'est opposé à plusieurs reprises. »

Sur le papier, le successeur de Jacques de Larosière, Jean-Claude Trichet, pouvait espérer une relation apaisée avec l'exécutif, puisque la banque centrale française avait été rendue indépendante en 1994 afin de respecter les engagements pris lors de la signature du traité de Maastricht. Sur le papier… car, en vérité, la tâche n'a pas été facile. Alors qu'il devait conduire la politique monétaire avec rigueur pour que l'Hexagone puisse entrer dans la zone euro, une partie de la classe politique l'accusait d'être un « ayatollah du franc fort » doublé d'un « représentant de la pensée unique ». « L'indépendance de la Banque en matière de politique monétaire n'a pas été immédiatement acceptée par le président Jacques Chirac, et mon épouse se souvient encore d'une de ses engueulades spectaculaires ! témoigne Trichet. Il trouvait, comme souvent les chefs des exécutifs, les taux d'intérêt trop élevés et les recommandations de politique économique de la

Banque trop incisives. Je lui expliquais que c'était la confiance dans la monnaie et dans la crédibilité économique du pays qui pouvait nous donner les taux d'intérêt de marché à moyen et long terme les plus bas possible, ce que nous souhaitions tous les deux, et qui ont été effectivement obtenus. »

Le mécontentement du président contre le banquier central s'est exprimé durement lors d'un discours prononcé un 14 juillet à l'Élysée. « Je n'ai pas cédé, continue l'ancien directeur du Trésor, car la Constitution de la Ve République avait été changée précisément pour que la Banque, les membres du Conseil de politique monétaire et le gouverneur soient pleinement indépendants dans la conduite de la politique monétaire. Une banque centrale perdant ostensiblement son indépendance peu d'années avant l'euro aurait mis en péril la mise en place de la monnaie unique. » Plus tard, la relation a fini par s'adoucir. « Pendant la cohabitation avec le Premier ministre socialiste Lionel Jospin, Jacques Chirac est devenu bien plus amical à mon égard. Mon discours était toujours le même. Mais, à ce moment-là, il n'était pas nécessairement mécontent que je critique publiquement certains choix économiques d'un gouvernement qui n'était pas de sa sensibilité politique. »

Le pouvoir envolé ?

Dans *Le Président*, film réalisé en 1961 par Henri Verneuil, Jean Gabin joue Émile Beaufort, un ancien président du Conseil de la IIIe République à la santé chancelante, retiré dans son manoir de l'Eure pour rédiger ses mémoires. Ce film, dialogué avec brio par Michel Audiard, est un régal pour les amateurs de citations. Dont celle-ci : « Je suis un mélange d'anarchiste et de conservateur, dans des proportions qui restent à déterminer. » Ou la très actuelle : « C'est une habitude bien française que de confier un mandat aux gens et de leur contester le droit d'en user. » Il recèle de surcroît un passage mémorable, dans lequel le président Beaufort convoque dans une loge à l'opéra son directeur de cabinet, le gouverneur de la Banque de France et le ministre des Finances pour leur annoncer, dans le plus grand des secrets, sa décision de dévaluer le franc. « Un suicide collectif aux accents de Wagner, c'est une belle fin ! » lâche, circonspect, le grand argentier.

Cette scène tirée du cinéma populaire montre le lien de subordination qui existait entre le pouvoir exécutif et le gouverneur de la banque centrale nationale en matière de politique monétaire avant le traité de Maastricht. Depuis, les choses ont changé. « Je n'ai jamais reçu d'instruction du pouvoir politique sur la politique monétaire, affirme François Villeroy de Galhau. L'indépendance juridique de la Banque de France est maintenant très claire. » Son établissement est-il plus influent pour autant ? Jacques de Larosière en doute : « Bien sûr la Banque de France est indépendante sur le plan juridique. Mais, dans les faits, elle n'est qu'un élément de la politique monétaire décidée à Francfort. »

Signe de l'effritement de son magistère, la forteresse de la rue de la Vrillière a largement revu son périmètre. Entre le début des années 1990 et maintenant, elle a divisé ses effectifs par deux, passant de 18 000 à 9 000 agents. Elle a, qui plus est, taillé dans ses succursales, chargées, entre autres, de la gestion administrative des cas de surendettement et des tâches d'information économique et statistique pour les entreprises et collectivités locales ; les faisant passer de plus de 200 à 95 en l'espace de trois décennies. Cette cure d'amaigrissement nécessaire est loin d'être achevée. François Villeroy de Galhau la poursuit. « Depuis 2015, les effectifs ont diminué de 25 %

et les coûts ont baissé de près de 4 % par an hors inflation », fait valoir ce dernier.

Malgré cela, la parole du gouverneur compte encore. Il passe un quart de son temps à l'étranger, notamment à la BCE, au FMI et au colloque de Jackson Hole, qui réunit, chaque été, les banquiers centraux dans le Wyoming. Une fois l'an, il écrit aussi une lettre officielle au président de la République. Elle est souvent pour lui l'occasion de dénoncer, à mots couverts, le laxisme budgétaire dont nos dirigeants sont, hélas ! coutumiers. Ainsi, en 2003, dans sa dernière missive avant de rejoindre la BCE, Jean-Claude Trichet avait tenu à souligner que le principe de la limitation à 3 % du PIB du déficit public avait fait l'objet d'un « consensus européen » et constituait un « élément important de la cohésion d'ensemble de la zone euro ». L'Élysée, comme Matignon, n'avait guère apprécié. En 2024, le gouverneur Villeroy de Galhau a exhorté le gouvernement à « stabiliser, en volume, la dépense publique ». Ce qui ne s'est évidemment pas produit, puisque celle-ci a continué de déraper fortement.

De l'art de gérer son or

Les pactoles des banques nationales étant maintenant pilotés par « l'Eurosystème », autrement dit par la BCE, les gouvernements ne peuvent plus en disposer librement. Mais ils sont néanmoins libres d'en vendre une partie. Et c'est ce qu'a voulu faire le ministre du Budget, Nicolas Sarkozy, en 2004, pour, officiellement, « gérer plus activement les réserves de l'État ». Ce qui revenait, en vérité, à céder des bijoux de famille pour s'éviter des réformes structurelles, jugées impopulaires. « Utiliser les réserves en or de la Banque de France, c'est une idée de branquignol », avait alors fulminé l'ancien ministre de l'Économie, Dominique Strauss-Kahn, sans être entendu. Entre 2004 et 2009, le gouvernement, forçant la main au gouverneur Christian Noyer, a exigé que soient cédées sur les marchés près de 590 tonnes de métal jaune sur les 3 024 que l'établissement détenait alors dans ses coffres. Double erreur ! En premier lieu parce que, sur la période, l'once s'échangeait entre 330 et 780 euros, soit un prix dérisoire comparé au niveau actuel. Mais aussi parce que la dette publique n'a pas été résorbée. Aux États-Unis, la question ne se pose pas. Pas touche à l'or de Fort Knox ! « Actif ultime », il n'est destiné à être mobilisé que si toute l'économie s'écroule.

Au lendemain de la Libération, le général de Gaulle demanda : « L'argent de la France est-il bien en métropole ? — La moitié l'est bien, mais l'autre est à New York », lui répondit-on. « Alors, je donne l'ordre de le rapatrier dès que possible ! » Deux décennies plus tard, en réponse à la politique monétaire laxiste des États-Unis, l'homme du 18 Juin déclencha l'opération « Vide-Gousset ». Tous les dollars de l'État français devaient être convertis en lingots, puis transportés vers les coffres de la Souterraine. Au total, plus de 1 150 tonnes de métal noble ont fait le voyage de la réserve fédérale de Fort Knox vers la Banque de France entre 1963 et 1968. Cinquante-sept ans plus tard, son cours a atteint un niveau record de près de 3 000 euros l'once. Tandis que la France s'enfonce inexorablement dans une crise de l'endettement public et que les relations avec les États-Unis de Donald Trump se tendent, les lingots du Général nous sont aujourd'hui plus précieux que jamais.

Bibliographie sélective

DAUPHIN-MEUNIER Achille, *La Banque de France*, Nrf, 1937.
GASTON-BRETON Tristan, *Banque de France. Deux siècles d'histoire*, Le Cherche Midi, 1999.
—, *Sauvez l'or de la Banque de France*, Le Cherche Midi, 2002.
KEROYANT Étienne et NICOL Florent, *La Banque de France*, Que sais-je ?, 2024.
MANAS Arnaud, *La Galerie dorée de la Banque de France*, RMN Éditions, 2018.
—, *L'Or de la guerre froide*, Les Éditions du Cerf, 2022.

8

DGSE
La maison des secrets

par Rémi KAUFFER

La « Piscine » selon les médias, la « Boîte » pour ceux qui y œuvrent à l'abri des regards : depuis 1946, c'est boulevard Mortier, à Paris, que se décident les grandes opérations d'espionnage et de contre-espionnage des services de renseignement extérieur français (SDECE jusqu'en 1982, DGSE depuis). Des quarante années de guerre froide aux trois décennies de détente en faux-semblant qui ont suivi, si les pierres de ces deux anciennes casernes reconverties pouvaient parler, elles en diraient, des choses. Sauf qu'ici, même les murs n'ont pas d'oreilles. Une « maison des secrets » dont l'architecture hétéroclite n'a de cesse que de s'adapter à des missions et des techniques nouvelles en attendant le déménagement à Vincennes prévu à l'horizon 2030. Ce qui s'y trame s'ourdit dans le silence, car seuls ses échecs sont bruyants. De quoi nourrir les fantasmes les plus divers, du complotisme à l'imaginaire des films et des séries télé d'espionnage. Pour comprendre enfin ce que mijote la DGSE, pourquoi et comment, la visite de son quartier général s'impose. Inédite, surprenante et très instructive.

Depuis le quasi-lynchage de Volodymyr Zelensky par Donald Trump et J. D. Vance dans le Bureau ovale de la Maison Blanche, on ne sait plus sur quel pied danser. Anticiper les changements de cap du président américain, prévoir leurs retombées, tel est, entre autres, le sujet qui agite la salle de crise de la Direction générale de la sécurité extérieure. Car des retombées, il y en a. En Ukraine d'abord, où opèrent des officiers de la DGSE. Et d'autres, qui affectent par exemple les relations de la DGSE avec la CIA et la communauté étasunienne du renseignement. Qu'attendre désormais des Américains ? Quelles informations partager avec eux ?

Froide et fonctionnelle, la salle de crise n'a rien d'extraordinaire. Des fauteuils pivotant sur leur socle, des tablettes munies d'écrans d'ordinateur : on pourrait tout aussi bien se trouver au siège d'une grande entreprise. Sauf qu'ici se réunit au cas par cas l'état-major du service secret français, reconnu par ses homologues étrangers comme une organisation de renseignement de tout premier ordre, l'une des cinq ou six meilleures au monde.

Un peu déplumé, barbu plus poivre que sel, Nicolas Lerner, le directeur général, le « DG », est calé dans son fauteuil face à l'immense écran où défilent cartes, photos et schémas. À ses côtés, le directeur général adjoint et le secrétaire général pour l'analyse et à la stratégie. Selon l'ordre du jour de ce Conseil des ministres de l'ombre, le nombre des chefs des centres de missions présents peut monter jusqu'à sept. C'est en effet le chiffre de ces centres qui correspond soit à des secteurs géographiques, l'Afrique par exemple, soit à des thèmes transversaux, comme la lutte contre le terrorisme.

La salle de crise fait face à une des multiples cours intérieures que recèle le vaste complexe urbain de la DGSE : 8 hectares pour un ensemble de bâtiments situés de part et d'autre du boulevard Mortier, dans le 20e arrondissement de Paris entre les stations de métro Porte-de-Bagnolet et Porte-des-Lilas.

La salle n'a pas toujours été là. De novembre 1970 à juin 1981, c'est d'une ancienne caserne située à 200 mètres sur la gauche du bâtiment actuel de la direction générale qu'Alexandre de Marenches, recordman à ce jour de longévité aux commandes des services secrets français, concoctait ses « affaires particulières » : traque du terroriste Carlos à partir de 1975 ; soutien occulte aux sociaux-démocrates portugais en 1976, quand la « révolution des Œillets » dérapait dans l'ultragauchisme ; préparation du raid des parachutistes de la Légion étrangère sur Kolwezi en 1978 ; menées secrètes franco-chinoises contre les Soviétiques ; renversement express de « l'empereur » Jean-Bedel Bokassa en 1979.

Ni ordinateurs portables ni téléphones cellulaires : on travaillait à l'ancienne. Marenches avait convaincu pas moins de six directeurs successifs de la CIA de donner carte blanche dans certains secteurs géographiques, dont l'Afrique, au Service de documentation extérieure et de contre-espionnage, matrice de la DGSE. Sa façon de retisser des liens entre services secrets détériorés à la fin de l'ère gaullienne pour cause de tension – déjà – entre Paris et Washington.

Le comte de Marenches entretenait des rapports extrêmement confiants avec le président Pompidou. Moins avec Valéry Giscard d'Estaing, ce « noble d'emprunt » qu'assez snob, il surnommait en privé « Monsieur de la Tour Fondue ». Physiquement, les deux hommes étaient l'antithèse l'un de l'autre : le président filiforme et l'imposant moustachu Marenches, que la presse surnommait « Porthos ».

Quadragénaire longiligne, Lerner n'a ni ces problèmes de surpoids ni ces difficultés de communication avec l'hôte de l'Élysée. Ancien condisciple d'Emmanuel Macron à l'ENA, il préside depuis janvier 2024 aux destinées de la DGSE après avoir dirigé plus de trois ans la DGSI (contre-espionnage et contre-terrorisme intérieurs). Un cas rarissime dans les pays occidentaux : avant lui, seuls Dick White en Angleterre, puis le juge William Webster aux États-Unis ont pu se targuer d'un tel doublé.

Pendant que l'état-major analyse et tranche dans la salle de crise, l'équipe de veille et alerte se tient sur ses gardes un étage plus bas. « H 24 », comme on dit ici sur le modèle de l'armée, c'est-à-dire 24 heures sur 24. L'équipe de quart est assez jeune, comme d'ailleurs la majorité du personnel boulevard Mortier. Féminisée aussi : 29 % des effectifs de la DGSE aujourd'hui. Derrière les écrans d'ordinateur, des entrelacs de fils et de branchements témoignent de la diversité des moyens techniques par lesquels les renseignements parviennent à l'équipe de veille et alerte : informatique, mais aussi téléphones, chacun d'une couleur différente avec une procédure spécifique. Certains correspondent aux services de renseignement partenaires. De là, on scrute aussi ce qui se dit sur les réseaux sociaux. Un océan où l'immensité à explorer jure avec la rareté des informations exploitables. Justement, tout ce qui peut fournir des pistes à la Direction générale est bon à prendre.

Si la « Piscine » était une centrale nucléaire, la salle veille et alerte en serait le cœur du réacteur et la salle de crise, le poste de pilotage.

Plonger dans la « Piscine »

Cette fameuse « Piscine » ? Deux casernes d'apparence vieillotte reliées par un tunnel souterrain qui passe sous le boulevard Mortier. Deux ensembles de bâtiments assez hétéroclites, les uns de style militaire ancien, d'autres plus modernes, certains en briques rouges ou en préfabriqué. Un mélange de styles assez baroque qu'égaient timidement quelques pelouses, quelques arbres. Dont un cèdre du Liban planté en 1981, année de l'assassinat de Louis Delamare, notre ambassadeur à Beyrouth, par une milice locale à la solde de Hafez el-Assad, père du dictateur de Damas déchu l'été dernier.

Le premier de ces corps de bâtiments est situé en face du centre nautique des Tourelles. D'où ce sobriquet de la « Piscine » accolé par la presse au SDECE, qui en avait fait son quartier général dès 1946. Les gens de la maison, eux, ont toujours préféré l'appeler la « Boîte ».

Après le déménagement du 1er régiment du train dans les années 2000, la caserne Mortier, de l'autre côté du boulevard du même nom, est venue compléter l'ensemble. Ses effectifs en croissance, la DGSE avait besoin de plus d'espace. Avec ceux des postes extérieurs et d'un certain nombre de sites et de structures périphériques, elle compte en effet aujourd'hui quelque 7 200 fonctionnaires.

Chaque jour, ce sont entre 2 500 et 3 000 personnes qui viennent œuvrer au service secret de la République, boulevard Mortier. Des fonctionnaires qui remplissent des tâches multiples, mais dans le cadre d'une unique mission : fournir au président et au gouvernement français les moyens occultes de leur politique étrangère. Service de renseignement extérieur, la DGSE n'est pas là pour surveiller les Français. Cela, c'est la tâche de la DGSI. Pour protéger le pays du terrorisme, la « Piscine » travaille en coordination avec ce service dépendant du ministère de l'Intérieur. Le terrain d'action de la DGSE est le vaste monde. Ce qui la place à l'interface des ministères de la Défense, son ministère de tutelle, et des Affaires étrangères.

Personne ne met un orteil dans cette piscine-là sans montrer patte blanche. Le poste de contrôle et de sécurité dispose d'une salle souterraine où les images de l'extérieur défilent sur une palette d'écrans numériques. Que vous veniez à pied, motorisé ou même à vélo – eh oui, il y a des défenseurs de l'environnement à la DGSE ! –, souriez, vous êtes filmés. Et bien entendu, pas question d'accéder en voiture sans son sésame.

La sécurité ne se limite évidemment pas à ce premier sas. Tout drone survolant le périmètre de la centrale du boulevard Mortier est susceptible de neutralisation immédiate : soit par brouillage électronique avec, si possible, retour aux pieds de l'utilisateur, soit par des moyens plus énergiques en cas de nécessité.

Sans entrer dans les détails, précisons aussi qu'il est fortement déconseillé à des forces armées étrangères ou à des groupes terroristes de chercher à prendre la DGSE d'assaut. Des moyens de défense sérieux sont disponibles sur place, et pas seulement les murs recouverts de barbelés, rébarbatifs et grisâtres comme il se doit de remparts de casernes, mais solides et épais aussi.

Des murailles interminables et passablement tristes qui ont découragé beaucoup de bistrotiers : le boulevard Mortier ne regorge pas de débits de boisson. Mauvais pour le commerce assurément, mais bénéfique pour la sécurité : cet isolement volontaire limite les risques d'indiscrétions à l'extérieur autour d'un verre.

Opérations clandestines

Dans la salle de crise, on parle à présent du Liban, cher au cœur d'Emmanuel Macron et longtemps fleuron de la politique moyen-orientale de la France. Au cours des années 1980, la DGSE y a connu des pertes humaines sévères. Les photos des morts de la guerre secrète sont affichées sur un tableau d'honneur à l'entrée du bâtiment de la Direction générale, en vis-à-vis du trombinoscope des patrons du Service depuis l'origine. Deux de ces agents morts en mission au Liban vivaient en couple. Ils sont morts ensemble, victimes d'une bombe dissimulée à l'intérieur du bouquet de fleurs qu'on venait de leur livrer. Au service occulte de la France, la mort même est anonyme.

Témoignent des risques inhérents à la guerre de l'ombre les deux cérémonies annuelles dans la cour devant le monument funéraire « Aux agents morts au service de la France ». Des prises d'armes très militaires – un bon tiers du personnel de la DGSE l'est encore. La dernière a eu lieu le 3 décembre dernier. L'occasion pour Marie Dewavrin, la petite-fille d'André Dewavrin, compagnon du général de Gaulle et fondateur du SDECE à la Libération, de remettre à la DGSE certains objets personnels de son grand-père, celui qu'on appelait le « Colonel Passy ».

Le souvenir du Bureau central de renseignement et d'action, le service secret gaulliste des années de guerre, reste d'ailleurs vif boulevard Mortier. Prédécesseur emblématique de Lerner entre 2017 et 2024 et fin connaisseur du monde arabe, Bernard Émié tenait beaucoup à la filiation entre le BCRA et la DGSE au chapitre des opérations clandestines. Des vitrines d'objets, de maquettes et de photos de l'époque sont dédiées à cette époque héroïque.

Sans grande surprise ce 3 décembre, la chorale de la DGSE chantait *La Marseillaise* et, un peu plus tard, *Le Chant des partisans*. Dirigée par un jeune lieutenant de vaisseau, elle compte une soixantaine d'adeptes. Des voix surtout féminines, mais on fait, paraît-il, beaucoup d'efforts pour recruter des chanteurs.

La particularité de ces cérémonies, c'est que les personnels distingués devant leurs pairs sont appelés uniquement par leurs prénoms avec un bref résumé de leurs états de service. De manière générale d'ailleurs, les gens que vous rencontrez à la DGSE se présentent à vous par leur prénom, sauf si le recours à leur patronyme s'impose ou si vous connaissez déjà le leur. La grande question ici, popularisée par la célèbre série, *Le Bureau des légendes*, sur laquelle nous allons revenir, c'est : avez-vous « à en connaître » ?

Quand la fiction ressemble à la réalité

La Direction générale s'est installée dans ses locaux actuels en 1982. À l'origine, on les destinait plutôt à la réception des invités. D'autorité, Pierre Marion, le successeur de Marenches, se les est attribués. Le ministre socialiste de la Défense, Charles Hernu, venait d'imposer cet ancien chef d'escale d'Air France comme premier DG de l'ère mitterrandienne. Marion se faisait une haute opinion de sa personne. Moins du SDECE, nid de militaires comploteurs d'extrême droite ou peu s'en faut, selon lui. Seul bon point à son crédit boulevard Mortier : un réel courage physique lors de sa rencontre face à face avec Rifaat al-Assad, chef d'un des nombreux services secrets de son frère Hafez et oncle de Bachar. Pour autant, la seule trace durable que Marion laissera dans l'histoire du Service réside dans son changement de sigle : en avril 1982, le SDECE devient la DGSE. Lui-même la quittera dès novembre de la même année.

Dans le bâtiment de la Direction générale, une chose frappe : la similitude des salles avec celles du *Bureau des légendes*. Même couleur bleu marine, mêmes bureaux, même type d'éclairage. Non que la DGSE ait remodelé ses locaux en fonction de la série : au contraire, ce sont les décorateurs de Canal + qui ont reconstitué les locaux de la centrale ! Avant le tournage, ils ont eu le privilège de visiter les lieux, mais sans prendre de clichés (les photos sont naturellement interdites, les téléphones portables devant être déposés dans des casiers fermés à clé). Il faut croire que ces décorateurs avaient l'œil photographique, parce que la ressemblance entre la réalité et la fiction saute aux yeux.

Le *Bureau des légendes* et la DGSE, c'est un partenariat bénéfique aux deux protagonistes. Après des films comiques comme *Vanille-Fraise*, *Opération Corned Beef* ou *OSS 117* qui donnaient de lui l'image d'une bande de charlots, le Service avait besoin de redorer son blason. Dans l'affaire, il a en effet gagné en matière de recrutement et plus que conforté sa légitimité : depuis la saison 1, le nombre de candidats a explosé.

Autre époque, autre style d'ameublement : pour recevoir dignement ses invités, Marenches s'était fait livrer des fauteuils en cuir Chesterfield. Ces sièges confortables trônent aujourd'hui dans le lieu d'accueil des hôtes de marque de la direction générale. À côté d'une salle à manger, un petit salon très club a été aménagé. Ses étagères contiennent des collections reliées en cuir du *Journal officiel* et de la *Revue des Deux Mondes*. À ce lieu assez cosy ne manque qu'une cheminée. C'est là, en tout petit comité, que sont parfois décidées des opérations communes avec les services secrets partenaires, comme le MI6 britannique ou le Bundesnachrichtendienst allemand. Avec la CIA, c'est certain, la situation est aujourd'hui plus délicate.

Saga Africa

Nous partons faire un tour au centre de missions Afrique, le plus important sur le plan historique. Là où ont été décidées tant d'opérations sur ce continent, notre ancien pré carré colonial, longtemps considéré comme une chasse gardée, cette fameuse « Françafrique » déclinante depuis la présidence de Nicolas Sarkozy même si elle hante toujours les esprits et imprègne bien des mentalités. Poussons la porte ornée d'une tête d'éléphant sur fond du sigle de la DGSE. Là, le décor est très différent : on n'est plus dans le *cosy,* mais dans le classique pour les bureaux, pas luxueux pour un sou, et dans le pittoresque pour la décoration. Dans les couloirs, des cartes et des posters de chefs d'État anciens et actuels du continent et, à deux endroits « stratégiques », les souvenirs que les officiers sont invités par tradition à rapporter de leur séjour. Colliers, tee-shirts, foulards, chapeaux. Autant de clins d'œil, mais *a contrario* de cette ambiance un peu carte postale, le centre de missions s'affaire à regagner la partie du terrain d'Afrique francophone perdue au profit des Russes, mais aussi – et de plus en plus – des Chinois. La fermeture de la plupart des bases militaires tricolores signe la vraie fin de la Françafrique. Sans le support matériel de l'armée, il va falloir s'habituer à un travail différent, plus difficile encore. Question d'adaptation, car dans le renseignement, la règle, c'est toujours marche ou crève : qui ne s'adapte pas disparaît. À en juger par l'ambiance studieuse du centre, le centre de missions n'a aucune intention de se suicider. Parmi ses zones d'intérêt prioritaires aujourd'hui : le Congo où la rébellion du M23, soutenue par le Rwanda, progresse au risque de déstabiliser cet immense pays et, au-delà, toute l'Afrique subsaharienne.

La vie quotidienne des espions

Dès lors, entre 2 500 et 3 000 personnes par jour, cela veut dire autant d'estomacs à nourrir. Il y aurait pu y avoir deux cantines, une de chaque côté du boulevard. Mais Bernard Bajolet, le prédécesseur de Bernard Émié, a préféré regrouper la restauration en un endroit unique. Son idée : éviter que des clans se coagulent secteur par secteur comme autant de chapelles ; privilégier au contraire l'unité de la maison. La salle est vaste, avec, sur le côté, quelques alvéoles où l'on peut poursuivre une discussion de travail. Recruté à la sortie des écoles hôtelières, le personnel reste polyvalent : il peut aussi bien servir le tout venant des collègues que les invités du DG dans la salle à manger directoriale. Après la cantine, une cafétéria des plus classiques.

Le tunnel sous le boulevard Mortier est à deux pas. S'il y a un tunnel, c'est qu'on peut creuser, et si on peut creuser, c'est qu'il y a des souterrains. Celui des archives, par exemple. Treize kilomètres linéaires de pièces méthodiquement rangées à l'intérieur. La documentation conserve aussi des documents sur d'autres supports, tels que des microfilms et bien sûr, le numérique. N'empêche qu'à l'épreuve du temps, le bon vieux papier reste ce qui se garde le mieux, sous réserve de bonnes conditions de température et d'humidité.

Boulevard Mortier, voici un autre site souterrain que la grande majorité des personnels de la DGSE n'a jamais visité. Seuls ceux qui ont « à en connaître » détiennent ce privilège, et ils ne sont guère nombreux. Il s'agit du centre de traitement informatique opérationnel. Autrement dit, des ordinateurs puissance 2.0.

Ici, des montagnes de données et de métadonnées interceptées sont décryptées, analysées, croisées, synthétisées. Et, le cas échéant, transmises « H 24 » aux rares intéressés. Le spectre va des conversations téléphoniques d'un djihadiste au Sahel à celles d'un fonctionnaire d'un État étranger ou d'un membre de ses services secrets. Sans oublier les communications des autorités militaires et diplomatiques adverses, les courriels et leurs pièces jointes, les échanges radio sur les ondes, etc.

Si la DGSE est chargée de cette banque géante de données, les autres services de renseignement peuvent la consulter à la demande. La DGSI, par exemple, avec laquelle, on l'a dit, le boulevard Mortier œuvre dans l'antiterrorisme. Les moyens techniques ? Des mégaordinateurs achetés dans le commerce – pas le commerce de détail, évidemment – auxquels le centre de traitement informatique opérationnel, qui mobilise ses propres ingénieurs, continue d'inclure des modifications et des perfectionnements de son cru. Le tout avec le recours croissant à l'intelligence artificielle et à l'informatique quantique.

Ce qui frappe ici, c'est le bourdonnement puissant des ventilateurs de refroidissement des « baies » informatiques qui, sagement rangées dans le grillage noir de leurs alvéoles, moulinent sans cesse. C'est aussi l'aspect fantomatique d'un lieu où l'on ne croise quasiment personne, sauf le personnel d'entretien.

C'est enfin, c'est surtout, le vertige qui vous prend. À la suite de travaux d'autant plus herculéens qu'ils devaient se faire les plus discrets possible, la DGSE a creusé, assaini et étayé des étages entiers pour cette usine en sous-sol. Et « H 24 » encore, puisqu'il n'est pas question qu'une panne ou un sabotage puisse interrompre ne serait-ce qu'une seule minute le traitement informatique opérationnel. Si peu d'ailleurs que pour garantir la continuité de son travail, la DGSE dispose d'un centre jumeau dans une zone plus rurale quelque part en France et de quelques autres installations annexes. Même les œufs informatiques ne sont jamais tous dans le même panier du boulevard Mortier.

Si la révolution informatique a bouleversé l'univers des services secrets, elle n'a pas changé la nature de leur travail : voler des renseignements, les vérifier, les rapprocher d'autres renseignements, analyser et transmettre à qui de droit. Au XXIe siècle, l'espion humain reste une source irremplaçable.

Le fort de Noisy, QG du Service action

Un peu plus loin en région parisienne, voici le fort de Noisy-le-Sec à Romainville, QG du Service action. Fort de 900 membres, le SA dispose d'autres implantations, dont celles, traditionnelles, de Cercottes, près d'Orléans, de Perpignan, d'Évreux.

Sous l'égide du général Grossin, patron du SDECE entre 1957 et 1962, le SA menait de front les opérations « Homo » (assassinats ciblés dans toute l'Europe des responsables du FLN algérien et des trafiquants qui les fournissaient en armes) et les opérations « Arma » (sabotage des bateaux chargés de matériel de guerre). Proche des socialistes SFIO, Grossin bénéficiait, sous la IVe République, d'une sorte de feu vert permanent des présidents du Conseil pour frapper à sa guise. Avec le retour de De Gaulle aux affaires en 1958, il est contraint d'en référer à Jacques Foccart, l'homme du Général pour les affaires secrètes, plus particulièrement celles d'Afrique.

Les relations du fort de Noisy avec le pouvoir politique ne sont jamais simples, en effet. Le 23 octobre 1983, au PC Drakkar de Beyrouth, un attentat suicide au camion piégé attribuable au Hezbollah libanais cause la mort de 58 de nos paras. Dans ces cas-là, il faut riposter toujours, mais dans la précipitation jamais. Or, voici que l'Élysée et le ministère de la Défense exigent qu'on fasse immédiatement « quelque chose ». En l'occurrence, ce sera n'importe quoi. Dans la nuit du 6 au 7 novembre, les hommes du SA garent une Jeep bourrée d'explosifs contre l'ambassade d'Iran, parrain du Hezbollah. Or, malgré deux tirs de bazooka sur le véhicule, celui-ci n'explose pas. La police libanaise et celle du Hezbollah découvriront à son bord divers indices indiquant sa provenance bien de chez nous. Y compris un morceau de fromage, cela ne s'invente pas…

À l'été 1985, Hernu, toujours ministre de la Défense, ordonne au successeur de Pierre Marion, l'amiral Lacoste, le sabotage « musclé » du bateau de Greenpeace qui s'apprête à perturber les essais nucléaires français à Mururoa. Pourquoi couler le *Rainbow Warrior* ? Contre Greenpeace, le SA a déjà réussi des coups d'épingle efficaces sans le moindre risque létal, objecte Lacoste. Marin discipliné, il se plie néanmoins à l'ordre du ministre. Ce qui s'accomplit à contrecœur a toutes les chances de rater. De fait, inutilement compliqué, le sabotage débouche à Auckland sur la mort accidentelle de Fernando Pereira, un photographe *free lance*, puis la capture par la police néo-zélandaise de deux agents du SA munis de faux passeports suisses, les « faux époux Turenge » (le commandant Mafart et la capitaine Prieur, première femme officier du SA). Les Néo-Zélandais sont furieux, les Helvètes aussi.

Noisy se passionne pour les révélations des journalistes qui enquêtent sur le sabotage : d'abord Roger Faligot, Pascal Krop et Jacques-Marie Bourget, puis Jacques Derogy et

Jean-Marie Pontaut, et enfin Edwy Plenel et Bertrand Le Gendre. Ici, on est mieux placé que quiconque pour savoir qu'ils ne parlent pas en l'air, qu'ils disposent de sources fiables au sein de la « Piscine ». On voit rapidement qu'ils ne cherchent pas à accabler le personnel action, mais plutôt à cerner les responsabilités de politiques, toujours prêts à se dérober.

Non sans une certaine jubilation, Noisy observe le pouvoir reculer pied à pied, niant l'évidence jusqu'à ce que Hernu soit contraint de donner sa démission après avoir été publiquement lâché par le Premier ministre Laurent Fabius, ce dernier admettant que c'était bien la DGSE qui avait saboté le *Rainbow Warrior*. Les nageurs de combat, dont Gérard Royal, le frère de Ségolène, n'avaient fait qu'obéir aux ordres. Le pouvoir se vengera cependant sur eux de son propre échec en mutant leur centre d'entraînement de Corse à Quélern, en Bretagne, où il se trouve toujours.

L'affaire a contribué à dégrader l'image de la DGSE. Il lui a fallu plusieurs années pour se reconstruire, traverser la fin de l'ère Mitterrand, puis celle de Jacques Chirac, franchement sceptique quant à l'efficacité des services. En créant le poste de coordonnateur national du renseignement rattaché à l'Élysée, Nicolas Sarkozy montre au contraire l'importance qu'il leur accorde. Fait assez rare d'un président à l'autre : François Hollande, confronté par ailleurs à l'intensification du djihadisme, continuera dans la même veine au lieu de tout casser.

Dans les années 2010, le SA participe aux exécutions ciblées de djihadistes en coordination avec les Alliés – américains notamment à l'époque. C'est alors qu'intervient une nouvelle incompréhension avec l'Élysée lorsque Hollande croit bon d'exhiber des « fiches d'objectifs de haute valeur » auprès d'un tandem de journalistes du *Monde*, qui les exploiteront dans le cadre d'un livre à succès. Pour la première fois, le grand public aura à en connaître !

Les « recettes » des « experts »

Si le boulevard Mortier a quelque chose du bric-à-brac sur le plan de l'architecture, Noisy, c'est du super bric-à-brac. Autour du bâtiment historique datant de l'ancienne ceinture fortifiée de Paris, les fameuses « fortifs », on a disposé des constructions qui méritent tout juste le qualificatif de « modernes ».

Au stand de tir, les officiers en mission dans les postes extérieurs sont formés aux armes de dotation du Service, mais aussi à d'autres matériels disponibles dans de nombreuses régions du monde : les omniprésentes kalachnikovs, par exemple. En principe, tout officier traitant, c'est-à-dire affecté au suivi d'une ou plusieurs sources de renseignement et non à un travail de bureau, doit passer régulièrement griller quelques cartouches. La croissance des effectifs complique singulièrement l'exercice.

Le fort de Noisy comporte aussi d'autres départements. Le service technique de recherche en particulier, en d'autres termes les « grandes oreilles » d'écoute des ondes radio, qui vient de célébrer son 80e anniversaire.

Concluons notre voyage initiatique par le laboratoire de chimie. Les « Experts Noisy », si l'on ose dire, y concoctent les « recettes » qui peuvent permettre à un officier traitant dans un pays étranger de fabriquer en urgence des explosifs artisanaux. Surtout, à partir le plus souvent d'échantillons minuscules, les laborantins déterminent la composition d'un explosif déniché par les agents de terrain et même sa provenance. On s'intéresse aussi aux encres sympathiques. Tombées en désuétude à l'heure du numérique, ces techniques d'occultation de messages écrits à la main grâce à des produits chimiques qui permettront aux destinataires de les révéler sont de nouveau au goût du jour chez certains mouvements clandestins qui pratiquent les méthodes « rustiques » jugées plus sûres que les téléphones satellitaires.

Miroir de l'insécurité grandissante du monde, la DGSE n'a cessé d'évoluer en moyens humains et matériels. En 2018, son budget dépassait légèrement les 790 millions d'euros, en 2022, il excédait de peu les 935 millions. Le défaut de la cuirasse, ce sont des locaux trop anciens pour un service secret qui se veut à la pointe de la modernité. Mais on l'a dit plus haut : deux nouveaux bâtiments formant campus urbain conçu spécialement doivent être terminés en 2030 sur l'emplacement du fort Neuf de Vincennes. Un site bien placé, avec accès en transports en commun : métro, RER et bus. On n'aura donc pas besoin d'installer des panneaux routiers « DGSE » comme la CIA l'a fait pour son compte sur la branche d'autoroute menant à son quartier général de Langley, en Virginie. En revanche, les architectes devront respecter des contraintes écologiques – le site est voisin du bois de Vincennes – et patrimoniales – le vieux fort et son donjon en sont contigus. Le tout pour un budget prévisionnel de plus de 1 milliard d'euros.

Les travaux terminés et le déménagement accompli, le lieu secret du pouvoir que constitue la DGSE aura changé d'adresse. Ce chapitre du livre que vous tenez entre les mains n'aura plus alors qu'un intérêt historique. Mais cinq ans, c'est long. Surtout dans une phase de crises et d'accélération de l'histoire comme celle que nous traversons à l'horloge des services secrets…

Bibliographie sélective

« Les coulisses du renseignement », *Cahiers français,* n° 440, La Documentation française, 2024.

FALIGOT Roger, GUISNEL Jean et KAUFFER Rémi, *Histoire politique des services secrets français. De la Seconde Guerre mondiale à nos jours*, La Découverte, 2012.

GUISNEL Jean, *Histoire secrète de la DGSE*, Robert Laffont, 2019.

IZAMBARD Antoine et RENAUD Franck, *Trahisons à la DGSE. Révélations sur le vrai Bureau des légendes*, Stock, 2022.

NOTIN Jean-Christophe, *DGSE. La fabrique des agents secrets*, Tallandier, 2024.

9

Au 7, rue Nélaton, dans l'antre du contre-espionnage français

par Olivier Brun

« Inflexible dans l'ombre, étincelant dans la lumière. » Telle fut la devise de la fameuse DST, Direction de la surveillance du territoire, aujourd'hui remplacée par la DGSI, Direction générale de la sécurité intérieure. De 1985 à 2008, les contre-espions œuvrèrent dans un grand immeuble discret du 15e arrondissement de Paris. Sonder les murs de ce lieu, c'est se plonger dans l'histoire secrète de la guerre froide. Mais aussi explorer les coulisses de la lutte antiterroriste. L'ombre de tant de figures de l'espionnage et du terrorisme y plane, à commencer par celle d'Ilich Ramírez Sánchez, alias *Carlos.*

Les services de renseignement sont des lieux de pouvoir très discrets, même si leurs sièges ne sont jamais secrets. Pour le profane, toute visite dans l'immeuble de la Direction de la surveillance du territoire, la fameuse DST, chargée du contre-espionnage de 1944 à 2008, laissait un souvenir impérissable. Ce service mystérieux a longtemps occupé un immeuble imposant au 7 de la rue Nélaton, dans le 15e arrondissement de Paris, à quelques dizaines de mètres du quai de la Seine. C'est la raison pour laquelle l'on a parfois appelé par métonymie ses membres « ceux de Nélaton », à l'instar de leurs cousins de la DGSE, « ceux de Mortier » du nom du boulevard où siège le service extérieur, également appelé la « Piscine » en référence à la piscine Georges-Vallerey, toute proche[1]. Pourtant, bien peu ont cherché à savoir qui était ce Nélaton. Médecin et chirurgien à la brillante carrière, Auguste Nélaton (1807-1873) a eu comme patient Napoléon III, a réussi à être nommé sénateur impérial et même à devenir membre de l'Institut. Il est l'auteur de plusieurs ouvrages de médecine, dont un traité de chirurgie qui porte son nom. Sa renommée est telle, qu'il est cité par Dostoïevski dans *L'Idiot.* Rien à voir donc avec le contre-espionnage, même si dans ce métier particulier, tel un médecin, on s'intéresse par essence à la vie des autres.

L'aventure du service de contre-espionnage rue Nélaton débute en 1985. La DST quitte alors son siège historique de la rue des Saussaies, dans l'îlot de la place Beauvau, où elle occupait depuis la fin de la Seconde Guerre mondiale le troisième étage du n° 13, à proximité du ministre, et où demeurent d'autres services de police comme la Direction de la police judiciaire ou les Renseignements généraux. Ces locaux avaient été tour à tour ceux de l'antique Sûreté, puis ceux de la Gestapo durant la guerre, comme en témoignent encore aujourd'hui dans différents étages des cellules gardées intactes avec les graffitis de prisonniers. Peu après la Libération, au mois de novembre 1944, la DST s'y installe à sa création sous la direction de son légendaire patron Roger Wybot.

Au milieu des années 1980, ces bureaux ne sont plus adaptés à un service moderne de renseignement, qui a besoin de

1. Cf. le chapitre précédent, « DGSE. La maison des secrets », par Rémi Kauffer.

discrétion dans des locaux sécurisés et plus spacieux, c'est pourquoi elle s'établit alors dans l'ancienne tour d'un grand groupe pétrolier. De 1966 à 1985, « l'Entreprise de recherches et d'activités pétrolières », qui devient la société nationale Elf Aquitaine en 1976, avait son siège social à cette adresse, qu'elle quitte au milieu des années 1980 pour s'installer au cœur du quartier d'affaires de la Défense dans une immense tour en verre plus en phase avec son nouveau statut.

Un site chargé d'histoire

Ironie, le contre-espionnage succède donc dans l'immeuble à une entreprise qui travaillait beaucoup avec ceux que l'on appelle dans le jargon du métier les « cousins », les gens du SDECE, devenu DGSE. Les agents du service extérieur utilisaient parfois cette couverture « pétrolière » dans leurs activités clandestines. L'ancien chef du Service action de la DGSE, le général Patrice de Loustal, sera nommé en 1997 chef du service de sécurité d'Elf Aquitaine en remplacement d'un autre ancien des services secrets français, Jean-Pierre Daniel, démissionnaire après une perquisition très médiatisée au nouveau siège de la Défense. Le journal *Le Monde* révélait à la fin septembre 1997 une très forte imbrication entre les services de renseignement français et Elf depuis une trentaine d'années, soit pendant toutes les années où la société avait son siège dans le 15e arrondissement.

La nouvelle adresse de la DST est aussi chargée d'une mémoire tragique. Avant de devenir le siège d'Elf, c'est sur ce site que se trouvait le vélodrome d'hiver, le Vél'd'Hiv', érigé en 1909 pour accueillir des compétitions de cyclisme, dont les fameux et populaires Six Jours de Paris. « Cet établissement était construit avec des gradins très droits. Cela donnait une ambiance extraordinaire parce que la vue sur les champions était plus directe », se souvient le comédien et ancien coureur cycliste André Pousse[2]. Pendant la Seconde Guerre mondiale, le Vél'd'Hiv' accueille des meetings politiques, dont ceux de la Légion des volontaires français contre le bolchevisme, une organisation ouvertement collaborationniste. Le site reste surtout tristement célèbre parce que les 16 et 17 juillet 1942, 13 152 Français juifs raflés dans Paris y sont entassés avant leur déportation vers le camp d'Auschwitz-Birkenau. Un jardin-souvenir rue Nélaton, ainsi qu'une plaque boulevard de Grenelle, commémorent de façon émouvante cet épisode tragique de l'histoire. En 1944, il est aussi le théâtre de la « rafle des tondues » où, comme dans d'autres endroits de France, sont humiliées les femmes suspectées d'avoir entretenu des liens avec l'ennemi. L'enceinte cycliste accueille enfin au mois d'août 1958 un centre de rétention dans le contexte de la guerre d'Algérie avant d'être détruite un an plus tard.

Des jeunes femmes à la beauté fatale

Depuis 1985 donc, près d'un millier de contre-espions s'y retrouvent tous les jours pour traiter de leurs dossiers ultrasecrets. Cet ensemble imposant héberge aussi d'autres services, chargés de l'administration et des ressources humaines de la police ou même de l'achat des tenues de policiers. Ce mélange, en entretenant la confusion pour un observateur extérieur, garantit un certain anonymat à ceux qui en ont le plus besoin. Mais l'immeuble n'est pas non plus très discret :

2. France-Inter, 5 juillet 2012. André Pousse demeure d'ailleurs – fait peu connu – le recordman du tour dans ce vélodrome.

un œil averti a tôt fait de repérer de loin sur le toit un haut mât avec plusieurs antennes, caractéristique des bâtiments – casernes de gendarmerie, commissariats de police – qui ont des fonctions opérationnelles.

Pour y accéder, rien de plus simple : le quartier est desservi à la fois par le métro, à la station Bir-Hakeim, et par le RER. Pour ceux qui se rendent au travail avec un véhicule de l'administration, l'immeuble dispose aussi de larges parkings souterrains sur plusieurs niveaux, où sont garés à l'abri des regards extérieurs les véhicules opérationnels qui, parce qu'ils se fondent aisément dans le décor urbain, sont utilisés pour la surveillance discrète des agents étrangers.

Rencontrer ces contre-espions n'est pas très compliqué : il suffit de prendre un café le matin ou après la pause déjeuner en face, au bistrot dont la vue donne directement sur l'entrée principale. La rumeur veut que l'adresse ait été particulièrement connue et fréquentée par des agents étrangers ou même des journalistes qui y venaient pour écouter paisiblement les conversations des agents de la DST au cas où, malgré leur discrétion légendaire, ils lèveraient le voile sur quelque affaire secrète. On raconte même que dans ces bars aux alentours erraient des jeunes femmes à la beauté fatale, originaires de l'est de l'Europe, tentant de séduire par leurs charmes une « cible » qui leur livrerait les secrets de la maison.

Sur le parvis, la construction en impose à celui qui entre. C'est le premier immeuble du front de Seine, projet pompidolien d'une des principales zones de constructions à grande hauteur de la capitale. L'esprit y est résolument moderniste. Le béton et le verre y règnent, mais aussi, signe de prestige, la pierre de taille et un peu de marbre.

Moudjahidin du peuple et islamistes radicaux

Après la volée de marches de l'entrée, dès la porte vitrée passée, le contrôle d'accès est digne des aéroports les plus sécurisés : déjà à la fin des années 1980, les sacs à main sont passés au détecteur à rayons X, tandis que toute personne qui entre dans l'immeuble doit traverser un portique de sécurité, sous l'œil vigilant des gardiens de la paix affectés à cette tâche. La DST délègue cette mission sensible au service de sécurité du ministère, comme pour toutes les autres directions de la police place Beauvau.

Cette sécurité est indispensable. Le site a fait l'objet de toutes sortes d'actions, de menaces et même de préparations d'attentat, dont deux exemples illustrent la gravité. Une Iranienne sympathisante de l'Organisation des moudjahidin du peuple iranien, qui a été quelque temps auparavant la cible d'un coup de filet de la DST, a tenté de s'immoler sur le boulevard de Grenelle, près des locaux du service, le mercredi 18 juin 2003. Quarante à cinquante sympathisants de ce mouvement d'opposition armée au régime de Téhéran s'étaient réunis à proximité de la rue Nélaton depuis le début de la matinée. Plus grave encore, un islamiste radical de Trappes (Yvelines), interpellé le 26 septembre 2005 lors d'une opération antiterroriste, aurait avoué aux policiers que son groupe, appelé Ansar al-Fath (les Partisans de la victoire) « voulait faire sauter le siège de la DST », parmi d'autres cibles comme l'aéroport d'Orly ou une station de métro. Le groupe est entravé à temps, grâce au travail du service, mais ce n'est sans doute pas le seul à avoir songé y fomenter une action. C'est dire l'ampleur et la réalité de la menace.

Au rez-de-chaussée est installé un petit musée du contre-espionnage. Clin d'œil volontaire, ce musée privé se situe à la proximité immédiate des salles dans lesquelles les partenaires du service – espions et contre-espions étrangers – sont accueillis pour des rencontres et des échanges opérationnels. Il contient dans des vitrines toutes sortes de rappels des actions d'éclat du service, de vieux livres reliés de toile noire qui sont en réalité des listes, avec photographie, de tous les agents allemands qui ont traqué les résistants durant la Seconde Guerre mondiale, mais aussi nombre d'objets récupérés après des opérations sur le terrain. On y trouve un vieux livre où se trouve dissimulé un émetteur, un stylo micro, une boîte à bonbons qui écoute tout, une valise caméra, et toutes sortes d'autres objets détournés de leur fonction initiale. Ici, le mythe se vérifie et s'entretient.

Juste en dessous, les sous-sols n'abritent pas uniquement les parkings des véhicules opérationnels. Ils contiennent aussi plusieurs cellules de garde à vue. Celles-ci y ont vu passer nombre d'espions étrangers pris en flagrant délit, ou des Français qui ont franchi le pas de la trahison. Y ont aussi été probablement enfermés un temps des hôtes célèbres, comme Ilich Ramírez Sánchez, dit Carlos, interpellé par le service en août 1994 à l'aéroport militaire de Villacoublay en provenance du Soudan. Le terroriste international avait exécuté deux membres du service, Raymond Dous et Jean Donatini, le 27 juin 1975, dans un immeuble de la rue Toullier, dans le 5e arrondissement de Paris, où il se cachait et où les policiers espéraient l'arrêter. Depuis lors, les dirigeants de la DST avaient fait de la quête et de l'arrestation de cet « ennemi public numéro 1 » une affaire personnelle. Selon le journal *Le Monde,* Carlos aurait contre toute attente salué d'emblée le travail des enquêteurs qui l'avaient traqué sans relâche pendant vingt ans. Avec cette arrestation rocambolesque, le directeur de la DST, Philippe Parant, pouvait savourer discrètement la réussite du service qui fêtait la même année son cinquantenaire, tandis que le ministre Charles Pasqua annonçait personnellement aux médias cet indéniable succès emblématique de la lutte antiterroriste.

Dossiers sensibles

Les années 1980 voient s'amplifier la menace terroriste conjuguée au trafic d'armes, la lutte anticommuniste demeurant toujours prégnante sur fond de guerre froide exacerbée. Le déménagement vers la rue Nélaton correspond au moment où la lutte contre le terrorisme prend de l'ampleur, passant dans l'organisation d'une section de quelques enquêteurs à une division, puis à une sous-direction. Alors même qu'une vague d'attaques entre 1985 et 1986 fait plus de 13 morts et 300 blessés[3], la DST joue un rôle crucial dans la neutralisation du réseau de leur principal commanditaire, Fouad Ali Saleh, membre du Hezbollah. Le terrorisme islamiste qui émerge marque une rupture avec celui des années 1970-1980, tourné vers des revendications nationales ou des intérêts étatiques. À partir de l'attentat de Port-Royal, en 1996, le service montre toute son efficacité en travaillant de manière très étroite avec la justice et évite ainsi de nombreux attentats.

3. Le 23 février 1985 au magasin Marks & Spencer du boulevard Haussmann, le 29 mars 1985 au cinéma Rivoli Beaubourg, le 7 décembre 1985 avec un double attentat ciblant des magasins Galeries Lafayette et du Printemps Haussmann, le 3 février 1986 à l'hôtel Claridge, le 4 février à la librairie Gibert Jeune et le lendemain à la Fnac des Halles, puis du 4 au 17 septembre avec une série meurtrière au RER gare de Lyon, à la poste de l'Hôtel de Ville, à la Défense, au pub Renault, à la préfecture de police et au magasin Tati de la rue de Rennes.

Au premier étage bat le pouls du service. La cantine est le lieu de rassemblement des agents, qui préfèrent pour leur pause déjeuner cet entre-soi, où l'on murmure quelques vagues confidences en toute sécurité, aux restaurants du quartier aux oreilles potentiellement indiscrètes.

Dans cet espace se tiennent toutes les grandes réunions, discours de vœux et sessions de cadres, ou encore pots de départ. Cinquante ans après la création de la DST le 16 novembre 1944, Charles Pasqua, ministre de l'Intérieur, y réunit presque tous les anciens directeurs, y compris le légendaire Roger Wybot. Seul manque à l'appel le préfet Gabriel Ériau – un grand résistant mutilé qui fixait un bras mécanique quand il allait au monument aux morts pour y déposer une gerbe. Le ministre, lui-même ancien résistant qui avait connu la clandestinité, rappelle brièvement dans son discours quelques souvenirs personnels avant de conclure son propos ainsi : « Votre devise est et restera *Keep your secrets secret !* » Les anciens ont aussi souvenir du 11 décembre 1997, lorsque 800 personnes sont rassemblées pour saluer la carrière du directeur adjoint du service, Raymond Nart, qui prend sa retraite. Tout ce monde s'est réuni à l'abri des regards pour rendre hommage à l'homme qui a consacré sa vie professionnelle à la DST jusqu'à en devenir le numéro 2 et qui demeure un maître du contre-espionnage pour les initiés.

L'adresse est également indubitablement associée à la protection économique, fonction qui préexistait certes, mais qui se développe de manière très marquée rue Nélaton. Le service noue alors des relations de plus en plus étroites avec les entreprises du CAC 40. Plus surprenant, un jeune homme qui allait devenir célèbre fréquente en ce temps assidûment les locaux. Xavier Niel, alors pirate informatique du décodeur Canal+, avait été repéré par le service de contre-espionnage qui lui avait proposé de ne pas engager de poursuites contre lui en échange d'informations sur d'éventuelles intrusions soviétiques dans les réseaux télécoms français. Grâce à la DST, Xavier Niel avait rencontré pour la première fois un autre pirate, Nicolas Sadirac, lequel fonderait quelques années plus tard l'École 42.

Aussi discret soit-il, le service n'est pas épargné par les affaires. Le mardi 9 décembre 1986, les magistrats instructeurs pénètrent dans ses locaux : ils viennent chercher des précisions sur l'origine d'un passeport litigieux. Quelques mois auparavant, le nouveau gouvernement de Jacques Chirac rend public un soupçon de détournement de fonds au bénéfice d'une association proche des socialistes et dont le trésorier est un certain Yves Chalier, un ancien militaire qui a enchaîné depuis 1981 les postes de conseiller en cabinets ministériels. Au mois de juillet 1986, alors que celui-ci est recherché par la justice, il apparaît que la DST lui a délivré un « vrai-faux » passeport préparé par les services de Jean-Pierre Brut, le sous-directeur des services techniques. Il s'agit en réalité d'un passeport et d'un permis de conduire établis au nom d'« Yves Navarro », documents de complaisance produits à l'usage des services secrets, remis par un certain Jacques Delebois, contrôleur général de la police nationale. Mais le directeur de la DST, Bernard Gérard, explique aussitôt que, lié par le secret-défense, il refuse de répondre aux questions du magistrat instructeur. Cette attitude renforce les soupçons d'un juge persuadé que les documents en possession desquels se trouve Yves Chalier lui ont été fournis par la DST sur un ordre (très) supérieur.

Une fois passé le contrôle de sécurité, trois ascenseurs conduisent les visiteurs vers les étages. Pas tous, car certains d'entre eux ne sont pas desservis. Pour le personnel de la DST, il faut s'arrêter au dixième étage, présenter son badge une nouvelle fois à un gardien de la paix en faction permanente, puis monter à son bureau par les escaliers du service, entre le dixième et le quinzième étage. Seuls le directeur et quelques hauts responsables disposent d'une clé pour se rendre directement au treizième étage.

Le personnel que l'on retrouve dans ces locaux est loin de la caricature que l'on se fait parfois des agents des services de renseignement. L'écrivain Bernard Clavel, qui rédige un reportage sur la DST pour le *Figaro Magazine* en 1994 et pénètre à cette occasion dans les locaux, reconnaît : « En pensant y rencontrer James Bond, j'y ai surtout croisé des fonctionnaires élégants, courtois et ouverts. » Il ajoute non sans lyrisme que « du haut de cette tour, des sentinelles veillent sur les trésors et le calme de la capitale, sur la sécurité d'un pays ».

On y croise aussi tôt le matin les membres du groupe d'appui opérationnel en tenue sombre, cagoulés et lourdement armés, toujours prêts, grâce à un entraînement adapté, à intervenir pour interpeller les cibles du service, de vive force si nécessaire.

Le règne de l'anonymat

Tous les étages du service se ressemblent : un couloir de chaque côté du bâtiment permet d'accéder aux bureaux dont les portes, aux vitres opaques, sont quasiment toujours fermées ; elles ne permettent d'entrevoir que quelques ombres s'agiter parfois de l'autre côté. Naturellement, aucun nom ne figure sur ces portes, tout juste un numéro de pièce. Un visiteur mal intentionné, qui accéderait malgré les filtres de sécurité aux étages de la DST, n'aurait donc pas d'accès direct aux secrets du service et devrait ouvrir à l'aveugle des portes, sans vraiment savoir si quelqu'un sera ou non derrière.

Dans certaines salles aux aménagements particuliers travaillent des techniciens de haut vol, qui sont en mesure de décrypter, chiffrer, enregistrer, filmer, recopier ou écouter grâce à des appareils des plus modernes.

Dans les bureaux plus classiques, ni photographies de famille avec les enfants ni celles d'une quelconque résidence secondaire à la campagne. Toute passion affichée ou même de simples photographies sont susceptibles de constituer une vulnérabilité exploitable par une puissance étrangère. L'environnement de travail y est donc neutre, minimaliste et très administratif. Tout au plus sont exposés un morceau de mur de Berlin ou une photographie de la Loubianka, le fameux siège du KGB à Moscou. Sur les tables, aucun papier ne traîne et les corbeilles sont vides la plupart du temps.

Car ici, on applique ce que les homologues anglo-saxons appellent la *clean desk policy*. Les documents, rédigés ou sortis pour une consultation, vont habituellement de la main du rédacteur à un coffre-fort présent dans chaque pièce ou à une broyeuse à papier. Chacun d'entre eux est enfermé dès lors que son dépositaire quitte la pièce. On ne sait jamais, quelqu'un pourrait lire un document posé négligemment sur le bureau et accéder à des secrets. Même entre collègues, la confidentialité reste de mise. Telle est la fameuse règle du « besoin d'en connaître », qui dispose qu'un officier travaillant par exemple sur le terrorisme n'a pas à avoir accès aux informations de ses collègues qui s'intéressent au contre-espionnage. De toute façon, gare à celui qui ne respecte pas la consigne de la protection des documents : parfois, durant la nuit, une équipe de sécurité opère une inspection de tous les bureaux et s'assure que rien ne traîne. Les malheureux pris en flagrant délit de négligence retrouvent le matin sur leur bureau une convocation pour une sévère remontée de bretelles du service interne de sécurité, ou pire, le renvoi vers une autre direction de la police.

La DST est par nature suspicieuse. De l'expérience du contre-espionnage, elle a acquis des réflexes de protection. Elle gère le clair-obscur propre à son activité, de l'affaire Mroz en 1959, du nom d'un Polonais séjournant illégalement en France et en passe d'être démasqué, qui est retrouvé mort près de chez lui à Argenteuil, tué d'une balle dans la tête, à la célèbre affaire Farewell, nom de code de Vladimir Vetrov, un lieutenant-colonel du KGB que le service traite avec maestria et dont elle obtient des informations capitales sur l'espionnage soviétique en Occident, en passant par l'affaire Georges Pâques, un haut fonctionnaire français arrêté par la DST en 1963 après vingt ans de collaboration avec les Soviétiques. Rue Nélaton, l'un des enjeux majeurs reste le dossier Mitrokhine, du nom d'un transfuge soviétique qui, via les Britanniques, fournit à partir de 1992 des informations précieuses sur nombre d'agents de l'Est, dont – on le dit – des personnalités politiques françaises de premier plan.

Chez le « patron », au cœur du dispositif

Dans le couloir qui mène au bureau du grand patron, au treizième étage, les portraits des directeurs successifs sont les seules incarnations d'un service qui n'a par essence pas de visage.

Le premier d'entre eux, Roger Wybot, en demeure la figure tutélaire. Personne n'oublie vraiment, sans pourtant connaître ses exploits, que le fondateur de la DST en 1944 y a régné d'une main de fer pendant quatorze ans, durée inégalée à la tête du service. Cette longévité comme ses réussites, parfois relayées dans la presse, ce qui rajoute à sa « légende », lui ont valu le surnom d'« Inamovible », de « Sphynx » ou encore de « Cagliostro » en référence à l'aventurier sicilien. Il reste surtout le fondateur qui a pensé l'organisation et les méthodes du service, toujours en vigueur cinquante ans plus tard.

Après lui, les directeurs sont presque exclusivement des préfets, au grand dam des commissaires, qui font fonctionner le service, ont l'expertise du métier, mais n'ont quasiment à cette époque aucun espoir d'accéder au fauteuil de « patron », se cantonnant au mieux à celui de « chambellan ».

À Nélaton, le bureau du directeur, sans être gigantesque, est imposant. Une large double porte ouvre sur la salle de réunion où il tient son conseil en présence de tous les sous-directeurs et où se déroulent aussi des réunions plus opérationnelles, nécessairement plus restreintes. Yves Bonnet, Rémy Pautrat, Bernard Gérard, Jacques Fournet, Philippe Parant, Jean-Jacques Pascal et Pierre de Bousquet de Florian ont occupé successivement le « saint des saints ». Ils ont « du treizième étage de la rue Nélaton une vue imprenable sur toute la rive droite de la Seine[4] ». Le bureau de l'adjoint se trouve sur le côté. Plus modeste, il a vue sur la tour Eiffel. Seuls les patrons s'autorisent à personnaliser leurs bureaux, souvent avec des objets offerts par les nombreuses délégations étrangères, d'un goût parfois fort douteux et que les services techniques ont ausculté sous toutes les coutures pour s'assurer qu'ils n'étaient pas piégés.

---

4. Cf. Yves Bonnet, *Contre-espionnage. Mémoires d'un patron de la DST*, Paris, Calmann-Lévy, 1999, p. 41.

Vers la DGSI

La DST reste donc plus de vingt ans à cette adresse emblématique, avant de déménager en 2007 de l'autre côté du périphérique, à Levallois-Perret. En réalité, le projet se formalise dès 2005, sous l'autorité du ministre de l'Intérieur Dominique de Villepin qui souhaite faire travailler dans le même bâtiment la DST, la Direction centrale des renseignements généraux (DCRG)[5] et la sous-direction antiterroriste (SNAT)[6] de la police judiciaire, tout en excluant alors toute fusion de services. « La DST tient farouchement à son indépendance, mais c'est le sens de l'histoire. Il faut décloisonner », explique-t-on alors dans l'entourage du ministre.

Le déménagement vers la rue Nélaton, qui avait été l'affaire du directeur adjoint de la DST, Raymond Olas, et des trois sous-directeurs de l'époque, Guy Ségura, Raymond Nart et Jean-Pierre Brut, avait été un moment décisif pour l'institution, une forme d'entrée dans la modernité. Le service de contre-espionnage, parmi les tout premiers au ministère de l'Intérieur, s'équipait alors d'ordinateurs et développait sa sous-direction technique, dont les antennes furent installées à Boullay-les-Troux dans l'Essonne. Le départ vers Levallois marquait un nouveau tournant et un changement d'échelle.

5. Les Renseignements généraux, créés en 1907, ont eu pour mission de renseigner le gouvernement sur tout mouvement pouvant porter atteinte à l'État, jusqu'à leur intégration le 1er juillet 2008 à la Direction centrale du renseignement intérieur (DCRI) devenue DGSI.

6. Depuis 2006, la sous-direction antiterroriste, composante de la Direction centrale de la police judiciaire et connue auparavant sous les appellations de 6e Division centrale de police judiciaire (6e DCPJ), puis de Division nationale antiterroriste, est chargée de la répression judiciaire contre le terrorisme national et international.

La relocalisation de la DST reste un moment particulièrement épique : il faut, le plus discrètement possible et surtout en toute sécurité, déménager tous les dossiers secrets, dans des caisses plombées mises dans des camions escortés par des agents du service. L'époque où tout est consigné sur papier, bien avant que les serveurs informatiques ne le remplacent, n'est pas encore révolue. La manœuvre est organisée de manière bicéphale entre les services de Joël Bouchité, le patron des Renseignements généraux qui quittent quant à eux la rue des Saussaies, et ceux de Pierre Bousquet de Florian, le directeur de la DST de l'époque. Les deux hommes laisseront bientôt leur place à un chef unique, Bernard Squarcini, chargé d'unifier les deux maisons rivales du renseignement intérieur et d'en faire un grand service adapté aux menaces de l'époque, la Direction centrale du renseignement intérieur (DCRI) dans un premier temps, puis la Direction générale de la sécurité intérieure (DGSI) à partir de 2014.

Il n'y a alors plus qu'un seul bureau du patron, vaste espace de travail et de réunion dans les hauteurs d'un immeuble moderne, entièrement réservé au contre-espionnage et au contre-terrorisme. Il était auparavant occupé par une agence de communication, le groupe Euro RSCG du sémillant Jacques Séguéla, et doit être beaucoup plus sécurisé dès l'installation du service. Le bâtiment, protégé par des grilles opaques et des fenêtres blindées, est en effet doté des dernières technologies, caméras et détecteurs d'accès, qui enregistrent les mouvements et doivent empêcher toute intrusion comme toute attaque.

L'immeuble de la rue Nélaton devient, quant à lui, avec une entrée désormais boulevard de Grenelle, le siège de plusieurs sociétés, dont… un groupe de presse[7]. Comme la DGSI

7. Le groupe *Les Échos-Le Parisien.*

actuelle à Levallois, la DST de la rue Nélaton a été une sentinelle de la France et de ses intérêts, éclairant les autorités gouvernementales. En reprenant l'ascenseur pour sortir de l'immeuble de la rue Nélaton, après avoir parcouru les couloirs et alors que l'on est saisi par les rayons du soleil, revient en mémoire la devise de ce grand service si peu public : « Inflexible dans l'ombre, étincelant dans la lumière. »

Bibliographie sélective

ANDREWS Christopher et MITROKHINE Vassili, *Le KGB contre l'Ouest. 1917-1991*, Fayard, 2000.

BONNET Yves, *Contre-espionnage. Mémoires d'un patron de la DST*, Calmann-Lévy, 1999.

BRUN Olivier et POIROT Jérôme, *Le Renseignement français en 100 dates*, Perrin, 2022.

FALIGOT Roger, GUISNEL Jean et KAUFFER Rémi, *Histoire politique des services secrets français. De la Seconde Guerre mondiale à nos jours*, La Découverte, 2013.

FALIGOT Roger et KROP Pascal, *DST. Police secrète*, Flammarion, 1999.

FULIGNI Bruno (dir.), *Dans les archives inédites des services secrets. Un siècle d'espionnage français (1870-1989)*, L'Iconoclaste, 2011.

LAURENT Sébastien-Yves, *État secret, État clandestin : essai sur la transparence démocratique*, Gallimard, 2024.

MOUTOUH Hugues et POIROT Jérôme (dir.), *Dictionnaire du renseignement*, Perrin, 2018.

PLOQUIN Frédéric et MERLEN Éric, *Carnets intimes de la DST. Trente ans au cœur du contre-espionnage français*, Fayard, 2003.

10

Les jardins de monsieur Gallimard

par Jérôme DUPUIS

« Il y a trois puissances en France : la banque, le parti communiste et la Nrf », disait Otto Abetz, l'ambassadeur du IIIe Reich à Paris sous l'Occupation. Le terme de Nrf, acronyme de Nouvelle Revue française, est tombé en désuétude. Mais les éditions Gallimard, dont cette collection fut l'emblème, concentrent toujours un pouvoir sans égal dans le monde de la littérature. Un pouvoir qui ne repose pas seulement sur son prestigieux catalogue, réunissant Proust, Céline, Kessel et tant d'autres écrivains de renommée internationale. Le mythique hôtel particulier de la rue Sébastien-Bottin, à Paris, rebaptisée Gaston-Gallimard, peut être considéré comme une sorte de ministère du Livre qui ne dit pas son nom. Depuis plus de un siècle, un clan familial y règne. Aucune décision importante concernant l'édition ou la librairie dans notre pays ne peut se prendre sans son imprimatur.

Le « coquetèle » de la Nrf

C'est un jardin à la française niché au cœur de Saint-Germain-des-Prés. Quelques allées de fins gravillons, des rectangles de pelouse entourés de petites haies taillées au cordeau, de grands arbres, et, au fond, une ravissante gloriette. Loin du brouhaha de la ville et des bruits de circulation du 7e arrondissement, le jardin des Gallimard est comme une enclave provinciale cachée en plein Paris. Tandis que tous les grands groupes d'édition français ont fini par s'installer dans d'impersonnelles tours aux vitres fumées aux marges de Paris, la dynastie Gallimard – trois générations seulement en plus de un siècle – reste fidèle à son hôtel particulier du 5, rue Sébastien-Bottin, rebaptisée rue Gaston-Gallimard à l'occasion du centenaire de la maison, en 2011.

Ce jardin, c'est l'âme de Gallimard. Et un atout que la maison a su transformer en signe de puissance. Gaston Gallimard, le fondateur de l'empire, l'a très vite compris. Il a instauré une tradition : chaque année, en juin, un cocktail réunissant ce que l'on appelle alors le « Tout-Paris » est organisé dans les « jardins de la Nrf » (du nom de *La Nouvelle Revue française*, matrice des éditions Gallimard). Le carton d'invitation est d'une sobriété toute « gallimardienne » : « La NRF recevra ses amis le mardi 16 juin de 5 h à 8 h » Et pour donner plus de pompe à l'événement, les « amis » sont invités à faire leur entrée par la cour d'honneur du 17, rue de l'Université, l'autre accès à la maison d'édition.

Il reste alors encore à traverser de longs et hauts salons lambrissés avant d'atteindre l'éden de verdure. Éternel nœud papillon, costume impeccable, le maître des lieux accueille les invités sur le perron autour d'une coupe de champagne. Tout le monde l'appelle « Gaston ». Nulle familiarité dans cette dénomination. Au contraire. Sa puissance est telle qu'il n'est même pas utile de prononcer son patronyme. Encore aujourd'hui, dites « Antoine » dans les milieux de l'édition et tout le monde saura que vous évoquez Antoine Gallimard, petit-fils de Gaston, qui tient les rênes de la maison depuis 1988.

Preuve de l'importance du « coquetèle Gallimard », comme dirait Raymond Queneau, Mme Vincent Auriol, l'épouse du président de la République, l'honore de sa présence en 1953. Au fil des ans, on y croise André Malraux et Romain Gary, Paul Morand et Michel Foucault, William Faulkner et Philippe Sollers. Françoise Giroud ne manquerait pour rien au monde ce rendez-vous mondain. Quelques critiques littéraires triés sur le volet, une poignée de comtesses, que l'on reconnaît à leurs chapeaux tarabiscotés, et des ministres en vue complètent ce casting. Sans oublier les éternels pique-assiette qui ont réussi à se glisser dans la place – chez Gallimard, on les appelle les « hirondelles »...

« J'avais été amené au cocktail dans les jardins Gallimard quand j'avais 16 ans, par un ami un peu plus vieux que moi, se souviendra Pierre Nora, futur pilier de la maison. Et, pour la première fois, un garçon littéraire comme je l'étais voyait tous les auteurs qu'il lisait. Il y avait Simone de Beauvoir, Malraux, Queneau. Et vraiment, il y avait quelque chose de magique. Il faisait beau, je voyais mes héros. Et je me suis dit que c'était là qu'il fallait vivre et mourir. »

Un pouvoir intellectuel

En juin 1966, l'ORTF envoie même une équipe couvrir l'événement. Ce soir-là, on attend 3 000 convives. Dans le jardin, « Gaston » accueille Raymond Aron, Pierre Mendès France devise avec André Maurois, le cinéaste Jean Renoir se montre entre deux séjours à Hollywood, Jean Paulhan, l'éminence grise de la maison, passe, mystérieux, de groupe en groupe. La pelouse est envahie de femmes élégantes et de messieurs aux belles têtes d'écrivains. « Dans une heure, ce sera de la terre battue ! Et dès demain, Gaston va planter une nouvelle pelouse pour le cocktail de l'an prochain, qui sera à son tour piétinée », s'amuse Jean-Louis Bory, prix Goncourt 1945 et critique redouté du *Nouvel Observateur.* Et tandis que la douceur du soir tombe sur les pelouses, on parle élection à l'Académie française, rentrée de septembre et, déjà, premières rumeurs pour le Goncourt. « Gaston » peut contempler ce petit monde avec satisfaction : en ce soir de juin, il règne sur la République des lettres.

Six décennies plus tard, son petit-fils, « Antoine », peut faire valoir un bilan unique au monde : trente-neuf prix Nobel de littérature et quarante prix Goncourt ! Depuis 2008, trois auteurs français édités par ses soins ont obtenu la prestigieuse distinction attribuée par l'Académie suédoise : Le Clézio (2008), Modiano (2014) et Ernaux (2022). Au catalogue centenaire de la maison, on trouve les noms de Proust et de Céline, de Freud et de Kafka, de Sartre et de Camus, de Simenon et de Tesson. Le fin liseré rouge et l'élégant monogramme « Nrf », dessiné par Jean Schlumberger voilà plus de un siècle sur la couverture de la « Blanche », la collection emblématique de l'éditeur, exerce un étrange pouvoir d'attraction sur les écrivains du monde entier. Mais, chose rarissime, chez les Gallimard, le pouvoir intellectuel se double de la puissance financière : on retrouve régulièrement le nom de la famille dans le classement des 500 premières fortunes françaises (448e place en 2018, avec une fortune estimée à 170 millions d'euros, selon le magazine *Challenges*).

Alors, comment définir le pouvoir des Gallimard ? Un homme, Otto Abetz, ambassadeur du IIIe Reich durant l'Occupation, l'avait abruptement formulé à son arrivée à Paris, en 1940 : « Il y a trois puissances en France : la banque, le parti communiste et la Nrf. » Aujourd'hui, le Parti communiste français n'est plus que l'ombre de lui-même, les banques naviguent à vue au gré des crises financières, mais Gallimard, blotti autour de ses jardins, tient sa position.

L'hôtel particulier de la rue Sébastien-Bottin

Tout avait pourtant commencé modestement, en 1911, avec un simple « comptoir d'édition ». Ils sont trois hommes fortunés à mettre chacun 20 000 francs dans l'affaire : André Gide, Jean Schlumberger et Gaston Gallimard. Les premiers livres de la maison, encore dénommée « Nrf », paraissent dans la foulée : *L'Otage* de Paul Claudel et *Isabelle* de Gide. Après plusieurs déménagements, Gaston, gérant de la Nrf, trouve l'hôtel particulier de la rue Sébastien-Bottin en 1928. « Il est agréable et possède une terrasse, sur laquelle je compte élever des tortues d'eau », écrit l'éditeur, primesautier, à l'écrivain Valery Larbaud. Il ne laisse à personne d'autre que lui le soin de dessiner à la main le plan du bureau directorial, qu'il va partager avec son frère Raymond, le « financier » de la famille. Il y aura un divan, une table en acajou et leurs deux bureaux. Face à eux, il note un seul mot de son écriture fine, « Jardin ».

Mais comme un éditeur n'est rien sans écrivains, une porte de son bureau communique directement avec le « salon des auteurs », où ceux-ci peuvent donner leurs rendez-vous. Il a même laissé aménager un petit bar dans le salon, derrière lequel un barman en grande tenue sert des rafraîchissements aux auteurs de passage. Rien de tel pour fidéliser les écrivains, qui doivent se sentir chez eux au 5, rue Sébastien-Bottin. Si le temps le permet, pour le café, quelques chaises les attendent au jardin.

Aujourd'hui encore, un salon des auteurs aux confortables canapés, dont les murs sont entièrement tapissés de romans de la « Blanche », sert aux interviews et au « service de presse ».

C'est ici que les auteurs cisèlent leurs dédicaces bien senties ou flagorneuses aux critiques littéraires. Les attaché(e)s de presse de la maison s'affairent à deux pas. Tout, ici, respire la littérature. Nous sommes dans la maison de Gide, de Proust et de Kessel. Lorsque l'on pénètre dans les lieux par la « petite » porte de la rue Gaston-Gallimard, on est d'ailleurs accueilli par une impressionnante galerie de photographies de toutes ces stars des lettres. De quoi intimider tout jeune auteur qui viendrait y déposer son premier manuscrit…

C'est que, depuis ses débuts en 1911, la Nrf s'est considérablement développée.

On ne compte plus les écrivains qui ont rejoint la rue Sébastien-Bottin : André Malraux (qui décroche le Goncourt avec *La Condition humaine*, en 1933), « Saint-Ex », Marcel Proust, Giono, Sartre, Kafka…

Le comité de lecture du mardi, à 17 heures

Pour sélectionner les meilleurs manuscrits, la maison s'est dotée d'un comité de lecture. Chaque mardi, à 17 heures, ce « saint des saints » siège d'abord dans le grand bureau des frères Gallimard, puis, plus tard, autour d'une longue table ovale, à l'étage, avec, toujours, une vue apaisante sur les jardins. Là, des « lecteurs » triés sur le volet passent en revue les manuscrits reçus, sur lesquels ils ont rédigé des « fiches ». En dernier lieu, c'est toujours le « patron » qui décide de publier ou non. Ce dispositif collégial élaboré est censé éviter les « ratages » retentissants. Rue Sébastien-Bottin, tout le monde se souvient encore douloureusement que la Nrf était passée à côté de Marcel Proust, après que Gide avait feuilleté de manière un peu trop désinvolte le manuscrit de *Du côté de chez Swann*. Le délicat romancier avait fini par se laisser éditer à compte d'auteur chez Grasset, le futur grand rival.

Le comité n'évitera pourtant pas d'autres « galliratages », comme les appellent non sans perfidie certains concurrents envieux. En 1932, après avis du lecteur Benjamin Crémieux, il est ainsi décidé de demander à un certain docteur Louis Destouches d'« élaguer » un peu son gros roman « argotique ». Louis-Ferdinand Céline préférera publier son *Voyage au bout de la nuit* chez Denoël. Au fil des ans, la maison passera aussi à côté de Joyce (« absence de talent vraiment diabolique ») ou de Gracq (« entortillé et terriblement ennuyeux »).

Mais la grande force de Gallimard sera de toujours parvenir à récupérer ces auteurs avec le temps. Gaston Gallimard rédige de longues lettres de contrition, comme il sait si bien le faire, pour attirer Proust dans ses filets et récupérer *Du côté de chez Swann* : « Le refus de ce livre restera la plus grave erreur de la Nrf – et (j'ai honte d'en être pour beaucoup responsable) l'un des regrets, des remords les plus cuisants de ma vie », n'hésite-t-il pas à confier à Proust en janvier 1914. L'auteur de la *Recherche* finit par céder. Une voiture à bras rapatrie vers le siège de Gallimard les 600 exemplaires du roman qui restaient dans le stock de Grasset. « Aussitôt Gaston Gallimard arrache les couvertures Grasset pour les remplacer par des couvertures Nrf, désireux d'effacer une fois pour toutes l'erreur originelle », écrit Pierre Assouline, le biographe de Gaston.

Pour stocker tous ces volumes, la maison a aménagé dans ses sous-sols un véritable dédale de couloirs bas de plafonds, dans lequel s'affairent des magasiniers : la « réserve ». On y entrepose les romans qui attendent d'être acheminés vers les librairies. Les précieux volumes de la Pléiade y sont, eux, conservés sous clé. Pour le *Figaro littéraire*, Gaston posera même en 1953 en train de porter un ballot de romans de James Joyce…

Le contrôle de toute la chaîne du livre

Aujourd'hui, cette réserve ne stocke qu'une petite partie de la production, la maison s'étant dotée depuis 1972 de son propre outil de distribution, la Sodis, avec d'immenses entrepôts à Lagny-sur-Marne (77). C'est « Claude », l'homme qui a régné sur la maison entre « Gaston » et « Antoine », qui a rompu le vieux contrat d'exclusivité qui liait Gallimard à Hachette pour créer cet outil stratégique. Gallimard peut désormais diffuser directement ses ouvrages dans 11 000 points de vente. Et tous les initiés du monde de l'édition le savent, la distribution, c'est le nerf de la guerre. Si l'on ajoute à cela les librairies possédées par la maison – dont celle historique du boulevard Raspail à Paris ou Kleber à Strasbourg –, on voit que Gallimard contrôle toute la chaîne du livre, du manuscrit à sa vente au détail.

Mais la véritable arme atomique de la maison, c'est son catalogue. Il semble infini. Tel est le pouvoir du temps. « La politique de Gallimard repose depuis toujours sur un principe : on n'achète pas un livre, on s'attache une œuvre. L'écrivain élu adhère au clan. C'est peu dire qu'il n'en sortira que les pieds devant. Les hommes passent, les modes changent, Gallimard demeure », écrivaient Hervé Hamon et Patrick Rotman dans leur irrévérencieuse promenade en intelligentsia, *Les Intellocrates* (Ramsay, 1981). Les chiffres de vente de certains ouvrages du fonds donnent le vertige : plus de 13 millions d'exemplaires vendus du *Petit Prince*, 10 millions de *L'Étranger* de Camus, 4 millions du *Vieil Homme et la Mer* d'Hemingway… Sans oublier les « romans durs » de Simenon. On peut ajouter à la liste certains « olnis » (objets littéraires non identifiés) pour lesquels la maison a eu le nez creux, comme *Autant en emporte le vent* (1939) de Margaret Mitchell, ou, plus près de nous, les aventures d'Harry Potter. Grâce à l'éditrice Christine Baker, qui a lu le tome 1 sur manuscrit, Gallimard acquiert en effet très tôt les droits francophones de la saga de J. K. Rowling. Son succès phénoménal – plus de 25 millions d'exemplaires vendus en France ! – va assurer une confortable assise financière à Gallimard et rassurer ses banquiers au moment du rachat de Flammarion en 2012.

Un clan familial appuyé sur des barons

Succès aidant, la famille Gallimard finit par se sentir un peu à l'étroit dans ses murs du 5, rue Sébastien-Bottin. Aussi « Gaston » ne va-t-il pas rater l'occasion de racheter en 1945 l'hôtel particulier Bochart de Saron, qui jouxte le siège social de la maison, côté rue de l'Université. Cette belle bâtisse du XVIIe siècle, avec son avant-corps à pans coupés, fut notamment habitée par le redoutable Talleyrand. Ses hautes portes vitrées donnent sur le jardin des Gallimard. En fusionnant cette bâtisse avec le siège historique de la maison, Gallimard annexe aussi les « tilleuls de M. Talleyrand », chers à Dominique Aury, l'auteure du sulfureux *Histoire d'O* et longtemps seule femme à siéger au comité de lecture.

Gallimard, c'est la réussite d'un clan familial appuyé sur des barons. Clan familial, tout d'abord : outre les trois « patrons » qui se sont succédé – Gaston, Claude, Antoine –, il y a eu Raymond, le financier, Simone (qui dirigea Le Mercure de France) et Robert (neveu de Gaston, qui était notamment l'« agent traitant » de Jean-Paul-Sartre).

Une véritable saga familiale, avec ses inévitables psychodrames et ses successions contrariées : Michel Gallimard, qui aurait dû prendre la suite de « Gaston », meurt dans l'accident de voiture qui coûta également la vie à Albert Camus, le 4 janvier 1960 ; et Christian, l'aîné et successeur désigné de « Claude », sera, lui, désavoué du jour au lendemain par son père, laissant la voie libre à « Antoine », qui finira par asseoir son pouvoir, en faisant notamment entrer LVMH au capital de la maison.

Et qui pour succéder, un jour, à Antoine, 78 ans ? L'une de ses filles, sans doute : Charlotte dirige les éditions Casterman, la filiale de la maison qui édite *Tintin*, Tardi et Bilal, tandis que sa sœur Margot a repris les rênes de la collection « L'imaginaire », créée en 1977 par son père, sur laquelle elle fait souffler un vent plutôt féministe. Le 15 juin 2023, cette dernière a d'ailleurs fait un petit esclandre, dans les jardins de Gallimard, lors d'une réception suivant les obsèques de Philippe Sollers, en découvrant que Gabriel Matzneff fait partie des invités, malgré le scandale déclenché par certains de ses écrits et les soupçons de pédocriminalité qui pèsent sur lui.

Mais ce clan ne serait rien sans les « barons » qui ont depuis toujours servi avec fidélité les Gallimard. Dès la création de la maison, un André Gide, le « contemporain capital », joue de son aura pour attirer des auteurs prometteurs à la Nrf. Jean Paulhan, la discrète éminence grise de la maison, longtemps à la tête de *La Nouvelle Revue française*, sert de « lecteur » de luxe de 1920 à 1968. Albert Camus dirige la collection « Espoir ». Michel Mohrt, spécialiste de littérature américaine, entretient les meilleures relations du monde avec des monstres sacrés d'outre-Atlantique. Phillipe Sollers publie la jeune garde (Haenel, Nabe) et obtient même un Goncourt en 2000 avec *Ingrid Caven*, de Jean-Jacques Schuhl. Autre détecteur de talent, Richard Millet veille sur deux auteurs, eux aussi lauréats du prix décerné par les dix de Drouant : Jonathan Littell (*Les Bienveillantes*, 2006) et Alexis Jenni (*L'Art français de la guerre*, 2011).

Les plus influents de ces conseillers ont droit – honneur suprême ! – à leur bureau personnel dans le labyrinthe des demi-étages de la rue Sébastien-Bottin. Camus avait l'habitude de prendre le soleil sur l'immense balcon qui bordait le sien. Sollers accumulait les piles de livres dans la minuscule pièce qu'il occupait.

« *Chasse en meute* »

Pierre Nora, ce jeune homme qui rêvait à l'adolescence de « vivre et mourir » dans ces murs, a eu lui aussi son bureau depuis des lustres. Car Gallimard ne se contente pas d'éditer ses beaux volumes de la « Blanche » (qui est d'ailleurs couleur crème…) : de multiples collections permettent de quadriller tous les domaines des sciences humaines (« Idées », « Tel »…) Pour régner sur le monde intellectuel, on ne peut en effet se contenter d'éditer des romans. Il faut aussi investir le champ des idées. Au fil des ans, la maison prendra le train du structuralisme, en éditant Michel Foucault, ou de la « Nouvelle Histoire », avec Jacques Le Goff. Pour la célèbre collection « Trente journées qui ont fait la France », dans laquelle Duby publie son fameux *Dimanche de Bouvines* (1973), ce sont Pierre Mendès France, puis François Mitterrand qui sont successivement pressentis pour rédiger le volume consacré au coup d'État du 2 décembre 1851. Ils ne l'écriront pas, qu'importe, la France n'aura été faite qu'en 29 journées…

Au sein des subtils jeux de pouvoir entre « barons », il ne faudrait pas oublier le rôle majeur de deux « femmes puissantes » : Teresa Cremisi et Karina Hocine. La première, d'origine italienne, accompagne dès 1989 la prise de pouvoir d'Antoine Gallimard avec un titre de directrice éditoriale. La « Première ministre » de la maison, comme la surnommait Philippe Sollers, couve « ses » auteurs et joue de son influence auprès des jurys littéraires. La seconde, Karina Hocine, redoutable découvreuse de talents, est, elle, nommée secrétaire générale de Gallimard en 2019, emmenant notamment dans ses bagages Delphine de Vigan, Giuliano da Empoli et Hervé Le Tellier (prix Goncourt 2020).

Cette concentration de talents aux goûts et aux opinions parfois diamétralement opposés permettra à la maison de traverser sans entrave les époques, y compris les plus périlleuses. Sous l'Occupation cohabitent, rue Sébastien-Bottin, Drieu la Rochelle, proche des Allemands, « en vitrine », et Jean Paulhan, en lien avec la Résistance, dans l'arrière-salle. À la Libération, la maison passe entre les gouttes de l'épuration et après-guerre, cet œcuménisme permet d'éditer à la fois le marxiste Sartre et le vichyste Morand, le zazou Boris Vian et l'antisémite Louis-Ferdinand Céline, les polars *hard-boiled* de la « Série noire » et les ouvrages pour le moins ambigus de Gabriel Matzneff.

Cette « chasse en meute » va se montrer d'une redoutable efficacité dans la guerre pour le Goncourt. À ce petit jeu-là, Gallimard a toujours été le plus fort. « Gaston » décroche huit Goncourt entre 1919 et 1935, là où son meilleur ennemi Grasset en arrache péniblement deux. « Antoine » en totalise désormais dix, avec le dernier, *Houris*, de Kamel Daoud, obtenu en 2024… Lorsque Patrick Modiano reçoit le prix pour *Rue des boutiques obscures*, le 20 novembre 1978, c'est assis dans une chaise blanche des jardins de Gallimard qu'il cherche ses mots face à une horde de photographes…

Les jours victorieux de prix, le rituel veut que la maison reçoive dans ses salons pour un cocktail (et désormais, législation oblige, en ces soirs frisquets de novembre, le jardin sert surtout aux pauses cigarette...) Là, entre deux petits-fours, quelques *happy few* sont conviés au privilège suprême : assister au dîner privé donné ensuite par « Antoine » dans les salons de l'étage. Là-haut, on retrouve, sous une lumière tamisée, une poignée d'écrivains en vue, quelques journalistes influents et, parfois même, des jurés du Goncourt. En ces instants-là, les invités ont le sentiment délicieux de faire partie de « la famille ». La majesté des lieux, avec ses larges escaliers de pierre et ses hauts plafonds, ajoute encore au décorum. Pas de doute, on est bien dans l'une des trois ou quatre plus prestigieuses maisons d'édition du monde.

« Les amis de la maison »

La maison a aussi toujours su se concilier les bonnes grâces de la presse. Est-ce un hasard si les principaux responsables ou feuilletonistes des suppléments littéraires des grands quotidiens et hebdomadaires ont été à un moment des auteurs Gallimard ? Cette « endogamie » permet de tisser de subtils jeux d'influence et de diffuser la bonne parole dans certains jurys littéraires largement composés de journalistes-écrivains. Tous ces « amis de la maison » concourent à créer autour de Gallimard une « atmosphère » bienveillante, utile pour glaner des prix, pousser un jeune romancier ou éteindre une polémique mal engagée (on se souvient qu'« Antoine » fut extrêmement contrarié de devoir abandonner le projet d'une édition critique des pamphlets antisémites de Louis-Ferdinand Céline, en 2018).

Et puis, Gallimard dispose encore d'un pouvoir inouï : conférer l'immortalité, et, mieux encore, l'immortalité de son vivant. Pour y accéder, il faut traverser le jardin et pousser la porte d'une gloriette néoclassique à colonnades. C'est « le pavillon de la Pléiade », du nom de la prestigieuse collection sur papier bible, propriété de Gallimard depuis 1933. C'est ici, un peu à l'écart de l'agitation générale, que la petite équipe dirigée par Hugues Pradier confectionne ces fameux volumes de référence reliés en peau de mouton. La Pléiade, c'est surtout le tombeau de papier dont rêve tout écrivain. Son pouvoir d'attraction est sans limite. Même un pur auteur Grasset comme Henry de Montherlant finit par céder lorsqu'on lui proposa la Pléiade. Gide, Malraux, Kundera et quelques autres y entrèrent de leur vivant. En 2015, Jean d'Ormesson eut également droit à cet honneur suprême, ce qui déclencha une polémique sur sa légitimité à rejoindre ses glorieux aînés dans la collection. Ses *Œuvres* sous la célèbre couverture havane se vendirent à des dizaines de milliers d'exemplaires…

Le ministère du Livre

C'est que l'amour de la littérature n'exclut pas le sens des affaires. Ces dernières années, La Nrf, que tout le monde n'appelle plus désormais que les éditions Gallimard, a racheté une foultitude d'éditeurs pour bâtir un véritable empire de papier regroupé sous une holding, Madrigall (anagramme de Gallimard) : Denoël, Le Mercure de France, Flammarion (ce qui a permis de « récupérer » Houellebecq au passage), P.O.L, les Éditions de Minuit et, plus récemment, en 2024, Christian Bourgeois, sans oublier Casterman. Dans ces filiales, lorsque l'on évoque la rue Gaston-Gallimard, on parle du « château », de la même manière que dans les ministères on surnomme l'Élysée.

Au prestige intellectuel vient donc s'ajouter la puissance industrielle et financière.

Aussi, le pouvoir de la maison est tel que l'hôtel particulier de la rue Gaston-Gallimard peut être considéré comme une sorte de ministère du Livre qui ne dit pas son nom. Impossible de prendre une décision importante concernant l'édition ou la librairie en France sans l'imprimatur des Gallimard. En 1981, « Claude » avait pris la tête de la croisade en faveur du prix unique du livre, au côté de Jérôme Lindon, patron des Éditions de Minuit. La loi fut promulguée par le tout nouveau pouvoir socialiste dès août 1981. Plus près de nous, Antoine Gallimard est monté au front contre Google, coupable de numériser des ouvrages sans autorisation, en engageant une action pour « contrefaçon », et l'édition française a fini par obtenir un accord avec le géant américain. On l'a aussi vu batailler contre le rapprochement entre Editis et Hachette concocté par Vincent Bolloré, en saisissant les autorités européennes chargées de la concurrence.

Rares, très rares, sont ceux qui osent s'opposer à la puissance gallimardienne. Parmi eux, Louis-Ferdinand Céline, qui a toujours été un « client à part ». Après l'avoir finalement récupéré au début des années 1950, Gallimard publia les derniers chefs-d'œuvre du romancier, en particulier *D'un château l'autre* (1957). Mais ce fut au prix de relations épiques entre l'auteur et son éditeur, Gaston Gallimard, dont témoigne un savoureux recueil de correspondance.

C'est un peu comme si Céline s'était ingénié à démonter pierre par pierre l'édifice Gallimard, la « nréref », comme il la surnomme ironiquement. « Gaston » est particulièrement gâté : « Vous n'y comprenez rien ! Votre métier c'est de faire valoir les rêves ! désastreux épicier ! » (2 octobre 1956). Et l'auteur de *Voyage au bout de la nuit* n'oublie pas le jardin : « Et palsambleu n'y revenez pas ! Je suis à vous défier en duel dans votre propre jardin ! Que votre sang d'éditeur inonde ce gazon ! » (19 mai 1955). « Gaston » aura même l'honneur d'être l'ultime destinataire d'une lettre de Céline, le 30 juin 1961, veille de la mort du romancier : « Je crois qu'il va être temps de nous lier par un autre contrat, pour mon prochain roman, *Rigodon*, dans les termes du précédent sauf la somme – 1 500 NF au lieu de 1 000 – sinon je loue, moi aussi, un tracteur et vais défoncer La Nrf. » L'histoire ne dit pas si Louis-Ferdinand Céline comptait continuer sur sa lancée et labourer les belles pelouses de monsieur Gallimard…

Bibliographie sélective

Assouline Pierre, *Gaston Gallimard*, Balland, 1984.
Céline Louis-Ferdinand, *Lettres à la N.R.F.*, Gallimard, 1991.
Cerisier Alban et Fouché Pascal (dir.) *Gallimard. Un siècle d'édition*, 1911-2011, BnF/Gallimard, 2011.
Dupuis Jérôme, « Gallimard, le musée des erreurs », *L'Express,* 20 avril 2011.
Le More Marthe et Dupuis Jérôme, *Bernard Grasset/Gaston Gallimard, guerre dans l'édition*, France 5, 2014.
Nora Pierre, *Une étrange obstination*, Gallimard, 2022.
Lire, ORTF, Ina, 7 juillet 1966.
Émission *Vocations*, par Robert Mallet, Radiodiffusion française, 1959.

11

Salon des Goncourt
Le Saint-Siège des lettres françaises

par Sébastien LE FOL

On dénombre plus de 2 000 prix littéraires en France. Mais le plus célèbre demeure de loin le Goncourt, lancé en 1903. Décernée le premier mardi de novembre par une société littéraire de dix membres recrutés par cooptation, cette distinction suprême a permis au lauréat de 2024, Kamel Daoud, et à son éditeur Gallimard de vendre près de 500 000 exemplaires de son roman Houris. *Depuis 1914, cette « contre Académie française », voulue par les frères Edmond et Jules Goncourt, se réunit dans le même salon du restaurant Drouant, à Paris. Leurs conciliabules suscitent fantasmes et spéculations. On est allé jusqu'à installer des micros pour les espionner ! « Ne cherchez pas plus loin la racine de l'exception culturelle française », résume l'écrivain Pierre Assouline, membre de la prestigieuse compagnie. Même si celle-ci se défend de tout esprit de corps et d'apparat, son fonctionnement obéit à des rituels et à des codes, écrits ou pas, qu'il faut savoir décoder pour espérer figurer dans ses petits papiers.*

— Montez, les Goncourt sont encore en réunion.

Le maître d'hôtel du restaurant Drouant, à deux pas de l'opéra Garnier, à Paris, m'indique l'escalier aux volutes élégantes dessiné, en 1924, par Jacques-Émile Ruhlmann. Encadrées au mur, les couvertures des romans primés par le plus prestigieux prix littéraire au monde forment comme une haie d'honneur jusqu'au premier étage. La couverture blanche des Gallimard domine ce kaléidoscope. Le jaune des éditions Grasset et le cadre rouge du Seuil flottent comme des balises de détresse sur l'océan.

Ce mardi 2 novembre 1999, à 11 heures, Drouant s'échauffe lentement. J'avise une chaise en face d'une porte sur laquelle on peut lire « Salon Goncourt ». Entrebâillée, celle-ci laisse échapper un murmure amical et confus. Je tends l'oreille pour identifier les voix des dix jurés. Edmonde Charles-Roux taquine François Nourissier. Daniel Boulanger rabroue Robert Sabatier. Michel Tournier commente les travaux de toiture de son presbytère à Choisel, dans la vallée de Chevreuse.

Soudain, le secrétaire général de l'Académie, Didier Decoin, surgit avec sa carrure d'aubergiste. Me voyant, celui qui, avec l'âge, a pris l'air d'un vieux mandarin chinois joué par un acteur occidental dans un film des années 1930, rebrousse chemin et claque la porte. L'auteur de *John l'Enfer* (Goncourt 1977) ressort, bredouille quelques mots et me demande de patienter avant de s'engouffrer dans une autre pièce. À son retour, il me déclare : « Un communiqué vient de partir à l'Agence France-Presse : le prix Goncourt 1999 est décerné à Jean Echenoz pour son roman *Je m'en vais* paru aux Éditions de Minuit. »

Le tuyau fourni par Jean-Marie Rouart, le directeur du *Figaro littéraire*, où je faisais mes débuts de journaliste, n'était pas percé, comme à l'accoutumée. Un éditeur de Grasset, Yves Berger, que l'on surnommait « le grand manitou des lettres », l'avait mis dans la confidence. Les Goncourt, au lieu de départager les finalistes par un débat contradictoire ponctué par leur vote final prévu le lundi 8 novembre (ils établissent chaque année trois sélections, en septembre, octobre et novembre), avaient bien rendu leur verdict avec six jours d'avance.

Jean Echenoz était depuis longtemps le favori des Dix de Drouant. Aussi ne voulaient-ils pas prendre le risque de se le faire chiper par les dames du prix Femina, dont le vote devait intervenir avant le leur. Cet embrouillamini s'était déjà produit, notamment en 1956. Les deux jurys en pinçaient pour le même livre : *Les Racines du ciel*, de Romain Gary, qui obtint le prix une deuxième fois en 1975 sous le nom d'Émile Ajar. En 1956, nommé depuis peu consul général à Los Angeles, il se trouvait en Bolivie, difficile à joindre. Un journaliste américain y parvint le premier. Il lui annonça qu'il venait d'obtenir le prix… Nobel. C'est dire le prestige du Goncourt !

Un micro-espion chez les Dix

Si je fus l'unique témoin du coup de force de 1999, le courriériste que j'étais cachait mal sa frustration. J'espérais rapporter de Drouant des révélations fracassantes sur les luttes et les trafics d'influence au sein du jury. Or, leur conversation ne m'avait rien fourni de bien croustillant. Avant moi, des journalistes avaient employé des moyens dignes des services secrets pour écouter les conversations du « club des Dix ».

En 1983, le sulfureux Alain Ayache avait installé un système sophistiqué de micro canon pointé depuis un immeuble de l'autre côté de la place Gaillon. « Un Watergate à la française ! » titra-t-il en une de son journal modestement intitulé *Le Meilleur*. La retranscription « explosive » des agapes ne révéla rien de bien scandaleux.

Dans quel autre pays que la France aurait-on idée d'espionner une société littéraire ? « Inutile d'aller chercher plus loin la racine de l'exception culturelle française », selon Pierre Assouline, le meilleur connaisseur de cette prestigieuse compagnie, qu'il a rejointe en 2012. La France incarne (encore ?) cette « patrie littéraire » dépeinte par l'historienne Mona Ozouf. Elle demeure ce « pays qui aime les idées », selon l'expression de l'historien britannique Sudhir Hazareesingh.

Le journal laissé à la postérité par les frères Goncourt, Edmond (1822-1896) et Jules (1830-1870), en témoigne. Pamphlétaires, historiens, romanciers, fondateurs du naturalisme, ces deux « langues de vipère » ont croqué leur époque à la sanguine. Leurs milliers de notes prises à coup de lorgnon n'hésitaient pas à viser sous la ceinture. Morceau choisi : « Renan, une tête de veau qui a des rougeurs, des callosités d'une fesse de singe. »

Toutes les grandes figures artistiques de la seconde moitié du XIXe siècle défilaient dans leur « grenier » de la villa Montmorency, dans le 16e arrondissement de Paris. Le 7 mai 1892, Edmond déposait cette missive chez un notaire parisien :

« Ceci est mon testament. Moi, Edmond Huot de Goncourt [...] dispose de ce que je possède ainsi qu'il suit : je nomme pour exécuteur testamentaire, mon ami Alphonse Daudet, à la charge pour lui de constituer, dans l'année de mon décès, à perpétuité, une société littéraire dont la fondation a été, tout le temps de notre vie d'hommes de lettres, la pensée de mon frère et la mienne et qui a pour objet la création ci-dessous :

1. D'un prix annuel de 5 000 francs destiné à un ouvrage littéraire.
2. D'une rente annuelle de 6 000 francs au profit de chacun des membres de la société. »

Cet acte notarial constitue le certificat de naissance du plus prestigieux et du plus convoité des prix littéraires français. Edmond avait sélectionné lui-même huit des dix membres de ce cénacle : Alphonse Daudet, Joris-Karl Huysmans, Octave Mirbeau, les deux frères Rosny, Léon Henrique, Paul Margueritte et Gustave Geffroy.

« Une porte qui s'ouvre, mais que l'on ne pousse pas »

Aujourd'hui y siègent, sous la présidence de Philippe Claudel, Christine Angot, Pierre Assouline, Tahar Ben Jelloun, Pascal Bruckner, Paule Constant, Françoise Chandernagor, Didier Decoin, Camille Laurens et Éric-Emmanuel Schmitt. On ne candidate pas au jury Goncourt, contrairement à l'Académie française. On y est coopté, adoubé. « L'académie Goncourt est une porte qui s'ouvre, mais que l'on ne pousse pas », résumait Courteline. Chaque membre dispose d'une boule noire pour empêcher l'élection de personnalités dont il ne pourrait souffrir la présence lors du déjeuner mensuel. Nul besoin de justifier son choix.

Ce garde-fou n'a pas toujours existé. Le salon des Goncourt bruit encore d'engueulades homériques. La porte a souvent claqué. Furieux que ses confrères aient préféré, en 1932, *Les Loups*, d'un certain Guy Mazeline, au *Voyage au bout de la nuit*, de Louis-Ferdinand Céline, Lucien Descaves déjeuna à part durant de longs mois.

En 1944, les règlements de compte de la Libération n'épargnèrent pas la première table littéraire de France. Ceux qui avaient eu de la sympathie pour Vichy furent poussés vers la sortie. Sacha Guitry, René Benjamin et Jean de La Varende en firent les frais. Louis Aragon voulait bien entrer, mais à condition d'être élu à l'unanimité. Il resta à peine un an, en 1967. Vexé de ne pas avoir réussi à imposer son candidat pour le prix (François Nourissier), il démissionna, non sans avoir traité ses confrères de « cannibales ». En 1970, pour remplacer Jean Giono, les jurés publiés par Gallimard (Philippe Hériat, Raymond Queneau et Armand Salacrou) firent campagne pour un autre auteur de la maison de la rue Sébastien-Bottin : Félicien Marceau. C'est Bernard Clavel qui fut élu. Les trois « gallimardeux », leur peu aimable surnom, quittèrent la pièce en signe de protestation.

Les murs du salon ovale et lambrissé, au premier étage de Drouant, en ont tant vu et tant entendu ! Les portraits des frères Goncourt veillent depuis le 31 octobre 1914 sur ce sanctuaire ni trop exigu ni trop spacieux. Dans une vitrine sont exposés les volumes de leur journal. Le directeur de Drouant, James Ney, me fait visiter les lieux un matin de février 2025. Ce grand gaillard élégant et cultivé descend du maréchal Ney, « le brave des Braves » de Napoléon. Auparavant, il a officié à l'hôtel Costes et au Royal Monceau. Les frères Gardinier, propriétaires du Taillevent à Paris et du Domaine Les Crayères, à Reims, ont fait appel à lui après le rachat, en 2018, de l'établissement de la place Gaillon à Antoine Westermann, l'ancien propriétaire. « C'est une adresse de bon goût, pas ostentatoire », explique mon hôte du jour. La direction du *Figaro* y a son rond de serviette. Les politiques et les patrons peuvent déjeuner incognito dans le petit salon Colette à l'étage.

Des couverts en vermeil dans un coffre-fort

Le premier lauréat, un certain John-Antoine Nau, fut désigné « presque en catimini », à l'issue d'un dîner au restaurant Champeaux, place de la Bourse. Dès 1904, la notoriété du prix était établie. Il se vendit 440 000 exemplaires de *La Maternelle*, de Léon Frapié, racontent Jean-Yves Le Naour et Catherine Valenti dans leur somme d'une érudition admirable *120 ans de prix Goncourt*.

Les Goncourt avaient ensuite déménagé au Café de la Paix. Ancien bar-tabac détenu par un Alsacien s'étant réfugié à Paris après l'annexion de l'Alsace-Lorraine, Drouant était alors réputé pour ses huîtres. Flatté, le patron concocta un repas de haute volée à prix d'ami. Le premier mardi de chaque mois, le déjeuner des Goncourt est l'occasion de célébrer les noces de la littérature et de la gastronomie, deux domaines dans lesquels la France se pique de bon droit d'exceller.

Le menu du jour de la remise du prix mitonne des mois à l'avance. L'inspiration du chef Romain Van Thienen est aussi gastronomique que littéraire. Les plats qu'il imagine avec James Ney renvoient à la grande histoire du roman français. Ces dernières années, les Goncourt purent ainsi déguster un chevreuil Huysmans, bien grillé, à la sauce grand veneur avec de l'encre de seiche et des fruits noirs. Une autre fois, on leur servit un dessert inspiré du livre de Bernard Clavel, *Les Fruits de l'hiver*. Pour le menu de 2025, James Ney a entrepris des recherches à la Bibliothèque nationale de France, comme il se doit !

La tradition exige qu'un gibier à poil ou à plume soit proposé en fonction des années paires ou impaires. L'initiative en revient à la Bourguignonne Colette, admise à siéger chez Drouant en 1944. Les jurés végétariens ou végétaliens n'ont pas l'obligation de se soumettre à ce régime carnivore. Ils ne savent pas ce qu'ils manquent ! Tout se discute dans le salon Goncourt, sauf le blanc de blanc servi depuis des lustres. Ce repas constitue leur seul salaire. Leurs grands devanciers percevaient une rente statutaire de 6 000 francs par an.

À l'Académie française (40), on est élu à un fauteuil. Chez les Goncourt (10), à un couvert (depuis 1961). Fourchettes, couteaux et cuillères en vermeil, sur lesquels est gravé le nom des titulaires successifs, sont confectionnés par la maison Arthus Bertrand, « bijoutier et médailliste depuis 1803 ». Dans les années 1960, ils l'étaient d'après un modèle Louis XVI par la maison Odiot, qui réalisa le berceau du roi de Rome. Ces attributs du pouvoir littéraire durent être garantis. Un ancien contrat d'assurance que nous avons pu consulter stipule que « lorsque les couverts ne serviront pas, ils seront placés dans leurs écrins et enfermés dans un coffre-fort ». Le jour du prix, on ne les dispose sur la table qu'une fois les journalistes et les photographes sortis du salon. Afin de ne pas tenter les kleptomanes.

Les frères Goncourt souhaitaient prendre la tête d'une « contre-Académie française », l'institution fondée en 1634 par le cardinal de Richelieu. La leur contribuerait au rayonnement du genre romanesque.

L'académie Goncourt suscita aussitôt des railleries dans les rangs des « habits verts ». Émile Faguet moqua « l'académiette Goncourt ». Le salon de Drouant et le quai Conti constituent deux mondes bien distincts dans la République des lettres. On ne peut d'ailleurs appartenir à la fois au club des Goncourt et à l'institution de Richelieu. Le premier se défend de tout apparat (à l'exception des couverts en vermeil) et d'esprit de corps. Sous la Coupole, on trouve aussi bien d'anciens présidents de la République, des ducs, des prélats, des maréchaux que Victor Hugo, Maurice Barrès, Anatole France, François Mauriac, Marcel Pagnol ou Marguerite Yourcenar[1]. Chez les Goncourt ne sont admis que des gens de lettres : Léon Daudet, Jules Renard, Raymond Queneau, Jean Giono, Colette, Louis Aragon.

---

1. Cf. le chapitre suivant, « Académie française. Notre Chambre des lords », par Louis-Henri de La Rochefoucauld.

Les premiers, bien que siégeant sur la rive gauche de Paris, ont la réputation de pencher à droite, à l'inverse des seconds, jurant avec l'esprit réactionnaire des frères fondateurs. La compagnie des Goncourt fut peut-être à gauche, mais jamais mal à droite. « Nous sommes variés, dissemblables avec feu, rebelles à la cohésion », résumait Colette.

« La silencieuse puissance d'un grand réseau d'amitié »

En 1914, l'Académie française créa son propre Grand Prix du roman, qui ouvre désormais chaque année la saison des prix littéraires, le dernier jeudi d'octobre. Mais celui-ci demeure bien moins prescripteur que son rival. Si officiellement ce dernier n'est doté que d'un chèque de 10 euros, les experts de l'édition parlent d'un « effet catalyseur » du bandeau rouge portant la mention magique « Prix Goncourt ». Selon l'Institut d'études européen GfK, entre 2019 et 2023, l'heureux élu s'est écoulé à 577 000 exemplaires en moyenne annuelle en France, ce qui correspond à un chiffre d'affaires de 12 millions d'euros pour un ouvrage vendu 21 euros. Le total de ventes des dix lauréats les plus lus représente 5,7 millions de livres achetés.

À titre de comparaison, un ouvrage distingué par le Grand Prix de l'Académie française atteint 50 000 exemplaires en moyenne – quand les ventes d'un ouvrage de fiction ne dépassent pas en général les 500 à 800 exemplaires en France.

On mesure là le pouvoir économique des Goncourt. « Nous pouvons changer la vie d'un auteur et de son éditeur, résume Philippe Claudel, actuel président de l'académie Goncourt. Ce pouvoir tend à s'accroître avec les difficultés du marché du livre. »

Certes, d'un opus à l'autre, les chiffres peuvent beaucoup varier. En 2020, *L'Anomalie* (Gallimard) d'Hervé Le Tellier a dépassé la barre du million d'exemplaires, tandis que *Vivre vite* (Stock) de Brigitte Giraud, couronné l'année précédente, n'a pas franchi le cap des 300 000 exemplaires. Mais les éditeurs donneraient cher pour décrocher cette prestigieuse timbale.

Les Dix de Drouant font l'objet d'une cour assidue. Sont-ils corruptibles ? C'est un vieux marronnier journalistique. Amer après son échec, Louis-Ferdinand Céline fustigeait la « crassouillerie des gendelettres ». Au début des années 1970, leurs détracteurs passèrent des mots aux actes. Le trublion Jean-Edern Hallier organisa une manifestation contre la « corruption littéraire » devant Drouant le jour où la compagnie se réunissait. Le restaurant reçut des menaces d'attentat. Michel Tournier fut arrosé de ketchup. Françoise Mallet-Joris trouva des cocktails Molotov sur son pas de porte.

« Quand il y a un vendu, le coupable, c'est l'acheteur », se défendait Nourissier. « Acheté », « vendu » ? « Les mots sont lourds pour ces sucreries », disait-il, en faisant allusion aux livres et préfaces richement rémunérés qu'une maison d'édition peut commander à un juré littéraire pour s'attirer ses faveurs. Hervé Bazin parlait de « la silencieuse puissance d'un grand réseau d'amitié ».

La mainmise de Gallimard ?

Un certain nombre d'académiciens Goncourt ont toujours voté pour la maison d'édition qui les publie : classique renvoi d'ascenseur. Dans son journal, Matthieu Galey, observateur féroce de la comédie parisienne des années 1960, 1970 et 1980, relate une visite qu'il fit à l'un d'entre eux, Robert Sabatier, en août 1984 : « Depuis treize ans, il collectionne les feuilles de vote. Il les trouve “amusantes” parce qu’elles montrent – et prouvent – la fidélité soumise des jurés à “leur éditeur”. » D’un trait assassin, le pamphlétaire conclut : « Une situation que le brave Edmond n’avait pas prévue [...]. Dans le fameux testament ne sont proscrits que les “grands seigneurs” et les “hommes politiques”. Les trafiquants, c’est permis. »

En 2008 seulement, les Goncourt ont réformé leurs statuts, rendant incompatible toute activité rémunérée dans une maison d’édition avec la fonction de membre de leur académie, sous peine d’exclusion. Il n’empêche. Les soupçons ont la vie dure dans le landerneau littéraire. Les Dix de Drouant ont beau clamer « nous votons pour un livre et non pour un éditeur », les gazetiers analysent leur choix à travers une grille politique. Oui, la troïka GalliGrasSeuil désignant Gallimard, Grasset et Seuil domina longtemps la « Drouant’s cup », ainsi que Pierre Assouline a rebaptisé cette drôle de compétition littéraire. Depuis 1903, Gallimard l’a emporté à quarante reprises et Grasset dix-sept fois. Albin Michel arrive en troisième position avec douze prix.

Mais ces dix dernières années, les jurés semblent avoir mis de l’eau dans leur vin blanc. Ils ont sacré à trois reprises un auteur édité par Gallimard et Actes Sud (la maison fondée à Arles en 1978 par Hubert Nyssen, puis reprise par sa fille Françoise, ministre de la Culture d’Emmanuel Macron), et une fois un finaliste battant pavillon L’Olivier, L’Iconoclaste, Flammarion (propriété de Gallimard) ou Philippe Rey.

« Vomir sur le Goncourt, c’est un sport national », s’amuse le président Philippe Claudel. Même quand on le reçoit. Un an après son sacre pour *Les Bienveillantes* (Gallimard), Jonathan Littell déclare dans un journal espagnol : « J’ai tout fait pour ne pas recevoir le prix. » Ah le malveillant ! Michel Déon avait prévenu François Nourissier : « Vous avez accepté de siéger au Goncourt ? Vous allez en prendre plein la gueule. »

Le rituel très français de la rentrée littéraire

Plus fréquentes sont les critiques visant les choix du jury. On leur oppose le jugement de l'histoire en lui rappelant ses « ratages » célèbres : Apollinaire, Giraudoux, Fournier, Céline, Colette, Montherlant. Oui, mais ils n'ont laissé passer ni Proust ni Malraux.

Il ne prétend pas récompenser le meilleur livre de l'année, plaident-ils. « La littérature n'est pas une science exacte, dit Pierre Assouline. Il est absurde de considérer le Goncourt du point de vue de la justice. Cela n'a pas plus de sens que la perfection en art. » Et l'écrivain de rappeler que l'édition est « un métier de joueur ».

La parution successive de leurs trois sélections préalables est scrutée à la loupe. Cette pratique a été instaurée en 1974 par Hervé Bazin dans un souci de transparence. Les libraires calculent leurs commandes en fonction, les éditeurs étrangers prennent des options pour de futures traductions et les suppléments littéraires des journaux révisent leur programmation en conséquence.

La première liste, en septembre, comporte quinze titres (une sélection de coups de cœur étant publiée désormais en juin). Chaque juré défend dix livres à la réunion de rentrée. En octobre, il ne reste plus que huit romans en lice, et quatre début novembre. À chaque étape, les critiques somment les Goncourt de ne pas passer à côté de tel ou tel auteur. Ces derniers détestent qu'on leur force la main. Ils sacrent rarement le favori des gazettes.

Leur choix s'effectue parmi 500 romans, adressés au jury au plus tard le 15 septembre, tous parus à la rentrée littéraire. Un terme qui s'est imposé à partir de 1975. Ce rituel très français se déroule entre fin août et début octobre. Le Goncourt constitue le point d'orgue de ces vendanges littéraires. Pierre Assouline a raison de dire que celui-ci « participe du rythme biologique du Français ». En décembre 1941, la télévision naissante consacrait pour la première fois un reportage à la remise du prix. En 1983, Yves Mourousi diffusa son journal télévisé de 13 heures depuis la salle à manger de Drouant.

Bernard Pivot y tourna même son célèbre *Apostrophes*. Les quatre invités, tous goncourables (Patrick Besson, Philippe Labro, Bernard-Henri Lévy et Erik Orsenna), se virent demander leur avis sur le dernier livre du président de l'Académie Hervé Bazin… en sa présence. Une idée dont Orsenna souligna la perversité à l'antenne : « Votre question c'est comme si, à la veille d'un remaniement, il y avait Mitterrand là, qui présidait le Conseil des ministres, et qu'on demande : “Alors, Jack Lang, qu'est-ce que vous pensez de la *Lettre à tous les Français* : c'est bien, c'est pas bien ?” » Il fut, semble-t-il, le plus inspiré : quelques semaines plus tard, l'ex-conseiller du président Mitterrand décrochait le Graal des lettres pour *L'Exposition coloniale*. Bernard Pivot, lui, fut élu à l'académie Goncourt en 2004, après avoir fait partie du jury du prix Interallié. En janvier 2014, Edmonde Charles-Roux lui céda la présidence.

La voix du président

Le jour de l'attribution du prix, c'est le branle-bas de combat, dès 7 heures du matin, au restaurant Drouant. Dans quelques heures, la place Gaillon se transformera en fort Chabrol. On prépare la régie pour les journalistes dans le jardin d'hiver. Quatre cents accréditations sont délivrées en moyenne. Les équipes de télévision arrivent les premières. Drouant fait appel à trois vigiles pour assurer la sécurité. La police dépêche aussi des fonctionnaires en civil. On en comptera jusqu'à huit pour la remise du prix à Michel Houellebecq, en 2010, et à Kamel Daoud, en 2024.

James Ney s'assure avec la déléguée générale du prix, la précieuse Françoise Rossinot, que personne ne se cache dans le placard attenant au salon Goncourt, et vérifie qu'aucun micro ne traîne derrière les tableaux et sous la nappe. Les jurés arrivent à partir de 10 heures, 10 heures et demie. Une fois au complet, on referme derrière eux la porte de la salle à manger.

Au même étage, un deuxième salon accueille le jury du prix Renaudot, qui se réunit au même moment. De son vrai nom Théophraste-Renaudot, en hommage au médecin et philanthrope qui donna naissance à la première gazette au XVIIe siècle, cette distinction a été créée en 1926 par des journalistes et critiques littéraires. Ces derniers trouvaient le temps long en attendant les délibérations des Goncourt. « Pourquoi ne décernerions-nous pas, nous aussi, un prix ? » avait suggéré l'un d'eux.

Certains de leurs successeurs ont conservé cet état d'esprit facétieux. Dans ce jury, réputé plus proche de Grasset, siègent aujourd'hui des écrivains tels que Patrick Besson, Frédéric Beigbeder, Dominique Bona, Franz-Olivier Giesbert ou Jean-Marie Gustave Le Clézio.

Si pour les sélections préalables, les Dix votent à main levée, le jour J, ils déposent un bulletin dans un seau à champagne. Lors des dix premiers tours, le prix ne peut être attribué qu'à la majorité absolue. Du onzième au treizième, la majorité relative suffit. En cas d'égalité, la voix du président compte double au quatorzième tour. Ah ! cette fameuse double voix !

Elle fait tant jaser. Et jusque chez les Goncourt. Certains académiciens n'ont toujours pas digéré ce 3 novembre 2022 où le président du jury d'alors, Didier Decoin, usa de la sienne en faveur de Brigitte Giraud, ex æquo avec Giuliano da Empoli et son *Mage du Kremlin* déjà consacré par l'Académie française. Le déjeuner qui suivit le vote, en compagnie de la lauréate, ne fut guère chaleureux. « Cela n'a pas traîné, on s'est fait chier ! » se souvient un partisan de l'Italien dans un style peu littéraire ! Cette double voix présidentielle fut plus inspirée dans le passé. Ainsi, en 1933, elle joua en faveur de *La Condition humaine* de Malraux.

Passé midi, un représentant du jury Renaudot tape à la porte des Goncourt : « Avez-vous fait votre choix ? » Les Renaudot votent deux fois. Si leur choix rejoint celui des Dix, ils se replient sur leur second. On peut alors annoncer le résultat des courses. Le président de la société littéraire des Goncourt se présente dans l'escalier Ruhlmann, suivi de celui du Renaudot. Les quatre finalistes ne sont jamais très loin. Ils attendent le verdict avec leur éditeur dans un café des environs.

Pour accéder chez Drouant, ils doivent fendre une foule compacte avant de prendre place à la table des Goncourt. Les journalistes et les photographes sont invités à pénétrer quelques minutes dans la salle à manger pour immortaliser l'instant. Une fois seulement qu'ils ont quitté les lieux, les serveurs disposent sur la nappe blanche les couverts en vermeil des jurés.

Mitterrand s'invite chez les Dix

Le Goncourt contribue au prestige de la France à l'étranger. Dans quarante pays, dont l'Allemagne depuis 2024, un jury d'étudiants nomme chaque année son lauréat parmi les ouvrages sélectionnés par les Dix : ce sont les choix Goncourt internationaux, inaugurés en 1998 par l'Institut français de Cracovie.

Véritable appellation d'origine contrôlée, l'emblème de la vie littéraire française a fait des petits : le très prescripteur Goncourt des lycéens, le Goncourt du premier roman, de la nouvelle, de la poésie Robert-Sabatier, de la biographie Edmonde Charles-Roux, et même des détenus.

Cette prestigieuse société littéraire possède un statut d'association reconnue d'utilité publique. Selon le portail Service-Public.fr, elle peut donc recevoir des dons fiscalement déductibles ainsi que des legs, donations ou assurances vie, exempts de droits de succession. Mais pour changer ses statuts, elle doit transmettre un dossier au ministère de l'Intérieur, après avoir convoqué une assemblée générale extraordinaire. Une audition au Conseil d'État est également un passage obligé. « Il n'y a que le président de la République que nous ne devons pas solliciter », ironise Philippe Claudel. Rencontrant les Goncourt à la foire de Francfort en 2017, Emmanuel Macron avait émis le souhait de venir déjeuner avec eux. « Je pourrais voter ? » avait feint de s'interroger le président. Ils l'attendent encore.

François Mitterrand, lui aussi, avait fait savoir son désir d'être invité à leur table. Cet immense lecteur, intime de nombreux romanciers, avait posé dans une bibliothèque pour sa photographie officielle, un exemplaire des *Essais* de Montaigne dans les mains. « Si j'avais eu une ambition, elle aurait été d'être un grand écrivain », confia-t-il au soir de sa vie à son ami Elie Wiesel, le prix Nobel de la paix, dans leur livre *Mémoire à deux voix*.

Le 8 mai 1984, il participa à la 735e réunion du Goncourt. « La rencontre a été tout entière consacrée à une conversation très libre et cordiale », lit-on sous la plume d'Hervé Bazin à cette date-là. Mitterrand quitta ses hôtes à 15 h 45 « dans une atmosphère des plus amicales ». Seul Michel Tournier était absent.

En février 1995, deux mois avant son élection à la présidence de la République, Jacques Chirac convia cet aréopage des lettres à déjeuner à l'Hôtel de Ville de Paris, à l'occasion de la remise de la huitième bourse Goncourt de la poésie. « Le maire, que le sujet passionne, a fait assaut d'érudition, note le secrétaire de séance, François Nourissier, hussard chiraquien. Il s'est en particulier montré brillant sur les poésies japonaise et chinoise. »

Ces observations sont extraites des procès-verbaux des réunions de la compagnie, déposés aux archives municipales de Nancy depuis 1988. Entre la cité lorraine et la plus haute récompense littéraire française, c'est une vieille histoire d'amour. La famille paternelle d'Edmond et de Jules de Goncourt a ses racines dans une commune dont ils portent le nom, près de Neufchâteau. Edmond naquit à Nancy, le 22 mai 1822. L'académie y remet son Goncourt de la biographie et le Livre sur la place, le salon qui se tient chaque année en septembre, donne le coup d'envoi de la rentrée littéraire.

Le directeur des archives locales, Sébastien Rembert, veille méticuleusement sur ces documents historiques. La règle de la société littéraire fixe les limites de la consultation libre à cinquante ans. En deçà, il faut demander une dérogation.

« Notre capital ne paraît pas placé toujours au mieux »

Dans des centaines de registres, classés par années, longtemps rédigés à la plume est ainsi consignée la vie quotidienne des Goncourt depuis plus de cent vingt ans. Le prix remis chaque année et la composition de leur jury n'occupent pas, loin de là, toutes leurs discussions. Il faut d'abord répondre aux sollicitations, nombreuses, des éditeurs. Dans les années 1980, Bernard Fixot obtient à la hussarde le parrainage des Dix pour sa collection « Grands écrivains ». En 2022, *Le Figaro* eut le même privilège pour une collection baptisée « Le meilleur du prix Goncourt ». Comme quoi, ce label demeure un gage de qualité littéraire et d'espérances commerciales.

Les municipalités de France ne se battent pas seulement pour obtenir que le Tour de France cycliste passe dans leur ville, elles veulent aussi pouvoir accueillir le petit peloton du Goncourt. En 1980, Gaston Defferre leur proposa de décerner leur prix à Marseille. Son épouse, Edmonde Charles-Roux, ancienne lauréate, fut mise à contribution. Les Dix tinrent plus tard une de leurs réunions au palais du Pharo. Ils se délocalisent souvent : à Bruxelles, à Dakar (en 1979, à l'invitation de Léopold Sédar Senghor) et même au luxueux hôtel Eden Roc, sur la Côte d'Azur.

Les Goncourt n'accueillent pas uniquement les présidents de la République à leur table. Y défilent aussi nombre d'hommes de loi et d'affaires. Parmi les premiers, le plus illustre fut le grand avocat Maurice Garçon (1889-1967), dont le journal constitue un précieux témoignage sur la période de la guerre 1939-1945.

Les chiffres s'invitent aussi à cette table de lettrés. On trouve de nombreuses pièces comptables dans les archives de Nancy. En 1964, on lit que l'académie détenait 170 actions de Royal Dutch et 36 de Saint-Gobain. Dans les années 1980, un particulier souhaita faire don aux Goncourt d'un petit hôtel particulier qu'il possédait dans le 9e arrondissement de Paris. « Notre capital ne paraît pas placé toujours au mieux », déplorait un juré à la fin des années 1970. Il paraît que les successeurs tiennent mieux les cordons de la bourse. L'association bénéficie d'une subvention du Centre national du livre, redistribuée dans divers prix qu'elle décerne, d'une dotation de la Fnac, pour le Goncourt des lycéens, et qui lui permet de rémunérer son unique salariée. Elle a fait quelques placements et a bénéficié de trois legs ces dix dernières années, dont celui d'un appartement à Aix-en-Provence.

La maladie et la mort rôdent entre ces pages jaunies. Il n'est pas rare qu'un juré soit absent, « retenu à la chambre », ou hospitalisé. La hantise de tous, c'est la « diminution inexorable de leurs capacités visuelles », qui les contraint à demander l'honorariat : ils cessent d'exercer leur fonction tout en conservant leur titre. Un projet de réforme des statuts, initié par Philippe Claudel, prévoit que les nouveaux académiciens soient mis à la retraite à 85 ans. Celui-ci attend l'approbation des ministères de tutelle et du conseil d'État. On n'est pas immortel quand on est Goncourt. Mais, pour reprendre la belle expression de l'un d'entre eux, Daniel Boulanger, on peut entendre jusqu'à la fin de ses jours « les douceurs et les violences de l'intimité des livres ». Cette façon d'être, depuis des siècles, français.

Bibliographie sélective

Assouline Pierre, *Du côté de chez Drouant. Cent ans de vie littéraire chez les Goncourt*, Gallimard/France Culture, 2013.

Brenner Jacques, *Journal*, tome V, Pauvert, 2006.

Galey Matthieu, *Journal intégral. 1953-1986*, Bouquins, 2017.

Le Fol Sébastien (dir.), *La Fabrique du chef-d'œuvre*, Perrin, 2022.

Le Naour Jean-Yves et Valenti Catherine, *120 ans de prix Goncourt*, Les Presses de la Cité/Perrin, 2023.

Ménard Pierre, *Les Infréquentables Frères Goncourt*, Tallandier, 2020.

Nourissier François, *À défaut de génie*, Gallimard, 2000.

12

Académie française
Notre Chambre des lords

par Louis-Henri de La Rochefoucauld

« À Oxford, à Cambridge, et plus généralement en Angleterre, j'ai admiré une société qui sait encore faire sa place au rituel. L'Académie est, en France, un des derniers lieux où il subsiste », notait Claude Lévi-Strauss, qui s'y connaissait en ethnologie et siégea une trentaine d'années Quai Conti. Depuis sa mort en 2009, rien n'a changé. Le jeudi 14 novembre 2024, au rythme des roulements de tambour de la garde républicaine, les académiciens prennent place sous la Coupole pour une séance particulière : ils doivent officiellement remettre au chef de l'État, leur protecteur depuis 1635, la neuvième version de leur fameux dictionnaire, enrichi pour l'occasion de 21 000 mots supplémentaires par rapport à l'édition précédente, qui datait de 1935. Après des discours de Pascal Ory et du secrétaire perpétuel Amin Maalouf (qui a succédé à Lévi-Strauss au fauteuil 29), c'est au tour d'Emmanuel Macron de prendre la parole, sous le regard du chancelier de l'Institut de France, Xavier Darcos, et de la ministre de la Culture, Rachida Dati. Au cours de son allocution de vingt minutes, le président de la République glisse cette flatterie : « Dictionnaire, dans votre langue, ne rime pas avec réactionnaire. Vous parvenez à cet oxymore : produire

de l'éternel contemporain. » Et il ajoute : « Vous parvenez à échapper aux classifications : conservateur, révolutionnaire, vous êtes en même temps l'un et l'autre. »

Maurice Druon, qui fut secrétaire perpétuel de 1985 à 1999, se serait-il reconnu dans le « en même temps » de Macron ? Selon lui, l'Académie française était « la première institution démocratique de l'Ancien Régime et la dernière institution monarchique de la République ». Certes, souvent moquée, la Compagnie demeure un club qui anoblit ceux qui y sont admis, avec cette dimension anglaise qu'avait saisie Lévi-Strauss. Bien avant ce dernier, Henri de Régnier, qui occupa le fauteuil 39 sous la IIIe République, ne disait pas autre chose quand il affirmait : « La Société des gens de lettres, c'est la Chambre des communes de la littérature ; l'Académie française, c'est la Chambre des lords. »

Pour discuter des riches heures de l'Académie et de son rôle actuel, on prend rendez-vous avec Amin Maalouf, lequel nous reçoit un après-midi d'hiver à son bureau à l'Institut[1]. Après avoir traversé la cour, laissant sur notre droite la coupole et sur notre gauche la bibliothèque Mazarine, on monte au premier étage. Un mois après la mort d'Hélène Carrère d'Encausse, Maalouf a été élu secrétaire perpétuel en septembre 2023, par 24 voix contre 8 pour son ami Jean-Christophe Rufin – « après de Gaulle, il faut un Pompidou », déclarait alors un immortel sous couvert d'anonymat. Depuis son intronisation, le Pompidou franco-libanais n'a rien changé

1. Attention à ne pas faire une erreur de débutant : l'Institut de France regroupe cinq Académies (la française, celle des inscriptions et belles-lettres, celles des sciences, celles des beaux-arts et celle des sciences morales et politiques). On peut donc être de l'Institut sans être de l'Académie française.

à la décoration de cette pièce dans laquelle celle que l'on appelait la « Tsarine » passa un quart de siècle. Les pieds sur la moquette beige, on regarde un étonnant tableau qui nous fait penser à une vieille histoire mettant en scène Philippe Sollers…

En 1992, Sollers avait été lauréat du Grand Prix de littérature Paul-Morand (alors doté de 300 000 francs)[2]. Il avait boudé la séance solennelle de remise des prix, se contentant d'envoyer son relevé d'identité bancaire pour être payé, geste d'une rare goujaterie qui lui avait valu sous la Coupole le savoureux surnom de « vicomte de RIB[3] ». En l'an 2000, à la fois miséricordieuse et désireuse de faire entrer à l'Académie des profils télégéniques, Hélène Carrère d'Encausse avait déjeuné avec Sollers pour le pousser à se porter candidat. Elle l'avait ensuite reçu dans son bureau. Visite qu'il racontait ainsi dix ans plus tard en interview : « Et là, je tombe sur un portrait du maréchal Pétain ! La coupe était pleine… Comme le disait Flaubert, “quand on est quelqu'un, pourquoi vouloir être quelque chose[4] ?” »

C'est une *fake news* (ou plutôt une « infox », ainsi que le préconisent les académiciens, hostiles aux anglicismes). La toile dont parlait Sollers, et que nous avons sous les yeux, peinte par André Devambez, ne représente absolument pas Pétain tout seul, mais tous les académiciens vivants en 1935. On y

2. Des dizaines de prix décernés par l'Académie française, le Paul-Morand est toujours l'un des mieux dotés (45 000 euros actuellement).

3. Ce jeu de mots pour *happy few* fait référence à Édouard de Ribes, vicomte puis comte de Ribes, qui fut le PDG de la banque Rivaud et le mari de la *socialite* Jacqueline de Ribes, à laquelle l'académicienne Dominique Bona a consacré une excellente biographie, *Divine Jacqueline* (Gallimard, 2021).

4. Propos tenu par Flaubert dans une lettre à la princesse Mathilde, en date du 13 juin 1878, au sujet de la candidature (et de l'élection) d'Hippolyte Taine.

reconnaît certes Pétain ou Abel Bonnard, mais aussi Bergson ou Mauriac. Si Sollers avait été plus attentif, il aurait pu plutôt s'émouvoir de cette vitrine renfermant quelques épées d'anciens académiciens, dont celle de Charles Maurras (œuvre de la maison Mellerio). Ce ne sont, au fond, que des détails. L'essentiel figure sur le mur qui se trouve derrière Maalouf : une galerie de portraits d'académiciens du XVIIe siècle, dont Paul Pellisson, Olivier Patru et surtout Valentin Conrart, sans lequel nous n'écririons pas ces pages aujourd'hui – et qui nous fait quitter la petite histoire pour la grande.

Cardinal, nous voilà

Au risque de contrarier Michel Zink (fauteuil 37), qui estime que l'apogée de notre littérature est à situer au XIIe siècle avec les poètes de langue d'oc, reconnaissons que ça bouge au XVIe. Avec la fondation du Collège royal (actuel Collège de France) en 1530, puis l'ordonnance de Villers-Cotterêts en 1539, François Ier contribue à faire du latin une langue morte pour érudits et du français la langue appelée à devenir dominante – il n'est pas anodin que, dès 1541, Calvin republie en français son *Institution de la religion chrétienne*, d'abord parue en latin. La langue doit-elle être réformée au même titre que la religion ? Sous les règnes successifs des petits-fils de François Ier, ça frétille. En 1570, à l'initiative de Charles IX, Jean-Antoine de Baïf crée l'Académie de musique et de poésie. Avec Henri III et le seigneur de Pibrac, elle devient l'Académie du Palais – elle est logée au Louvre et compte, entre autres, Ronsard et deux femmes, la maréchale de Retz et Mme de Lignerolles, lointaines ancêtres de Marguerite Yourcenar. Un an après la mort de Pibrac, l'Académie du Palais ferme en 1585. Pour l'anecdote, c'est aussi en 1585 que naît l'homme qui reprendra quelques décennies plus tard le flambeau académique : le futur cardinal de Richelieu.

En projet du temps des derniers Valois, l'Académie française voit véritablement le jour avec les Bourbons. Le climat intellectuel est favorable, notamment grâce aux premiers salons littéraires, dont la fameuse « chambre bleue » de Mme de Rambouillet, où s'est illustré Malherbe. Valentin Conrart, habitué de l'hôtel de Rambouillet, anime chez lui une fois par semaine son propre petit cénacle, où se rend l'abbé de Boisrobert, favori de Richelieu – il paraît que l'abbé savait faire rire comme personne le sévère cardinal. Ayant été informé par Boisrobert des soirées de Conrart, « l'homme rouge » propose à cette bande d'amis réputés beaux esprits de former un corps officiel. En 1635, Louis XIII signe les lettres patentes : « La principale mission de l'Académie sera de travailler avec tout le soin et toute la diligence possibles à donner des règles certaines à notre langue et à la rendre pure, éloquente et capable de traiter les arts et les sciences. »

Bien qu'un auteur aussi important que Corneille intègre la Compagnie dès 1647 (malgré la querelle du *Cid*), ses débuts sont flottants. Se retrouvant chez les uns et les autres, l'Académie peine à se fixer. Elle subit par ailleurs des pressions lors des élections des nouveaux membres – en 1652, elle est ainsi contrainte d'accueillir le tout jeune marquis de Coislin, 16 ans, petit-neveu du défunt Richelieu. Les duels déciment la jeunesse dorée, la Fronde (1648-1653) déchire le pays, les mazarinades fleurissent, des écrivains comme Savinien de Cyrano de Bergerac sont des aventuriers rétifs à l'autorité. Si l'Académie a l'intention politique de forger une langue commune qui puisse unifier la nation, elle entend aussi civiliser (voire museler ?) les plumes trop dissidentes. C'est Colbert, élu en 1667 au fauteuil 24, qui va prendre la relève de Richelieu. Le principal ministre a lancé en 1663 l'Académie des inscriptions et médailles (actuelle Académie des inscriptions et belles-lettres), puis l'Académie des sciences en 1666. En 1668, de retour de sa conquête de la Franche-Comté, Louis XIV assiste à une séance de l'Académie française. Il lui accorde sa protection et, en 1672, l'installe au Louvre.

À partir de là, il n'est plus question de ruer dans les brancards : il faut requérir dans les formes l'accord de Louis XIV, au moment de l'élection, puis de la présentation au roi du nouvel élu. En 1677, deux écrivains sont nommés historiographes du roi : Racine et Boileau – le premier est membre de l'Académie depuis 1672, le second y sera admis en 1684. Notons que Boileau s'était présenté une première fois en 1683, au fauteuil laissé vacant par la mort de Colbert. Il a La Fontaine face à lui. Le fabuliste est victime d'une campagne de dénigrement (on reproche à ses *Contes* leur caractère licencieux) qui ne l'empêche pas de s'imposer. Contrarié, Louis XIV bloque la réception du poète jusqu'à ce que Boileau décroche lui aussi un fauteuil. Commentaire du roi : « Vous pouvez maintenant recevoir La Fontaine, il a promis d'être sage… » Mettant de l'huile sur le feu de la querelle des Anciens et des Modernes, le chef de file de ces derniers, Charles Perrault (fauteuil 23 et « apparatchik du pouvoir » selon Marc Fumaroli), écrit en 1687 son poème *Le Siècle de Louis le Grand*, où il fait l'éloge du monarque. L'élection difficile de La Bruyère en 1693, partisan des Anciens, ne calme personne, mais l'essentiel est ailleurs : sous l'influence de Mme de Maintenon, Louis XIV sombre dans la dévotion et l'Académie suit – en son sein, lors de la querelle du quiétisme, se sont affrontés deux des membres les plus éminents du clergé, Bossuet et Fénelon. Le pic ecclésiastique est atteint trois ans avant la fin du règne du Roi-Soleil, en 1712 : sur quarante académiciens, vingt-quatre sont alors des prélats ! C'est cette année-là que l'un d'eux, le cardinal d'Estrées (neveu de la maîtresse d'Henri IV), aspire à être mieux assis. Doyen de la Compagnie, l'octogénaire se plaint de ses infirmités et de l'inconfort des chaises du Louvre. Qu'on lui fasse porter un fauteuil ! Soucieux du principe d'égalité inscrit dans les statuts de l'Académie française (article 15), Louis XIV fait acheminer quarante fauteuils pour ces messieurs… Les prêtres finiront bientôt de manger leur pain blanc. Au XVIIIe siècle, signe des temps, ils seront remplacés par les philosophes, dont le parti va aller grandissant.

Qui se rappelle le marquis de Pompignan (fauteuil 8), qui disait que l'Académie devait louer le Trône et l'Autel ? On se souvient mieux de Montesquieu, entré dans la Compagnie en 1728 malgré l'opposition farouche du cardinal Fleury, académicien et principal ministre de Louis XV. Cette élection mérite d'être racontée. Au risque d'employer un terme anachronique, disons que Montesquieu, encore trentenaire, est un auteur « branché », dont les *Lettres persanes* ont fait scandale. Pour apaiser les choses, le prétendant publie une édition édulcorée de son chef-d'œuvre, en plaidant que la version jusque-là disponible n'est pas la bonne – l'éditeur aurait omis d'intégrer les corrections et d'enlever certains passages ! Montesquieu est élu grâce à cette ingénieuse entourloupe. Voltaire de son côté s'était vanté de ne jamais devenir « l'un des quarante membres inutiles de l'Académie ». Assagi, il se présente deux fois, perdant notamment une élection contre Marivaux. Il se prétend pieux, ce qui ne trompe personne. La cinquantaine venue, l'agitateur mondain se fait nommer historiographe de France grâce au soutien de Mme de Pompadour, alors au sommet de son influence auprès de Louis XV. Il prend place au fauteuil 33. Ces campagnes font penser, *mutatis mutandis*, à la candidature de Frédéric Beigbeder en 2022. Briguant le fauteuil 19 (celui de Jean-Loup Dabadie) et conscient qu'il devait montrer patte blanche, le turbulent auteur avait préparé le terrain en faisant la une du *Nouvel Obs* avec un texte où il annonçait ses « adieux à la coke ». Cela n'avait pas suffi : cinq mois plus tard, il avait été recalé lors du vote. Plus heureux que Beigbeder, l'habile Voltaire fait entrer à sa suite Buffon et d'Alembert, et se permet de déclarer : « N'étant point mercenaires, les académiciens doivent être absolument libres de toute sujétion. » Historiographe de France comme Voltaire, « homme droit et adroit » selon Rousseau, Duclos est élu secrétaire perpétuel en 1755, poste auquel lui succédera d'Alembert en 1772. Les dévots ont perdu la main. Quand Antoine Léonard Thomas prononce son discours de réception en 1766, il se proclame carrément « citoyen » !

Soutien indéfectible du pouvoir sous Louis XIV, l'Académie a glissé vers l'opposition sous Louis XV. Elle va en faire les frais sous Louis XVI. En 1782, tel Thomas, Condorcet s'exclame lors de son discours de réception : « Nous avons vaincu, le genre humain est sauvé ! » Cet angélisme peut déconcerter *a posteriori*. Le vent tourne pour le gratin du Louvre. Le féroce Rivarol y va de son pamphlet contre la Compagnie. En 1790, devant l'Assemblée nationale constituante, le méconnu Palissot, à la fois disciple de Voltaire et adversaire de Diderot, se prend pour Danton : « Tandis que, pour établir cette égalité précieuse sans laquelle il n'est pas de liberté, vous venez d'abolir ces distinctions antisociales, laisserez-vous subsister à la charge du Trésor public ces aristocraties littéraires qui se sont élevées parmi nous sous le nom d'académies ? » Fustigeant Richelieu, qui avait voulu « asservir les lettres », l'élève de Voltaire déplore ensuite que son maître ait dû être contraint de « se livrer à des bassesses » pour être admis à l'Académie… Le plus incohérent est Chamfort, élu au fauteuil 6 en 1781 et qui sera brièvement membre du club des Jacobins avant de mourir en 1794 en s'ouvrant les veines avec un coupe-papier. Bien que membre de la Compagnie, cet homme tourmenté dénonce un « royaume des lettrés, titrés, mitrés ». Le peintre David se moque de « l'animal qu'on appelle académicien ». La Révolution dévore ses enfants. À l'été 1793, des sans-culottes se ruent au Louvre et ravagent boiseries, tapisseries et tableaux. L'Académie française est supprimée.

Rive droite, rive gauche

Le réveil aura lieu grâce à Napoléon Ier. Voulant établir un État fort, il comprend comme Louis XIV que l'Académie française peut être un pilier, une de ces « masses de granit » sur lesquelles il entend édifier la Nation[5]. Laissant derrière elle le Louvre, l'Académie franchit la Seine pour renaître rive gauche. Après avoir déjà eu l'idée de l'épée et du costume à rameaux d'olivier que nous connaissons encore de nos jours, l'empereur réunit les différentes académies au collège des Quatre-Nations, œuvre de Louis Le Vau rendue iconique dans l'imaginaire collectif par la fameuse coupole érigée par François d'Orbay. On sait que Chateaubriand fut élu, mais jamais reçu à cause d'un discours jugé provocateur. Parce que le marquis de Ségur, fauteuil 22, a osé soutenir l'auteur du *Génie du christianisme*, Napoléon Ier menace de l'emprisonner et le bat froid : « Vous présidez la seconde classe de l'Institut, je vous ordonne de lui dire que je ne veux pas qu'on traite de politique dans ses séances… Si la classe désobéit, je la casserai ! »

5. Et parmi lesquelles on comptera entre autres le Conseil d'État, la Banque de France, le Concordat, les lycées, le code civil ou la Cour des comptes.

Dans cette histoire riche en rebondissements, la Restauration marque un revirement. Sous le règne de son frère Louis XVI, le futur Louis XVIII voulait supprimer la subversive Académie. En 1816, il ordonne ce qu'on pourrait appeler une purge bourbonienne en excluant onze membres considérés comme régicides ou indésirables (dont Roederer, Cambacérès, Sieyès et Lucien Bonaparte) et fait entrer à leur place des écrivains contre-révolutionnaires, tel Bonald.

Élu en 1817, un certain Jean-Louis Laya promet que les romantiques, ces « factieux de la République des lettres », n'entreront jamais à l'Académie. Le pauvre homme tombe de son fauteuil en 1829, date à laquelle Lamartine arrive en fanfare sous la Coupole. La Compagnie épouse alors l'avant-garde artistique de son temps et Victor Hugo revêt l'habit vert en 1841, voyant dans le Quai Conti « un des principaux centres spirituels de la France ». À défaut de Balzac, Mérimée, Vigny puis Musset le rejoignent.

Notons que, sous la IIIe République, l'Académie deviendra une antichambre de l'Élysée : trois immortels sont élus présidents (Adolphe Thiers, Raymond Poincaré et Paul Deschanel). Alors que le caustique Barbey d'Aurevilly se moque de ce « bocal de vieux cornichons », la haute noblesse a encore sa place dans une institution où l'on parle du « parti des ducs », le plus fameux étant le duc d'Aumale, fils de Louis-Philippe et triplement académicien (membre de l'Académie française, il l'est aussi de celle des beaux-arts et de celle des sciences morales et politiques[6]). À la fin du XIXe siècle, l'Académie n'est pas épargnée par l'affaire Dreyfus. A-t-elle été fatale à Zola, candidat malheureux plus de vingt fois (un record) ? Plusieurs

---

6. Une autre grande figure du XIXe a réalisé le triplé : Guizot, qui intégra l'Académie des sciences morales et politiques, puis celle des inscriptions et belles-lettres et enfin l'Académie française.

académiciens actuels nous ont expliqué qu'il fut victime de son esthétique plus que de ses idées – le naturalisme faisait mauvais genre chez nos gentilhommes. On remarquera quand même que Barrès, porte-parole des antidreyfusards, est lui élu en 1906…

Vient ensuite le temps des élections de maréchal, au sens strict : Joffre et Foch intègrent la Compagnie en 1918. Ils y retrouvent Lyautey, membre depuis 1912, et ouvrent la porte à Pétain, qui accède à l'immortalité en 1929, neuf ans avant Maurras. Cela va poser des problèmes sous le régime de Vichy : en tant que chef de l'État, Pétain est le protecteur de l'Académie française. Ses confrères sont-ils forcés de collaborer ? Le secrétaire perpétuel Georges Duhamel (dont les livres ont été inscrits sur la liste Otto[7]) va courageusement tenir le gouvernail jusqu'à la Libération, où le général de Gaulle, façon Louis XVIII, propose une liste de noms à faire entrer d'urgence sous la Coupole, parmi lesquels Bernanos. Mais on connaît le mot de l'auteur des *Grands Cimetières sous la lune* : « Quand je n'aurai plus qu'une paire de fesses pour penser, j'irai l'asseoir à l'Académie. »

De la seconde moitié du XXe siècle, symbolique de l'entrée dans la modernité de la vieille dame du Quai Conti, on retiendra surtout l'élection, le 6 mars 1980, de Marguerite Yourcenar, ardemment soutenue par Jean d'Ormesson, figure emblématique de l'Académie, au croisement de l'aristocratie des lettres et de la nouvelle société médiatique alors incarnée par *Apostrophes* de Bernard Pivot, dont il était un habitué. Dans le livre de référence qu'elle a consacré à l'his-

7. Nom donné au document intitulé *Ouvrages retirés de la vente par les éditeurs ou interdits par les autorités allemandes*, publié le 28 septembre 1940, qui recense les livres interdits pendant l'Occupation – parmi lesquels on trouve des auteurs allant d'Aragon à Zweig en passant par Freud, Kessel ou Mann.

toire de « sa » maison, Hélène Carrère d'Encausse glisse une petite pique à Yourcenar, rabaissée au rang d'« auteur à la mode »... N'oublions pas non plus l'élection symbolique de Simone Veil en 2008. L'ouverture de l'Académie à la francophonie avec l'entrée de l'ancien président sénégalais Léopold Sédar Senghor en 1983 est une autre date à retenir. De nombreux auteurs d'origine étrangère ont suivi : Hector Bianciotti (Argentin), François Cheng (Chinois), Assia Djebar (Algérienne), Amin Maalouf (Libanais), Dany Laferrière (Canado-Haïtien), Andreï Makine (Russe), Maurizio Serra (Italien) et Mario Vargas Llosa (Hispano-Péruvien). Saluons enfin la mémoire d'Yves Pouliquen qui a connecté le Quai Conti au XXIe siècle en développant son site Internet[8].

L'Académie aujourd'hui

Face à nous dans son bureau, Amin Maalouf, élu en 2011 après un échec en 2004, nous parle surtout de la défense de notre langue. Il soutient la Commission d'enrichissement de la langue française (CELF), présidée par l'académicien Frédéric Vitoux et placée sous l'autorité du Premier ministre, qui vise à inventer de nouveaux mots pour contrer l'invasion de l'anglais. Contrairement à ses prédécesseurs Druon et Carrère d'Encausse, qui furent tous les deux députés européens (sous la bannière RPR), Maalouf n'a pas la fibre d'un homme politique – davantage celle d'un diplomate. Bien qu'il soit classé vingt-quatrième personnage de l'État dans l'ordre de

8. Une plaisanterie courait sur Pouliquen, ophtalmologue de formation : on racontait qu'il avait opéré tellement d'académiciens de la cataracte qu'ils ne pouvaient lui refuser un fauteuil. Maurice Schumann (fauteuil 13) le disait d'ailleurs : « Pouliquen, c'est mon candidat ! Il m'a sauvé la vue ! »

préséance (après le président du conseil régional d'Île-de-France et avant le secrétaire général du gouvernement), on le sent plutôt étranger au rôle de représentation qu'il pourrait tenir. Élevé chez les jésuites à Beyrouth dans le culte de notre langue, Maalouf, avec des airs à la Romain Gary, nous parle du prestige dont jouissait l'Académie dans le Liban de son enfance et se souvient d'un essai historique de son ancien confrère Fumaroli, *Quand l'Europe parlait français*. La France est-elle dorénavant condamnée à parler franglais ? L'Académie résiste à l'envahisseur, tel le village d'Astérix.

Au XXe siècle, un Jacques Brenner pouvait encore noter dans son *Journal* : « L'habit vert est en France le seul moyen, pour un écrivain, de se trouver socialement sur un pied d'égalité avec un cardinal, un maréchal, un duc ou un grand physicien. » Si cette forme d'anoblissement académique échappe peut-être à nos contemporains, souvenons-nous de ce qu'écrivait Jean Dutourd (fauteuil 31) en 2009 : « L'Académie est le club le plus sélect et le plus fermé du monde. » Erik Orsenna ajoutait : « D'une certaine manière, on est élu à l'Académie quand on y est déjà. » Dans une enquête parue en 2014, *Coupole et dépendances*, le journaliste Daniel Garcia revenait sur le cas d'Assia Djebar, admise en 2005 et première représentante du Maghreb à siéger sous la Coupole. Elle ne mit pratiquement jamais les pieds Quai Conti. Dans le livre de Garcia, un académicien tient ces propos cruels : « Beaucoup de mes confrères, très déçus, pensent qu'elle n'avait en réalité rien à faire à l'Académie française, et ils regrettent de l'avoir élue. Pour ma part, j'ai une autre explication : elle ne s'est pas intégrée au club, elle n'a pas compris nos codes. C'est triste, mais c'est ainsi. Nous touchons là au fait social. » La phrase assassine à la Saint-Simon est un sport cher aux académiciens. Citons par exemple celle de Marc Lambron, qui s'est opposé en 2024 à la candidature de la navigatrice Isabelle Autissier, protégée d'Orsenna : « Il y a à chaque élection des figurants et des poétesses de province… »

Avec la disparition, en ce début d'année 2025, du prince Gabriel de Broglie, cinquième membre de sa famille à être académicien, une certaine société s'éloigne. À la mort de Proust, qui ne se présenta jamais à l'Académie, avait survécu un art de vivre fait de dîners huppés où il fallait avoir un académicien à sa table – Paul Valéry (fauteuil 38) incarnait ce mélange de l'homme de lettres et de l'homme du monde. Jean-Marie Rouart (fauteuil 26) se souvient de cocktails chez les dernières salonnières, ces « grandes électrices » qu'il a connues dans sa jeunesse : Marthe de Fels, Edmée de La Rochefoucauld[9], Jenny de Margerie ou Paule de Beaumont[10]. « Ce n'était pas folichon, ce n'est pas là qu'on pouvait draguer, nous dit Rouart, mais on y croisait des académiciens et des candidatures se préparaient. » Il y avait aussi ces réunions du dimanche soir où une petite coterie se retrouvait chez Maurice Rheims, rue du Faubourg-Saint-Honoré : Félicien Marceau, Carrère d'Encausse, Bianciotti, Dutourd, d'Ormesson… Et Rouart de poursuivre : « De Richelieu à Mitterrand, qui m'invitait souvent à déjeuner chez Dodin Bouffant pour parler de Drieu la Rochelle ou de Rebatet, les hommes politiques de premier plan ont toujours été des littéraires, c'était dans les gènes du pays, la littérature était pour ainsi dire consubstantielle à l'histoire de France. Ce n'est plus le cas. La littérature n'occupe plus cette place qui la situait au cœur des passions françaises. Du coup, l'Académie se retrouve comme ces bateaux échoués dans la mer d'Aral : la société littéraire qui la soutenait s'est retirée sous elle. Dans ce grand cataclysme de la mondialisation, qui menace la plupart des

9. Belle-sœur de la précédente.
10. Mère de Jacqueline de Ribes, évoquée dans la note 3.

écosystèmes, la disparition de l'écosystème littéraire n'émeut personne... »

Malgré tout, certains usages perdurent. Celui ou celle qui prétend à un fauteuil doit toujours s'astreindre à accomplir des visites pour trouver des soutiens. Certains ont plus de poids que d'autres. On sait qu'il y a une sorte d'académie au sein de l'Académie : la Commission du dictionnaire[11]. Composée de dix membres, dont le secrétaire perpétuel, cette commission planche tous les jeudis matin. Puis les élus déjeunent en petit comité, avant que leurs camarades ne les rejoignent en début d'après-midi pour la séance plénière. Il se dit que beaucoup de choses se murmurent lors de ces déjeuners, qu'on y fomente les élections, que des pions avancent, que d'autres reculent ou trébuchent... Quand on vise l'Académie, attention à la flagornerie ! Les anciens se souviennent des déboires de l'inénarrable Patrick Poivre d'Arvor. En 2012, se rêvant immortel, il avait reçu neuf académiciens dans *La Traversée du miroir*, l'émission qu'il animait alors sur France 5. Las, lors du vote, il n'avait récolté que 2 voix[12]... Dans *L'Académie par un des 40*, petit manuel indispensable des coutumes académiques, Dutourd (encore lui) mettait en garde les journalistes trop courtisans : non seulement les académiciens savent reconnaître les articles intéressés, mais, en plus, ils risquent de ne pas voter pour vous, pour que vous continuiez à leur courir après par papiers interposés ! Le copinage confine bien souvent au jeu de dupes. Blaise Pascal (pas de fauteuil) écrivait : « Si tous les

11. À l'heure où nous écrivons ces lignes, en sont membres, outre Amin Maalouf : Barbara Cassin, Michael Edwards, Dominique Fernandez, Dany Laferrière, Jean-Luc Marion, Pascal Ory, Danièle Sallenave, Frédéric Vitoux et Michel Zink.

12. À l'Académie, on ne peut pas voter par correspondance. Pour être élu, il faut réunir la majorité des votes exprimés. On parle d'une « élection blanche » quand aucun des candidats n'est retenu.

hommes savaient ce que disent les uns des autres, il n'y aurait pas quatre amis dans le monde. » Dans les années 1960, alors secrétaire perpétuel, Maurice Genevoix avait mis au point cette maxime empreinte de pessimisme janséniste : « Faites votre liste des voix sûres et... retranchez-en cinq. » Les malheureux battus pourront se consoler avec un des nombreux prix décernés par l'Académie, dont certains sont prescripteurs (surtout le Grand Prix du roman) et d'autres richement dotés.

Quand on triomphe de ce parcours du combattant qu'est une candidature, une élection reste un événement, de même que les réceptions – souvent chics, voire snobs. Après avoir été élu en 2014 au fauteuil de Marceau, Alain Finkielkraut avait ainsi préparé son discours auprès de Fabrice Luchini, avec lequel il passait les vacances d'été en Grèce. Puis il avait conçu son costume chez Stark & Sons grâce aux conseils avisés d'Inès de la Fressange, tout en gardant un œil sur son comité de l'épée, auquel Éric de Rothschild et François Pinault avaient généreusement contribué. Le flamboyant Daniel Rondeau, écrivain admiré par Nicolas Bazire (membre du comité exécutif de LVMH), avait eu droit à une tenue confectionnée par Givenchy. Il est significatif que Bernard Arnault vienne de se faire élire à l'Académie des sciences morales et politiques : il y a des ponts naturels entre l'Institut et le monde du luxe, le savoir et le faire-savoir. Les immortels servent de mannequins pour les meilleures maisons, ravies d'ajouter à leur catalogue un costume d'académicien. Même le très sérieux professeur Antoine Compagnon est ainsi habillé par Balenciaga...

À la fin de sa vie, Jean d'Ormesson déplorait que l'Académie devienne « une annexe de l'université ». Lors des dernières élections, plusieurs noms issus des sciences humaines, comme Compagnon ou les philosophes Sylviane Agacinski et Christian Jambet, ont été admis. Regrettant que l'Académie des beaux-arts soit plus à la page que la leur, les académiciens que nous avons interrogés pour écrire ce texte souhaiteraient tous que des romanciers et des dramaturges s'invitent de nouveau sous la Coupole. Seulement, depuis Sollers, ils ont été nombreux à rejeter les sollicitations du Quai Conti : Pascal Quignard, Jean-Marie Gustave Le Clézio, Jean Echenoz, Patrick Modiano, Amélie Nothomb, Yasmina Reza, Michel Houellebecq, Leïla Slimani… Dans une société de la victimisation où tout le monde se prétend transfuge de classe, quel écrivain aspire encore devenir un lord des lettres ? Le nom de Sylvain Tesson, gentleman-baroudeur au large réseau et aux grands tirages, revient souvent. Ce d'Ormesson buissonnier aurait le profil idéal pour redonner de la notoriété au Quai Conti auprès de la jeune génération. Nous avions eu l'occasion de lui poser la question directement l'an dernier, dans le cadre d'une interview. En tirant sur son cigare, il nous avait répondu par cette boutade qui aurait fait bondir le vieux cardinal d'Estrées : « L'immortalité me fait peur : j'ai trop besoin de me sentir mortel, j'aime trop l'urgence de vivre, l'inconfort, la précarité existentielle – je ne parle pas de précarité sociale, dont je suis à l'abri. Et puis, je n'aime pas les fauteuils… Si les académiciens s'asseyaient sur des sièges éjectables, alors d'accord, mais sur des fauteuils d'immortels, non ! »

Bibliographie sélective

Barbey d'Aurevilly Jules, *Les Quarante Médaillons de l'Académie*, Édouard Dentu, 1864.

Bona Dominique, *Les Partisans. Kessel et Druon, une histoire de famille*, Gallimard, 2023.

Carrère d'Encausse Hélène, *Des siècles d'immortalité. L'Académie française 1935-…*, Fayard, 2011.

Castries René de La Croix de, *La Vieille Dame du Quai Conti. Une histoire de l'Académie française*, Perrin, 1978.

CESSOLE Bruno DE, *Le Sceptre et la Plume. Politique et littérature en France de Montaigne à François Mitterrand*, Perrin, 2023.
DES DÉSERTS Sophie, *Croquis de pouvoir*, Le Rocher, 2023.
DUTOURD Jean, *L'Académie par un des 40*, Le Cherche Midi, 2009.
FUMAROLI Marc, *Quand l'Europe parlait français*, Éditions de Fallois, 2001.
GARCIA Daniel, *Coupole et dépendances. Enquête sur l'Académie française*, Éditions du Moment, 2014.
GIRARD Étienne, « Les Secrets de l'Académie française », série d'été, *L'Express* nos 3707-3711, 2022.
LÉVIS MIREPOIX Antoine DE, *Que signifie « le parti des ducs » à l'Académie ?*, Wesmael-Charlier, 1964.

13

L'hôtel de Salm
Le cœur battant de la Légion d'honneur

par Sylvain FORT

« C'est avec des hochets que l'on mène les hommes », répondit Bonaparte à ceux qui moquaient son ordre de la Légion d'honneur, créé le 19 mai 1802. Le Premier consul savait que tout pouvoir a besoin de s'attacher les meilleurs, qu'ils soient militaires ou civils. Cette instance méritocratique a survécu à tous les régimes. L'analyse de ses promotions, deux fois l'an, le 1er janvier et le 14 juillet, apporte bien des clés de compréhension de la société française. La République succédant à l'Ancien Régime n'a pas fait disparaître l'obsession nationale du rang. Tout au contraire. C'est dans un hôtel particulier parisien, édifié au XVIIIe siècle, et dont l'architecture inspira la Maison Blanche de Washington, que la France cultive depuis plus de deux siècles cet art si délicat de la distinction.

Une « folie » XVIIIe devenue centre du pouvoir

L'automobiliste englué dans les embouteillages du quai Anatole-France, le promeneur traversant vers les Tuileries la passerelle Léopold-Sédar-Senghor, le touriste piétinant dans la file d'attente du musée d'Orsay savent-ils seulement ce qu'est ce bâtiment bas s'étirant entre la rue de Lille et le quai, offrant à travers ses grilles au regard curieux la colonnade néoclassique de sa cour d'honneur ? Savent-ils seulement son nom : l'hôtel de Salm, du patronyme de son commanditaire et premier occupant, Frédéric III de Salm-Kyrbourg, prince allemand qui en confia les plans à Pierre Rousseau et le fit édifier entre 1782 et 1788, dans ce Paris des Lumières qu'il aimait tant ? Après que le prince de Salm eut été guillotiné le 23 juillet 1794 (5 thermidor an II), l'hôtel connut bien des vicissitudes, hébergeant un éphémère « Club de Salm » où parurent Benjamin Constant, Madame de Staël et Talleyrand, avant de devenir un lieu louche, d'être acheté par Bonaparte pour sa Légion d'honneur, puis de brûler. Il traversa néanmoins les années, épargné par les grands bouleversements du quartier qui virent percer dès le début du XIXe siècle sur ses flancs la rue de Lille, ses immeubles cossus et ses hôtels particuliers, la très haussmannienne rue de Solférino, et surtout, en lieu et place du palais d'Orsay (1840) abritant la Cour des comptes, la gare d'Orsay, un des fleurons de l'Exposition universelle (1900) devenue depuis musée (1986).

On aimerait attribuer la survivance de cette architecture du XVIIIe à l'amitié franco-américaine. L'avancée en demi-cercle sur le quai de la rotonde de l'hôtel de Salm coiffée de son dôme charma tant Jefferson lors de son séjour comme ambassadeur à Paris (1785-1789) qu'il en tira parti pour sa résidence de Monticello lors de son retour aux États-Unis. Surtout, il aurait recommandé à l'architecte James Hoban de s'en inspirer pour la Maison Blanche de Washington : le célèbre South Portico est son cousin d'Amérique. La relation transatlantique (sur laquelle veille désormais, en face de l'hôtel de Salm, la statue de Jefferson, plan de Monticello sous le bras) n'eût pas suffi cependant à sauver cette prestigieuse villa sise aux confins du faubourg Saint-Germain.

Une autre circonstance y remédia. En 1804, le naturaliste Lacépède se trouvait présider une nouvelle instance, ardemment voulue par Bonaparte, Premier consul : la Légion d'honneur, emblématique du « Grand Consulat » cher à l'historien Thierry Lentz. Las d'héberger chez lui les travaux de cette nouvelle distinction, il se mit en quête d'un siège qui pût offrir de bonnes conditions de travail à un office qui comptait déjà soixante-douze collaborateurs. Plusieurs options furent envisagées avant que le choix ne se porte sur l'hôtel de Salm. Il ne fait aucun doute que le lien d'amitié qui s'était tissé pendant les heures sombres de la Terreur entre Joséphine de Beauharnais et la princesse Amélie de Salm compta dans ce choix. Le lieu était dans le dernier délabrement. Tout était à reprendre. En outre, cette résidence n'avait pas été conçue pour un travail de bureau. Il fallut donc se tasser dans des pièces peu prévues pour cet usage. L'hôtel de Salm devint ainsi le « palais de la Légion d'honneur », nom que ne mentionne pas le fronton du 1, rue de Solférino, où on lit : Grande Chancellerie (en grandes lettres) de l'ordre national de la Légion d'honneur (en lettres plus petites) Entrée des bureaux (en lettres moyennes), mais qui figure sur une plaque assez discrète à gauche du portique d'entrée au 64, rue de Lille. En 1925 fut ouvert, rue de Bellechasse, le musée national de la Légion d'honneur et des Ordres de chevalerie. Depuis 1997, la portion de la rue de Bellechasse longeant le palais est devenue rue de la Légion-d'honneur.

La Commune, après avoir incendié le palais d'Orsay, réserva le même sort à l'hôtel de Salm. Les dommages intérieurs furent considérables et une partie des archives brûla, mais les murs restèrent debout. Une résidence de plaisance pouvait donc mieux résister qu'une bâtisse officielle ! On décida de reconstruire à l'identique, entre 1871 et 1874, l'extérieur de cet hôtel, tout en dotant l'intérieur d'un décor digne du prestige de l'ordre.

Cette décision fut tout sauf anodine. C'est que ce bâtiment s'était inscrit de manière indélébile comme un puissant lieu de pouvoir. Acter sa destruction eût été faire droit aux adeptes de la table rase (« du passé faisons table rase », écrirait le communard Eugène Pottier juste après la Commune au moment de composer *L'Internationale*) quand la Légion d'honneur avait fini par incarner de manière presque unique une étonnante continuité, jetant son arche des lendemains de la Révolution à la France moderne. Une continuité qui se perpétue de nos jours avec un soin extrême.

Tel est le paradoxe de la Légion d'honneur, dont l'hôtel de Salm est donc depuis plus de deux siècles le cœur battant : à travers les régimes politiques, les chefs de l'État, les guerres et les révolutions, elle n'a jamais été supprimée. Elle a même gardé, avec une fidélité rare dans un pays aimant tant les ruptures, l'esprit de son créateur, Bonaparte. Les rares épisodes où elle fut remise en cause, par exemple sous la première Restauration, sous la IIe République et aux premières heures de la IIIe, ou encore dans l'entre-deux-guerres, ce fut moins pour en fustiger l'esprit que pour reprendre le contrôle du formidable instrument de pouvoir qu'elle était devenue. L'hôtel de Salm, défiant les flammes de 1871, est ainsi resté debout à travers tous les grands incendies politiques que la France a connus depuis 1802.

Hochets ou masses de granit ?

L'institution est paradoxalement née de la Révolution française et de sa traque assidue des privilèges. Tout commence en réalité non en 1802, mais en 1791, lorsque la loi des 30 juillet et 6 août dispose que « tout ordre de chevalerie ou autre, toute décoration, tout signe extérieur qui suppose des distinctions de naissance sont supprimés en France ; il ne pourra en être établi de semblables dans l'avenir ».

Étaient ainsi abolis les ordres royaux, tels que le très ancien ordre de Saint-Michel, ordre très restreint créé par Louis XI pour distinguer des nobles ayant brillamment servi l'État, l'ordre du Saint-Esprit créé en 1578 par Henri III, honorant la haute noblesse et les grands serviteurs de l'État excipant non seulement trois quartiers de noblesse, mais aussi leur qualité de catholique. Un temps conservés comme « décorations militaires », le plus récent ordre royal et militaire de Saint-Louis, créé par Louis XIV en 1693 pour les officiers catholiques aux mérites remarquables, ou enfin le dernier en date, le Mérite militaire, créé en 1759 par Louis XV pour les officiers non catholiques (protestants) sont également supprimés par le décret du 15 octobre 1792. Le temps passant, des dispositions successives rendent encore plus sévères les textes de 1791 et 1792, allant jusqu'à l'interdiction d'arborer des distinctions obtenues avant leur abolition.

L'on voit bien que l'Ancien Régime s'était avisé du caractère trop restrictif de l'attribution de ces ordres et en avait progressivement ouvert l'octroi. Cependant, ils restaient associés à une France monarchique et catholique réservant à son élite nobiliaire – et tout uniment militaire – une reconnaissance supplémentaire et créant, en son sein, une classe à part s'attachant la reconnaissance et la fidélité des meilleurs d'entre eux. L'élimination de ce symbole s'inscrivit avec évidence dans la dissolution de l'ordre ancien.

Cependant, après cette table rase symbolique, un problème se posait : il ne restait rien. La République ne disposait d'aucun levier particulier pour honorer les siens et récompenser leur engagement. C'est ce dont Bonaparte s'avisa avec lucidité. Devant le Conseil d'État en mai 1802, il plaida éloquemment la nécessité de combler ce vide qui, loin de renforcer la République, l'affaiblissait : « Nous avons au milieu de nous les anciens privilégiés, organisés de principes et d'intérêts, et qui savent bien ce qu'ils veulent. [...] Mais nous, nous sommes épars, sans système, sans réunion, sans contact. Croyez-vous que la République soit définitivement assise ? Vous vous trompez fort. Nous sommes maîtres de le faire, mais nous ne l'aurons pas si nous ne jetons sur le sol de France quelques masses de granit. »

Lors des débats précédant l'institution de la Légion d'honneur, le Premier consul s'était montré plus trivial. À une interpellation de Berthier, ministre de la Guerre, qui, avec dédain, lui déclarait que « les croix et les rubans sont les hochets de la monarchie », Bonaparte rétorqua : « Je vous défie de me montrer une république, ancienne ou moderne, qui savait se faire sans distinction. Vous les appelez les hochets, eh bien ! C'est avec des hochets que l'on mène les hommes. » Derrière la trivialité se cache une vérité : tout pouvoir a besoin de s'attacher les meilleurs, qu'ils soient militaires ou civils. Et ne se les attache qu'en les distinguant.

La Légion d'honneur eut, et a toujours, cette singularité de ne pas juger de l'excellence selon la naissance ou le rang, mais selon le mérite. Il introduit ainsi dans la société l'idée neuve, voire révolutionnaire au sens moral et historique du terme, selon laquelle le talent, le sens du devoir, l'éminence dans un domaine suffisent désormais à être consacré par le pouvoir, c'est-à-dire par la nation.

Il était naturel que le Premier consul, devenu empereur peu après l'acquisition de l'hôtel de Salm, donnât à la première remise de la Légion d'honneur un éclat particulier. Le 15 juillet 1804, les deux mille premiers décorés le furent à l'hôtel des Invalides avec messe en l'église Saint-Louis et *Te Deum*. Les militaires, compagnons d'armes du nouvel empereur, furent du contingent – Lannes, Murat, Berthier, Masséna, Ney, mais aussi Junot, Davout, Soult… D'emblée cependant se retrouvèrent parmi les promus des civils, souvent roturiers, tous serviteurs de l'État, scientifiques, artistes, que les ordres royaux n'eussent pas considérés : Laplace, Berthollet, Lesueur, Decrès, Fouché… Le tableau de Jean-Baptiste Debret, conservé à Versailles, intitulé *Première distribution des décorations de la Légion d'honneur, faite par Napoléon dans l'église de l'hôtel impérial des Invalides, le 14 juillet 1804*, offre un contraste éclatant : l'empereur sur son trône, fastueusement entouré de ministres, maréchaux d'Empire, hauts dignitaires, ecclésiastiques de haut rang, et accompagné bien sûr du grand chancelier de la Légion d'honneur, y décore d'un air modeste un pauvre soldat manchot. Le pli était donné et jamais ne changerait fondamentalement.

Les « masses de granit » voulues par l'empereur, ce furent aussi l'École polytechnique, le corps des préfets, le Code civil ou la Banque de France. La Légion d'honneur, outre qu'elle accordait aux militaires une pension, devait aussi enraciner son influence en permettant aux enfants des légionnaires de perpétuer le mérite de leurs ascendants. Cette transmission passait singulièrement par les jeunes filles. C'est ainsi que, dès 1805, Napoléon fonda les maisons d'éducation de la Légion d'honneur, institutions religieuses ouvertes aux jeunes orphelines dont le père avait été distingué. Il serait vain d'y voir un projet féministe avant l'heure : « Élevez-nous des croyantes et non des raisonneuses », aurait dit l'empereur à Mme Campan, première directrice de l'école d'Écouen. Des croyantes instruites. C'est-à-dire, des mères de famille capables de suivre elles-mêmes l'éducation de leurs enfants. S'il n'est plus nécessaire d'être orpheline, si les écoles ont été laïcisées en 1881, s'il ne reste que deux sites – Saint-Denis et Saint-Germain-en-Laye – sur les quatre initiaux, l'esprit en est demeuré : ce sont des écoles où la rigueur de l'éducation (l'internat et l'uniforme sont obligatoires) et l'excellence de l'instruction (portant désormais jusqu'en classe post-bac) forgent des générations élevées pour le but intact, comme le granit, qu'elles servent la nation.

Si l'hôtel de Salm a conservé son éminence au fil des siècles, c'est parce que la Légion d'honneur a toujours dépendu directement du chef de l'État, seul « grand maître » de l'ordre, qu'il fût impérial, royal ou républicain. À ce souverain, il a offert avec constance trois leviers de pouvoir fondamentaux : distinguer, consacrer, exclure.

Distinguer

Distinguer, d'abord. En d'autres temps, on disait « adouber ». La cérémonie royale où l'épée du roi touchait l'impétrant n'existe plus, mais l'esprit assurément perdure. On est *fait* chevalier. Il n'est pas douteux qu'à travers les avanies de l'histoire, une impression rétinienne de l'imagerie médiévale demeure. La formule rituelle « Je vous fais chevalier de la Légion d'honneur » n'a pas changé. Je vous « fais » et non je vous « nomme » : devenir chevalier, c'est changer d'état. Quelque ironie parfois que suscite le système des décorations, la cérémonie conserve généralement une solennité et, pour le décoré et les siens, une forme de révérence.

Cet outil s'est révélé d'une réelle efficacité politique. Les souverains successifs firent comprendre à ceux qu'ils distinguaient qu'ils étaient plus que récompensés : ils pénétraient dans le cercle de ceux que le pouvoir considérait avec gratitude et qu'il entendait non seulement remercier, mais offrir à la reconnaissance de la nation. Un lien spécial, presque féodal, se créait ainsi immédiatement entre le souverain et le légionnaire, car nul autre que le premier n'avait soupesé les mérites de l'impétrant, et toute élévation procédait de lui.

S'indigner que nos modernes chefs d'État décorent leurs « copains », comme disent les polémistes, c'est oublier que dès l'origine furent gratifiés des compagnons d'armes, des fidèles ayant donné de leur personne, des auxiliaires dévoués. Dans nos démocraties contemporaines, ces mérites apparaissent peut-être moins aux yeux du grand public, notamment du côté civil. Autant l'opinion publique garde une admiration réelle pour les militaires, fussent-ils sans faits d'armes, autant les civils et en particulier les politiques sont suspects de collusion.

Il faut pourtant du cran, aujourd'hui encore, pour devenir ministre ou parlementaire. Et les services rendus à la nation par les plus éminents d'entre eux ne sont pas moindres que ceux de Talleyrand ou Fouché que Napoléon décorait. Il est toujours apparu naturel, depuis son institution, que les premiers serviteurs du souverain soient aussi les premiers distingués. Tellement naturel que ce furent les régimes monarchiques qui en abusèrent le plus, distribuant la décoration abondamment dans le cercle familial, ou bien tentant d'amadouer les « représentants du peuple » en les abreuvant de distinctions. Tel Louis-Philippe inventant la promotion à l'ancienneté, et décorant automatiquement les députés, les sénateurs et les préfets, dans l'espoir d'asseoir sa légitimité précaire.

Le pouvoir de distinguer suppose cependant aussi la possibilité d'adresser un message à des cercles plus éloignés du pouvoir. Telle est même sans doute la part la plus politique de sa vocation première. Offrir sa faveur à ceux qui, demain, pourraient être séduits par les adversaires demeure un puissant moyen de garantir l'avenir. C'est ainsi que chaque régime a dessiné, peut-être sans le vouloir, le portrait de la société de son temps. Lire les promotions successives dans l'ordre de la Légion d'honneur, c'est contempler à ciel ouvert l'idée que les souverains successifs se sont faite de l'édifice social. Avec le recul, il apparaît bel et bien que le souverain s'est toujours servi de la Légion d'honneur non seulement pour récompenser des individus, mais pour dérouler entre eux un fil invisible qui sculpte l'histoire d'une époque. Qui dit Balzac, Musset, Dumont d'Urville, Becquerel ou Delacroix pense aussitôt à Louis-Philippe. Qui dit Martimprey, Rigault de Genouilly, Anjou, Le Roy de Saint-Arnaud, ou Haussmann, Ballard, Garnier, Mérimée, Offenbach songe immédiatement à Napoléon III.

Flaubert, lui, y ajouta M. Homais, avec une cruauté qui fait aussi partie de l'imaginaire français de la Légion d'honneur : « Alors Homais inclina vers le Pouvoir. Il rendit secrètement à M. le préfet de grands services dans les élections. Il se vendit enfin, il se prostitua. Il adressa même au souverain une pétition où il le suppliait *de lui faire justice.* Il l'appelait *notre bon roi* et le comparait à Henri IV. Et chaque matin, l'apothicaire se précipitait sur le journal pour y découvrir sa nomination ; elle ne venait pas. Enfin, n'y tenant plus, il fit dessiner dans son jardin un gazon figurant l'étoile de l'honneur, avec deux petits tortillons d'herbe qui partaient du sommet pour imiter le ruban. » Le couronnement de son ambition est aussi l'amère conclusion de *Madame Bovary* : « [Homai] vient de recevoir la croix d'honneur. » Flaubert lui-même l'obtint en 1866.

Si nous voulons comprendre comment le pouvoir actuel voit notre pays, lire les promotions de la Légion d'honneur ou de l'ordre national du Mérite, deux fois l'an, le 1er janvier et le 14 juillet, apporte bien des clés. La réduction des promotions (environ 2 200 pour la Légion d'honneur, 3 800 pour le Mérite), le soin de quasi-parité entre civils et militaires (les contingents sont de 1 450 civils – en comptant les 100 initiatives citoyennes – et 1 215 militaires dans la Légion d'honneur ; pour le Mérite, 3 080 civils et 1 665 militaires), la féminisation, la reconnaissance croissante de professions jadis un peu négligées (dans le domaine social et médical, notamment) marquent un double effort d'équilibre et de retour à une valeur de la distinction ratifiée par sa rareté.

Qui mérite vraiment la Légion d'honneur ? Flaubert lui-même cessa de porter le ruban rouge en 1871 parce qu'on « venait de décorer un coquin ». L'antienne n'est pas neuve et chaque promotion apporte son lot de contestations : apprécier et distinguer le mérite n'est pas une science exacte. En outre, les radars de l'ordre sont tributaires de la clairvoyance de nombreuses autorités chargées d'identifier les impétrants. Préfets, directeurs d'administration, ministres et cabinets ministériels, élus locaux, parlementaires, chefs d'entreprises, responsables syndicaux, directeurs de grands établissements culturels ont tous à cœur de distinguer les citoyens qui leur paraissent rendre à la nation des services éclatants. Ces autorités cependant n'ont pas de la société une vue totale. L'exercice de leurs fonctions définit un périmètre forcément incomplet. La brigue parfois est soupçonnée de supplanter le mérite et nourrit la critique de la « bureaucratie des honneurs » (Olivier Ihl). En outre, la définition même du mérite qualifiant pour la distinction est parfois flottante. Lorsque le président Hollande émit l'intention de décorer de la Légion d'honneur les victimes du Bataclan, il se heurta à un tir de barrage. Un membre du Conseil de l'ordre exprima même publiquement son désaccord : un sort tragique ne constitue pas un mérite exceptionnel. Après la polémique, les victimes reçurent la médaille nationale de reconnaissance aux victimes du terrorisme, créée spécialement à cette occasion.

L'opinion publique est de plus en plus sensible à la nécessité de distinguer ces « héros du quotidien » dont nos sociétés gouvernées par l'argent et l'image ont eu tendance à effacer l'importance. Napoléon décora lui-même le mineur Goffin qui avait sauvé soixante-neuf de ses camarades. La IIe République distingua l'ouvrier agricole Jean-Baptiste Pruvot. Nombreux sont les Goffin et les Pruvot d'aujourd'hui pour peu qu'on sache les repérer. Aussi le président de la République a-t-il récemment validé la proposition du grand chancelier d'ouvrir le dossier de candidats proposés par au moins cinquante citoyens pour leurs mérites exceptionnels. C'est planter plus loin dans le terrain social les racines de l'ordre, et ainsi donner au sommet du pouvoir un accès nouveau au pays réel.

Consacrer

Les grandes saignées des guerres mondiales apporteront leur lot de bravoure et leurs contingents de nouveaux légionnaires, y compris, depuis 1919, à titre posthume. Le chef de l'État n'est plus seulement celui qui tresse autour de lui les fidélités qu'il estime nécessaires à l'exercice de son pouvoir, ou du moins de son influence. Il est aussi celui qui *consacre*. C'est-à-dire qui prend acte de l'histoire en train de se faire et qui accroche à sa boutonnière la gratitude de la nation. Une chose est de reconnaître des mérites individuels, fussent-ils éclatants, une autre est de faire entrer dans le giron du récit national des actions, des moments et même des lieux et des institutions.

C'est ainsi que la Légion d'honneur confère au souverain le pouvoir de s'approprier le récit national en ratifiant les sacrifices du pays, en les enregistrant et en les insérant dans la mémoire. Certes, bien d'autres gestes permettent cette pérennisation : cérémonies, lieux de mémoire, discours d'hommage, obsèques, panthéonisation, noms de rues et d'écoles, mais ceux-ci appartiennent au tout-venant de l'histoire officielle. La Légion d'honneur, procédant du souverain, est un acte de reconnaissance autrement puissant, et employé comme tel. Elle impose même sa supériorité de fait sur toute autre distinction, notamment militaire. Il en va de même des ordres catégoriels que sont les Arts et Lettres, les Palmes académiques ou le Mérite agricole ou le Mérite maritime, qui ne portent pas l'onction suprême alors que ses contingents présentent des mérites parfois éclatants. Quant à l'ordre du Mérite institué par de Gaulle en 1963 pour récompenser les « mérites distingués » et remplaçant seize décorations (le Mérite postal, artisanal, touristique, sportif...), il implique l'onction du chef de l'État et offre un viatique à ceux dont l'honneur est d'avoir au moins du mérite.

Le récit national écrit à l'encre sympathique par le souverain lorsqu'il décore les individus entre dans la mémoire collective lorsqu'il distingue des collectifs. Dès 1815, l'empereur décora des villes dont les garnisons et la population s'étaient dressées contre l'envahisseur autrichien – Chalon-sur-Saône, Tournus, Saint-Jean-de-Losne. D'autres viendraient, comme Dijon en 1899 pour sa résistance lors des combats du 30 octobre 1870. La Première Guerre mondiale consacra Verdun, Metz, Bitche, Cambrai, Douai... et la Seconde Guerre mondiale, Brest, Caen, Saint-Malo, Le Havre, Calais, Boulogne-sur-Mer... Alors le civil rejoint le militaire dans une geste d'ampleur nationale, où la patrie elle-même était en jeu.

C'est dans le même esprit qu'au fil du temps furent consacrées des écoles civiles et militaires pour leur contribution notoire à l'effort de guerre par le nombre d'élèves tués ou leur rôle dans la résistance : pour la Première Guerre mondiale, Saint-Cyr et Polytechnique (1914), puis L'École des eaux et forêts de Nancy, l'École navale, l'École des chartes, l'École de préparation militaire d'Autun. Au titre de la Seconde Guerre mondiale, on relève Saint-Maixent, l'École normale supérieure, l'École des mousses (1948-1949). Plus récemment (2011), c'est le Service de santé des armées qui a été distingué pour sa contribution décisive aux conflits d'hier et d'aujourd'hui. Des écoles ont rejoint ce contingent non pour leurs mérites militaires ou guerriers, mais pour l'excellence de leur contribution à la recherche ou à l'industrie française, comme l'École nationale supérieure des mines de Paris ou celle de Saint-Étienne.

Cette façon d'écrire l'histoire du pays par l'exemple s'exprime aussi dans la distinction accordée à des régiments pour leur bravoure au combat – cela dès les campagnes du second Empire (le 2e régiment de zouaves à Magenta, par exemple), avec une amplification au fil des conquêtes coloniales et des conflits, notamment mondiaux. Les étendards en portent alors la mémoire. Dans cette lignée, un décret de 1960 décorera le sous-marin *Narval*.

Par l'individuel et le collectif, le pouvoir en place s'installe comme ordonnateur du roman français. Au-delà des visées politiques ou politiciennes du moment, tel est historiquement le sens profond de la Légion d'honneur, et c'est ce qui donne à son octroi un prestige particulier. Politique, historique, ce sens est donc aussi moral. C'est pourquoi il a constamment fallu s'assurer que le souverain en demeure le seul grand maître, et que le privilège à lui seul conféré ne se dissolve pas dans la contrebande des trafics et jeux d'influence.

Exclure

Vivement moquée par les réfractaires ou les humoristes (qui prêtèrent à George Sand cette formule apocryphe « je ne veux pas avoir l'air d'une vieille cantinière »), la Légion d'honneur ne cessa point pour autant de susciter un infatigable désir. De là, sous certains régimes, un laxisme avéré dans sa distribution (Louis XVIII à peine au pouvoir en donna dix mille), ou surtout son trafic contre rémunération. C'est ainsi que Daniel Wilson, gendre du président Grévy, installa tranquillement non loin de l'Élysée un bureau où il monnayait des nominations. L'affaire éclata en 1887, conduisant Grévy à la démission. Le fonctionnaire Ruotte fut limogé en 1927 pour le même type de trafic. Des soupçons périodiquement se sont fait jour, alimentant la veine populiste des collusions d'État.

Aussi les chefs d'État ont-ils consacré une part de leur énergie à resserrer les conditions d'élévation en les moralisant, condition indispensable à la survie de ce levier de pouvoir. Sous la IIe République, peu favorable à la Légion d'honneur, on institua la publication des noms des récipiendaires et des motifs de leur attribution. Napoléon III disposa que cette distinction était à vie, pouvait se porter en toute circonstance, exigeait au moins vingt ans de service, mais surtout était révocable, et il créa pour y veiller un Conseil de l'ordre. Cela n'empêcha pas toutes les dérives ni surtout l'inflation. En raison du nombre de décorés de la Première Guerre mondiale puis de la Seconde Guerre mondiale, on atteignit sous la IVe République le nombre significatif de 300 000 décorés vivants. Un tel contingent était d'une maîtrise difficile et reflétait de moins en moins le mérite véritable des héros des deux guerres, au profit, plus contestable, des clientèles électorales.

Le général de Gaulle y fut sensible. Lui qui avait créé « son » ordre de la Libération avait pris soin de le forclore pour en marquer le caractère exclusif. Dans le même esprit, il souhaita que la cohorte des légionnaires fût réduite à 125 000. Elle est aujourd'hui de 77 000.

Cette exigence a supposé un effort considérable de gouvernance de l'ordre, contrepartie nécessaire de la qualité et de l'acceptabilité des récipiendaires. On prête à Clemenceau ce mot : « La Légion d'honneur ? Je l'ai, je la donne, je la refuse. » Contrairement à certaines conceptions d'un populisme un peu facile, la Légion d'honneur est plus souvent refusée que donnée. À tel point que l'attrition de la cohorte, si elle devait se poursuivre, mettrait en péril la démographie même de l'ordre.

Ainsi, selon un paradoxe qui n'est qu'apparent, la valeur de la Légion d'honneur aujourd'hui est fort liée à la possibilité de la refuser ou même d'en exclure certains membres, soit *a priori*, soit *a posteriori*.

Le service du bureau des décorations mène des recherches allant de la situation fiscale au casier judiciaire en passant par l'enquête de voisinage. Pour être honoré, il faut être honorable. Les grands chanceliers, qui se sont succédé depuis Lacépède et qui, depuis le maréchal MacDonald en 1815, ont tous été des militaires, n'ont sans doute jamais porté une plus lourde responsabilité que depuis ces dernières années, où la crédibilité de l'ordre repose largement sur des critères non plus seulement politiques, mais éthiques.

Le rapport soumis au Conseil de l'ordre, dont les membres sont nommés à raison de leur notoriété, de leur moralité, de leur légitimité dans leur domaine, scrute plus attentivement que jamais la prise que donnerait tel ou tel décoré aux débats sociaux ou sociétaux qui travaillent notre époque. MeToo, bien sûr, est passé par là. Mais aussi la fraude fiscale, ou même, pour les dirigeants d'entreprise, la mise en place de plans sociaux unanimement jugés trop sévères. Il n'est pas jusqu'au grand chancelier qui n'ait dû s'appliquer à lui-même ces règles éthiques. Son contingent, jusqu'à peu discrétionnaire, est désormais soumis au même régime d'examen et d'approbation que tous les autres. Nommé en janvier 2023, le général François Lecointre, ancien chef d'état-major des armées, n'a pas manqué de constater que l'indispensable appel au mécénat pour entretenir et rénover l'hôtel de Salm ouvrait une nouvelle brèche, qu'il a comblée par un comité d'appui et une charte éthique.

Aucune précaution n'est inutile. Pour demeurer légitime, la distinction exige l'exemplarité.

C'est que l'on continue de se presser à l'hôtel de Salm pour les cérémonies officielles. Les concerts des maisons d'éducation où sont invitées des personnalités du gouvernement sont très courus. Les remises de décorations à l'Élysée ou à Matignon font le plein. Les déjeuners du grand chancelier sont prisés. L'aura de la Légion d'honneur n'a pas décru depuis Napoléon. Les excès historiquement constatés sont encore en embuscade. Les tuer dans l'œuf est le seul moyen de faire taire les démagogues et de préserver le rayonnement national et international non seulement de l'ordre, mais de notre pays lui-même.

Aussi le pouvoir d'exclure est-il plus indispensable que jamais.

Sous Charles X, après un premier tri en 1816, la chasse souvent sanglante aux bonapartistes a conduit à des radiations expéditives, ce qui provoqua ensuite la même procédure à l'encontre des royalistes. Le capitaine Dreyfus a été radié en 1894 pour trahison avant d'être réintégré en 1906. Pétain radia de Gaulle et quelques autres, mais de Gaulle attendit que Pétain soit condamné pour approuver sa radiation, acceptant même que le grand chancelier en effaçât le nom du collier de grand maître. D'autres collaborationnistes furent radiés, dont les derniers en date furent Paul Touvier et Maurice Papon.

Face à la gravité de ces situations, les mendiants de la notoriété s'avisant de publier leur refus de la distinction font assez pâle figure : la phrase de Satie, « il ne suffit pas de refuser la Légion d'honneur, encore faut-il ne pas la mériter », est faite pour eux.

En creux, l'histoire des crises et des hontes françaises se lit aussi à travers cette continuité de l'ordre. Être radié de l'ordre de la Légion d'honneur, ce n'est pas une condamnation de plus, mais bien une forme d'indignité nationale.

Cet ostracisme intervient au terme d'une procédure exigeante exprimée dans le code de la Légion d'honneur. L'exclusion est proposée après une condamnation judiciaire pour crime ou une peine de prison supérieure à un an, une indignité manifeste ou une trahison des intérêts de la France. Le dossier est constitué par la Grande Chancellerie, le principe du contradictoire s'applique et le président de la République tranche. L'exclusion tombe donc d'en haut, comme une excommunication laïque dont plusieurs dignitaires de la République ont récemment été l'objet, comme Isabelle Balkany ou Claude Guéant, et dont des titulaires étrangers ont été frappés (de Bachar el-Assad à Harvey Weinstein en passant par John Galliano). La haute valeur morale associée à cette distinction a conduit une ancienne ministre de la Culture à s'inquiéter du sort que devait réserver l'ordre à un célèbre acteur français aux prises avec la justice. À sa manière, elle confirmait que l'éthique est plus que jamais au cœur de ce pouvoir. Ce faisant, elle empiétait sur un domaine réservé du chef de l'État, ce qui lui fut reproché.

Le palanquin de l'honneur

Si, de l'extérieur, l'hôtel de Salm apparaît comme une ravissante villa palladienne, on découvre en y pénétrant un décor d'une impressionnante gravité. Les portraits de tous les grands chanceliers sont dûment alignés dans la galerie du vestibule d'entrée, que suit la représentation des maisons d'éducation, puis la rotonde où Napoléon côtoie Charlemagne, François Ier et Louis XIV, cependant que des grisailles représentent Bayard, Du Guesclin, Jeanne d'Arc et Sainte-Geneviève et qu'une fresque en douze moments symbolise l'universalité de la Légion d'honneur à travers douze activités et douze figures les incarnant – commerce (Richard-Lenoir), justice (Malesherbes), agriculture (Parmentier), industrie (Girard), marine (La Pérouse), architecture (Percier), sculpture (Houdon), guerre (Masséna), peinture (Gros), musique (Boieldieu), poésie (Delavigne), médecine (Larrey). Le bureau du grand chancelier comporte un tableau de Napoléon en costume de sacre et un buste de MacDonald. Partout s'exprime le poids du passé et de la responsabilité qu'il impose au présent. Chaque tableau, chaque meuble, a vu passer les témoins de notre geste nationale.

Enfin, voici au détour d'un couloir la salle du Conseil, presque ascétique par ses dimensions modestes, ses boiseries sombres et ses panneaux cramoisis : là se mesurent les mérites et les honneurs qui les couronnent, là se font ou se défont des réputations. Si ces murs pouvaient parler, ils conteraient ces milliers de vies qui, depuis plus de deux siècles, par la gloire ou l'héroïsme, le sens du devoir ou l'ambition, le sacrifice ou le service, le talent éclatant ou la constance dans l'effort, ont tissé la trame de l'histoire de France et des pouvoirs qui s'y sont succédé.

Nos plus vifs remerciements au grand chancelier de l'ordre de la Légion d'honneur, le général François Lecointre, ainsi qu'à M. Tom Dutheil, conservateur adjoint du musée de la Légion d'honneur, et à Mme Alice Bouteille, directrice de la communication de la Grande Chancellerie.

Bibliographie sélective

BARRAULT Joëlle, CHEFDEBIEN Anne DE, FOUCART Jacques et SAMOYAULT Jean-Pierre, *L'Hôtel de Salm. Palais de la Légion d'honneur*, Éditions Monelle Hayot, 2009.

FRANC Jean-Michel, *Légion d'honneur*, ETAI, 2014.

GALIMARD FLAVIGNY Bertrand et CHEFDEBIEN Anne DE, *La Légion d'honneur. Un ordre au service de la Nation*, Découvertes-Gallimard, 2002.

GEORGELIN Jean-Louis, *La Légion d'honneur*, Dalloz, 2016.

IHL Olivier, *Le Mérite et la République. Essai sur la société des émules*, Gallimard, 2007.

LENTZ Thierry, *Le Grand Consulat*, Fayard, 1999.

14

Grand Orient de France : vérités et légendes

par Jacques Ravenne

*Emblème des sociétés secrètes, la franc-maçonnerie en général et sa première obédience en particulier n'a jamais cessé d'alimenter les fantasmes complotistes depuis la Révolution française. Son sulfureux grand maître, Philippe Égalité, fut notamment accusé par l'abbé Barruel, essayiste monarchiste et catholique, d'avoir fomenté les journées des 5 et 6 octobre 1789. Par la suite, on reprocha aux « frères » le torpillage de l'intérieur des monarchies constitutionnelles avant de les soupçonner de diriger de façon occulte la III*e *République, comme en atteste l'« affaire des fiches*[1] *». Haïe par Maurras, pourchassée par Vichy, l'organisation fait encore l'objet d'attaques récurrentes alors que son pouvoir semble sur le déclin. Assurément républicaine, fer de lance de la laïcité, longtemps puissante et encore influente, elle gagne à sortir de la clandestinité (inhérente à son histoire) par une ouverture progressive manifestée par la création d'un musée, l'orchestration d'expositions et des travaux historiques*

1. Système de fichage établi sous l'égide du ministre de la Guerre, le général André, avec le concours de l'administration et du Grand Orient. Il entraînera début 1905 la chute du ministère radical d'Émile Combes.

qui permettent de contrer la légende noire. D'où cette visite guidée en son temple méconnu de la rue Cadet, à Paris.

Une jeune apprentie se presse dans les vastes escaliers du Grand Orient de France. Au troisième étage, elle ouvre une double porte et entre dans le temple : elle doit vérifier que tout est prêt pour l'initiation qui va avoir lieu dans une heure. Juste au-dessus de l'Orient[2], elle vérifie, d'un coup de commutateur, que les deux emblèmes du soleil et de la lune s'allument bien et que, sur la table du vénérable[3], les éléments clés sont bien présents : épée torsadée, crâne et chandelier prêt à être illuminé.

À un autre étage, un futur initié est conduit par deux francs-maçons dans une pièce étroite, éclairée par une seule chandelle. Là, il découvre des symboles qu'il ne comprend généralement pas, comme un coq énigmatique peint sur un mur. Un squelette au sourire édenté l'effraye quelque peu et il se demande bien pourquoi il y a du sel dans une coupelle, mais il doit se préparer. Bientôt il va recevoir la lumière.

La jeune apprentie fait le tour du temple, passe sous le fil à plomb qui tombe du plafond où sont peintes des constellations, sourit devant les deux colonnes entre lesquelles elle est passée, le jour où elle-même est devenue une sœur, puis se frappe le front : il faut qu'elle vérifie qu'il y ait un nombre d'épées suffisant pour tous les membres. Chacun va en avoir besoin pour l'initiation.

On frappe à la porte de la pièce étroite, le profane sursaute. Les deux francs-maçons lui indiquent que l'heure est venue. On lui pose un bandeau sur les yeux, une main entrouvre sa chemise, une autre lui remonte la manche droite… on le saisit

2. Nom symbolique donné à la partie où se tient le vénérable.
3. Nom que porte le franc-maçon, élu par ses pairs, chargé de la loge.

aux épaules. Désormais il faut avancer. Il titube. Il est dans la nuit, mais bientôt il entrera dans la lumière.

20 h 30. Une nouvelle initiation va avoir lieu rue Cadet.

Des origines

Longtemps considérée comme obscure ou mythique, l'origine de la franc-maçonnerie est aujourd'hui relativement éclaircie. Si elle apparaît officiellement en 1717 à Londres par la fusion de quatre loges en une seule (la Premier Grand Lodge of England), elle semble trouver ses sources en Écosse, au XVIIe siècle. Des groupes de maçons opératifs, composés d'artisans constructeurs, voient progressivement entrer des aristocrates, des bourgeois dans leur loge qui, jusque-là, n'existait que pour gérer l'organisation des chantiers et former des apprentis au travail de la pierre et du bois. Peu à peu, des intellectuels comprirent tout l'intérêt de disposer de lieux protégés par l'épreuve de l'initiation et la pratique du rituel pour pouvoir échanger en toute liberté, loin du regard inquisiteur du pouvoir royal et des Églises. C'est ainsi qu'en parallèle avec la Royal Society, créée en 1660 et qui regroupait des hommes de sciences et de pensée, la franc-maçonnerie spéculative[4], vouée à la réflexion, vit progressivement le jour.

C'est vers 1725 qu'une première confrérie, fondée par des Britanniques, naît à Paris et qu'une première Grande Loge est instituée en 1738 pour fédérer les ateliers qui se multiplient partout en France. Quoique condamnée par le pape et interdite par le pouvoir royal, la franc-maçonnerie prospère. Un mouvement qui s'amplifie jusqu'à la nomina-

---

4. Par opposition à la franc-maçonnerie opérative, constituée uniquement de gens de métier.

tion à la grande maîtrise d'un *prince du sang* et cousin du roi Louis XVI, Louis-Philippe d'Orléans, futur « Philippe Égalité », qui réorganise en 1773 l'institution en un Grand Orient de France regroupant déjà 600 loges.

Première obédience de France, dans un paysage maçonnique qui compte aussi d'autres organisations fraternelles, telles que la Grande Loge de France, la Grande Loge féminine de France, la Grande Loge nationale de France ou le Droit humain, le Grand Orient réunit aujourd'hui 52 000 membres et dispose de plus d'un millier de temples sur tout le territoire. Jusqu'à son installation définitive au 16, de la rue Cadet, en 1853, l'obédience a connu six adresses successives – avec une prédilection pour la rive gauche de Paris – et dont la plus célèbre est celle de la rue du Pot-de-Fer, qui correspond aujourd'hui à la rue Bonaparte. En 1774, le premier ordre maçonnique du royaume de France prend donc ses quartiers dans l'ancien noviciat des Jésuites, expulsés du royaume de France dix ans auparavant. Une installation qui sonne comme une revanche pour une organisation excommuniée par le pape Clément XII en 1738… Revanche qui culmine en ce jour de 7 avril 1778 où Voltaire est initié franc-maçon en ces lieux. Le chantre de la tolérance et combattant inlassable contre la superstition devient un frère du Grand Orient, mettant en lumière les convictions philosophiques et politiques des francs-maçons de l'époque, favorables à la liberté de penser, particulièrement dans le domaine religieux, et à une monarchie tempérée par une Constitution. Or cette initiation ne portera guère chance au « patriarche des lettres », qui meurt quelques semaines plus tard… Toutefois, durant vingt ans, c'est à cette adresse que le Grand Orient fédérera autour de son autorité des centaines de confréries de province, faisant de cette obédience la première jusqu'à nos jours. On trouve ainsi, dans les archives, de nombreuses reconnaissances de loges maçonniques, signées rue du Pot-de-Fer, et parmi les signatures de dignitaires, celle, par exemple, du frère Guillotin[5] qui n'était pas encore parvenu à la postérité… Le Grand Orient de France resta au cœur du faubourg Saint-Germain jusqu'en 1794, date à laquelle il jugea bon de cesser toute activité, son ancien grand maître, le sulfureux Philippe Égalité, étant passé sous le couperet l'année précédente – comme nombre de ses frères.

Les vicissitudes de l'histoire

Surveillée et vite suspecte sous la Convention, la franc-maçonnerie ne revit que difficilement le jour après la chute de Robespierre et végéta jusqu'à la prise de pouvoir de Bonaparte. En revanche, de 1800 jusqu'à la chute de l'Empire, elle devint une quasi-institution d'État. La proche famille du premier Empereur était initiée, tout comme ses principaux ministres Fouché[6] et Talleyrand[7], ainsi que la majeure partie des maréchaux… Pour autant, Napoléon a maintenu les francs-maçons sous une stricte autorité, nommant son bras droit civil Cambacérès[8] et son frère Joseph[9] pour les diriger. Ce rôle reconnu, mais subordonné, explique sans doute pourquoi le Grand Orient de France ne disposait pas d'un lieu de pouvoir visible et prestigieux. Il en est de même sous la Restauration (1815-1830), qui place les frères sous surveillance ; avec raison, car républicains et bonapartistes profitent des réunions maçonniques pour s'organiser, se fédérer et com-

5. Initié en 1772, à Angoulême.
6. Initié en 1788, à Arras.
7. Initié en 1805, à Paris.
8. Initié en 1779, à Montpellier.
9. Initié en 1793, à Marseille.

ploter. Toutefois, le royaliste Decazes[10], nommé président du Conseil en 1819, est lui-même initié… La première conspiration qui éclate l'année suivante est directement issue des loges devenues, pour un nombre grandissant, le refuge de l'opposition antidynastique. Et même si la surveillance se fait plus discrète sous Louis-Philippe (1830-1848), le Grand Orient, dont les effectifs fructifient, ne peut toutefois afficher une visibilité ostentatoire.

Cette situation cesse avec l'arrivée de Louis-Napoléon Bonaparte au pouvoir, qui, s'il connaît l'inclination républicaine des loges, apprécie en revanche l'usage politique bénéfique qu'en a tiré son oncle et encourage la nomination à la tête des francs-maçons de son cousin, le prince Lucien Murat[11]. Ce dernier, dont on ne sait s'il a été initié aux États-Unis ou en Autriche, achète le 16, rue Cadet pour y installer le siège du Grand Orient de France. Cet immense bâtiment, datant du début du XVIIIe siècle, va être amplement modifié pour accueillir à la fois l'administration du premier ordre maçonnique et de nombreux temples où les frères parisiens et visiteurs vont pouvoir se réunir. Pour autant, le prince Murat ne profite pas longtemps de son investissement. Désireux d'être réélu en 1860, il trouve en face de lui un autre prétendant tout aussi illustre : le prince Napoléon[12]. Surnommé « Plon-Plon » par sa famille, ce Bonaparte avait la réputation d'être un *prince rouge*, très favorable aux républicains. L'élection va vite dégénérer en querelle de famille au point de nécessiter une intervention de police pour séparer les partisans des deux prétendants. Sérieusement échaudé, l'empereur tranche

10. Initié avant 1808.

11. Fils de Joachim Murat, initié en 1801, et de Caroline Bonaparte, dont une loge maçonnique existe à son nom dès 1807.

12. Initié. Neveu de l'empereur Napoléon et fils de son frère Jérôme.

en faveur d'un fidèle de second rang, le maréchal Magnan, en 1862. Cette nomination passe mal, car le maréchal n'est même pas franc-maçon ! Initié à la va-vite, il sera néanmoins réélu en 1864, ayant fait montre du zèle inhérent aux nouveaux convertis. Toutefois, l'opposition devient croissante, dans les loges maçonniques, contre le régime impérial, en particulier en raison de la politique de rapprochement de Napoléon III avec le pape Pie IX. Résolument conservateur et opposé par essence à l'unité politique italienne, ce dernier érige l'infaillibilité pontificale, attisant les tensions entre une franc-maçonnerie progressiste et les catholiques, dont le soutien à l'Empire est conditionné par la défense de l'intégrité des États pontificaux.

Quand l'Empire s'effondre en 1870, le Grand Orient a presque entièrement basculé dans le camp républicain et commence à développer un anticléricalisme qui va devenir sa marque de fabrique pour un siècle.

À l'origine, la rue Cadet portait le nom de « rue de la Voirie », car les Parisiens venaient y répandre leurs ordures. Mais dès la fin du XVIIe siècle, le secteur est progressivement urbanisé et le prince de Monaco y fait construire en 1700 un hôtel particulier qui appartiendra ensuite au duc de Richelieu en 1725, avant de passer dans les mains du grand maître des eaux du roi en 1760, pour finir propriété du président du parlement de Rouen jusqu'à la Révolution. Divisé, modifié, dégradé, l'édifice retrouve une partie de son lustre avec son rachat par le prince Murat, mais se trouve vite éclipsé par la notoriété de son tonitruant voisin, la salle de bal du Casino-Cadet, où le Tout-Paris, dès 1859, se précipite pour admirer des danseuses réputées pour la volatilité de leur vêture…

Devenu plus discret, derrière sa façade de métal des années 1970, le 16, rue Cadet regroupe aujourd'hui l'administration centrale du Grand Orient de France, un musée de la Franc-Maçonnerie, labellisé musée de France, où se trouve, entre autres, le tablier réputé d'initiation de Voltaire, ainsi que vingt et un temples[13] dont certains sont passés à la postérité, tels le temple Lafayette[14], dont le décor de style XVIIIe célèbre l'alliance franco-américaine de la guerre d'Indépendance ; le temple Corneloup, décoré selon l'Art nouveau et classé monument historique ; ou encore, bien sûr, le temple Groussier, ancienne salle de bal devenue le vaisseau amiral des temples du Grand Orient et qui accueille réunions publiques et tenues de prestige. Sans oublier les fameux cabinets de réflexion, où les futurs francs-maçons, avant d'être initiés, doivent signer leur testament philosophique au milieu d'étranges symboles, parmi lesquels un coq rappelle peut-être la mort de Socrate, un crâne la vanité des biens terrestres et un sablier la fugacité de la vie.

Désormais libre d'afficher ses convictions républicaines, le Grand Orient de France fut pris de court par l'insurrection populaire parisienne de mars 1871. Écartelé entre ses membres les plus radicaux, favorables à la Commune de Paris, et les défenseurs de la légitimité du pouvoir exécutif réfugié à Versailles, le Grand Orient prend la tête d'une médiation entre communards et Versaillais. Le 29 avril, une délégation de francs-maçons, portant leurs décors[15] et les bannières de leurs loges, quittèrent l'Hôtel de Ville pour se rendre sur la ligne de front, porte Maillot. D'abord accueillis par une fusillade, ces frères séparés organisèrent une rencontre entre le gouvernement de Versailles et trois représentants des obédiences. Ces derniers ne purent obtenir qu'une trêve de

---

13. Local, décoré avec des symboles, où se réunissent les francs-maçons pour pratiquer leur rituel.

14. Initié avant 1777, à Paris.

15. Quand ils sont en loge, les francs-maçons portent un *décor* constitué d'un tablier, d'un cordon, tous deux ornés de symboles et d'une paire de gants.

vingt-quatre heures. Un échec aux conséquences immédiates, puisque des responsables maçonniques répliquèrent par un appel aux armes sous le mot d'ordre : « Frères, debout ! Que les traîtres et les hypocrites soient châtiés ! »

Dès la défaite sanglante de la Commune, de nombreux francs-maçons sont pourchassés, arrêtés, emprisonnés, déportés ou exilés, à l'instar d'un des principaux chefs révolutionnaires, Jules Vallès[16]. De cette période sombre, le Grand Orient célèbre le souvenir chaque 1er mai par un rassemblement devant le mur des Fédérés, au cimetière du Père-Lachaise, où les derniers combattants communards furent fusillés le 28 mai 1871.

La IIIe République ou les années d'influence

De la chute de l'Empire en 1870 à la défaite de 1940, l'obédience maçonnique de la rue Cadet va lier son destin à celui de la République, progressivement triomphante, dont elle devient l'une des matrices idéologiques, mais aussi sa défenseuse autoproclamée, non sans parfois quelques errances.

Royaliste légaliste à ses débuts, républicaine modérée sous la Révolution, napoléonienne enthousiaste sous l'Empire, libérale sous la Restauration, la franc-maçonnerie, très proche des radicaux au pouvoir à partir de l'affaire Dreyfus, fait montre d'une plasticité politique – qui explique pour beaucoup sa survie depuis deux siècles. Mais révèle aussi, grâce au travail constant de réflexion de ses membres lors des tenues[17] en loge, une capacité de prévision qui lui per-

16. Initié en 1869, à Paris.

17. Réunion rituélique dans un temple maçonnique durant laquelle un ou plusieurs membres présentent oralement un travail de réflexion.

met souvent de saisir en amont l'évolution de la société. En 1877, le Grand Orient de France décide par exemple la suppression, dans la pratique de ses rituels, de l'obligation de la croyance en Dieu et en l'immortalité de l'âme pour y substituer « la liberté absolue de conscience ». En séparant ainsi la pratique maçonnique de la foi religieuse, le Grand Orient préfigure la loi de séparation des Églises et de l'État, votée en 1905 sous l'impulsion du président du Conseil radical, Émile Combes[18]. Ce combat virulent pour la laïcité va devenir le marqueur dominant de l'institution, non sans conséquences. D'abord avec la franc-maçonnerie sous influence anglo-saxonne[19], majoritaire dans le monde, avec laquelle la rupture est consommée, mais aussi et surtout avec l'Église catholique, qui renouvelle son excommunication prononcée en 1738[20] et fait feu de tout bois contre le Grand Orient de France. Parfois sans précaution, comme quand le pape Léon XIII, en 1887, couvre de louanges le mystificateur Léo Taxil qui prétend que le diable apparaît en loge et présente les francs-maçons comme des lucifériens. Léo Taxil dénoncera lui-même sa propre supercherie, mais le fantasme des « frères » adorateurs du diable perdurera jusqu'à nos jours, revitalisé par les réseaux sociaux.

Quand il ne combat pas la superstition, le Grand Orient, qui a pris fait et cause pour l'innocence du capitaine Dreyfus, ouvre d'importants chantiers de réflexion sociale, tels l'école

---

18. Initié en 1869, à Barbezieux.

19. La grande loge d'Angleterre, fondée en 1717, qui se veut déiste et se refuse à toute réflexion sociale ou politique, exerce une influence notable sur la franc-maçonnerie mondiale, en particulier dans son ancien Empire.

20. Bulle *In eminenti apostolatus specula* fulminée par le pape Clément XII.

gratuite, obligatoire et laïque, consacrée *via* les lois Ferry[21] de 1881, 1882 et 1886, l'existence et la reconnaissance des syndicats, votée sous l'impulsion de Pierre Waldeck-Rousseau en 1884, ou le rétablissement du droit au divorce, arraché de haute lutte la même année par Alfred Naquet[22]. Le 16, de la rue Cadet, devenu l'antichambre spirituelle de la jeune IIIe République, se veut aussi recruteur et formateur de son nouveau personnel politique. Ainsi voit le jour, par exemple, la Ligue de l'enseignement, fondée en 1866 par Jean Macé[23] et dont l'activité militante fera émerger de nombreux dirigeants. Mais, tandis que le Grand Orient s'investit de plus en plus dans la défense des valeurs de la République, le zèle de certains de ses membres devient parfois partisan.

Si Jules Ferry avait purgé en 1880 l'appareil judiciaire de ses magistrats, réputés compromis avec le second Empire, il n'en est pas de même pour les deux corps – l'armée et la diplomatie – dominés par les royalistes, mais difficiles à remplacer au pied levé en raison de la formation au long cours inhérente à leurs métiers. Bien que la diplomatie ne représente pas une menace, la IIIe République naissante reste hantée par le risque d'un coup d'État militaire, grande peur réactivée avec la tentative du général Boulanger en 1889. Convaincus que la majeure partie des officiers sont des conservateurs zélés, voire fanatiques, les radicaux parvenus au pouvoir dans la foulée de l'affaire Dreyfus décident de procéder à une épuration discrète, mais efficace, en n'accordant des promotions qu'à des cadres aux opinions républicaines affirmées. Le général André, alors ministre de la Guerre, prend la décision en 1900 d'opérer un fichage systématique de tous les officiers

21. Initié en 1875, à Paris.
22. Initié en 1852, à Aix-en-Provence.
23. Initié en 1866, à Mulhouse.

selon leurs opinions politiques ; mais comment savoir qui pense quoi ? Le ministre choisit alors de s'appuyer sur les préfets, mais les informations reçues en retour se révèlent vite trop lacunaires, souvent imprécises et parfois erronées. Il projette donc un recensement clandestin et rencontre à cet effet le président du conseil de l'ordre du Grand Orient de France, Frédéric Desmons, qui, sans consulter tous les responsables de l'obédience, mobilise les francs-maçons les plus progressistes pour réaliser cette opération d'espionnage intérieur. Le Grand Orient, qui dispose de plusieurs loges par département, pour la plupart constituées de notables ou de personnalités influentes, bénéficie d'un réseau d'informations exceptionnel. Ce sont ainsi presque 19 000 fiches qui vont être produites par les loges, pendant presque quatre ans, identifiant scrupuleusement les convictions religieuses et politiques des officiers. Le locataire de l'hôtel de Brienne range celles des présumés conservateurs ou catholiques dans un dossier intitulé *Carthage,* ce qui retarde ou bloque leur avancement dans la hiérarchie militaire. Rapidement, des fuites sporadiques ont lieu et le gouvernement, dans son ensemble, découvre l'opération, mais, tétanisé par la peur du scandale, ne réagit pas. Beaucoup d'hommes politiques francs-maçons s'indignent du noyautage du Grand Orient par une minorité partisane pour le transformer en vulgaire officine de renseignements. Waldeck-Rousseau, en particulier, dénonce dès 1902 les « procédés inadmissibles » du ministre de la Guerre et s'inquiète des « légitimes colères » qui suivront. À raison. L'affaire éclate à l'automne 1904. Le général André, convaincu de mensonge, agressé et frappé en pleine séance parlementaire, est acculé à la démission, tandis que l'affaire devient un scandale national, entraînant la chute du gouvernement en janvier 1905.

Cette grave crise ternira durablement l'image du Grand Orient de France et traumatisera l'armée. Un certain Philippe Pétain, sourdement convaincu que cette affaire a nui à sa carrière militaire[24], s'en souviendra en 1940.

Les années sombres

Après la Première Guerre mondiale, l'influence politique de l'obédience de la rue Cadet devient déterminante. En effet, le nombre de loges et de francs-maçons est en perpétuelle expansion – plusieurs centaines maillent désormais le territoire de la République – et de nombreux frères, souvent recrutés dans la fonction publique, acquièrent des responsabilités syndicales ou politiques de premier plan, ce qui accentue l'osmose entre la franc-maçonnerie et certaines formations politiques, en premier lieu le parti radical-socialiste et son courant solidariste incarné par Léon Bourgeois[25]. Dans le même temps, développant une franc-maçonnerie dite *libérale*, c'est-à-dire sans référence religieuse, *humaniste et adogmatique,* le Grand Orient tente d'essaimer sa pratique dans toute l'Europe, en particulier dans les pays latins, d'où son soutien constant aux opposants à Mussolini et son implication marquée en faveur du camp républicain durant la guerre civile espagnole. Un engagement affirmé et affiché qui ne sera pas sans conséquence dès la défaite de 1940.

En ce 14 juin 1940, la rue Cadet, d'habitude très fréquentée du fait de ses nombreux commerces de bouche, est

---

24. À la veille de la Première Guerre mondiale, Pétain n'est toujours que colonel.

25. Initié en 1873, à Reims.

quasi déserte. Depuis 7 h 30 du matin, Paris est déclarée ville ouverte et les troupes allemandes prennent progressivement possession des principaux lieux de pouvoir : ministères, administrations, casernes... Pourtant, la stupéfaction des habitants du quartier est grande quand une colonne remonte la rue Cadet et s'arrête devant le n° 16. Aussitôt, des unités spéciales s'emparent des bâtiments et, durant plusieurs semaines, un pillage en règle a lieu. Quoique sous l'autorité nominative de la Wehrmacht, ces commandos dépendent d'un service allemand spécifique, l'Einsatzstab Reichsleiter Rosenberg, chargé de la récupération des biens culturels juifs et francs-maçons[26] et placé sous la direction d'Alfred Rosenberg, principal théoricien du nazisme[27], et fervent convaincu que les francs-maçons sont à l'origine de tous les bouleversements sociopolitiques en Europe depuis 1789.

Sous la férule nazie, les bureaux de la première obédience maçonnique sont méticuleusement mis à sac, les temples systématiquement dévastés, mais surtout la majeure partie des archives, qui débutent dès le milieu du XVIIIe siècle, est dérobée et des tonnes de documents prennent le chemin de l'Allemagne pour être classés, analysés et surtout... prouver que les francs-maçons sont les plus redoutés conspirateurs de tous les temps ! En ce mois de mai 1940, le siège du Grand Orient de France vient ainsi de rentrer dans l'histoire de la Seconde Guerre mondiale.

Convaincu que la franc-maçonnerie, par son influence sur la politique française, se trouve parmi les principaux responsables de l'entrée en guerre, attisé par de nombreux

---

26. Durant l'Occupation, l'E.R.R. a saisi 22 000 biens culturels en France.

27. Cet idéologue fanatique (1893-1946) a notamment écrit *Le Mythe du XXe siècle* (1930), un pavé indigeste axé sur la « lutte des races ».

mouvements politiques d'extrême droite, telle l'Action française, qui a fait de l'antimaçonnisme son cheval de bataille – Charles Maurras n'a-t-il pas rangé la franc-maçonnerie parmi les « quatre anti-France », avec les protestants, les juifs et les métèques ? –, le nouvel État français interdit rapidement l'institution décriée, réquisitionne ses locaux, pille ses archives restantes et entame une violente campagne de discrimination qui culminera en octobre 1940 avec l'exposition sur la franc-maçonnerie au Petit Palais à Paris qui, selon Vichy, aurait attiré un million de personnes... Cet événement s'articule autour de deux thématiques sans cesse martelées jusqu'en 1944 : l'assimilation des francs-maçons aux juifs et leur responsabilité dans l'éclatement de la guerre en Europe. Propagande qui reprend, au mot près, celle de Joseph Goebbels.

Dans le même temps, les francs-maçons sont écartés des responsabilités publiques jugées sensibles – l'ostracisme concerne environ 3 000 personnes –, un fichage systématique est lancé qui liste 64 000 noms, dont une partie sont publiés dans la presse à partir d'octobre 1941... orchestrant en clair une politique de discrimination et de répression qui met en œuvre la volonté du chef de l'État français, Philippe Pétain, pour lequel « si un juif n'est pas responsable de sa naissance, un franc-maçon, lui, l'est de son choix ».

Le 16, rue Cadet, lui, est réquisitionné par des antimaçons frénétiques, comme Jean Marquès-Rivière[28] qui se servira des locaux pour tourner, à l'automne 1942, un film de propagande antimaçonnique intitulé suggestivement *Forces occultes*. De surcroît, dès l'été 1940, l'ancien hôtel du prince Murat abrite le redouté Service des sociétés

---

28. Initié en 1920 à la Grande Loge de France, il sera condamné à mort par contumace en 1949.

secrètes, codirigé par le même Marquès-Rivière et Bernard Fay[29], professeur au Collège de France et administrateur général de la Bibliothèque nationale de France, qui, en collaboration avec le service de renseignement du Reich (Sicherheitsdienst) et la Gestapo, éliminera environ un millier de francs-maçons, par emprisonnement, déportation ou exécution.

En août 1944, des résistants s'emparent du 16, rue Cadet, qui sera rapidement restitué au Grand Orient de France par le nouveau gouvernement. Comptant près de 30 000 membres avant l'Occupation, l'obédience ne retrouve plus que 7 000 d'entre eux à la Libération. La remontée sensible des effectifs ne s'effectuera que dans les années 1960, le Grand Orient de France s'ouvrant à de nouvelles générations en rupture avec le gaullisme au pouvoir, considéré comme sclérosé du point de vue sociétal. Cet afflux l'amènera à prendre position, dans la crise de mai 1968, en faveur des étudiants, en particulier en poussant une de ses propositions, datant de 1965 : que l'âge de la majorité, civile et politique[30], soit abaissé à 18 ans, une disposition finalement votée par l'Assemblée nationale, mais en 1974. La rue Cadet s'impliquera, par sa réflexion et son influence, dans des avancées sociales majeures : droit à la contraception, droit à l'avortement ou abolition de la peine de mort, réclamée par les frères[31] depuis 1848. Ce travail s'effectuera dans les loges – près d'un millier en France[32] – et mobilisera ses membres autour d'un travail mutuel d'intros-

29. Condamné aux travaux forcés à perpétuité, il sera gracié en 1959.

30. La majorité était alors fixée à 21 ans.

31. En particulier, Adolphe Crémieux, initié en 1818 à Nîmes, député et ministre, et qui fut l'artisan majeur de l'égalité des droits pour les juifs via notamment son fameux décret de 1870.

32. On peut estimer le nombre de frères au Grand Orient, à cette époque, autour de 40 000 membres.

pection : chaque année, des questions de société leur sont soumises à l'étude. Chacune fournit alors un texte de référence, dont la synthèse pourra alimenter la réflexion des partis politiques ou des corps constitués.

L'arrivée de la gauche au pouvoir, en 1981, avec l'élection de François Mitterrand, va modifier sensiblement l'engagement sociétal de l'obédience de la rue Cadet. Considérant que l'évolution de la société par la législation doit d'abord être un choix de conscience, le Grand Orient de France va se consacrer à des réflexions de fond, telles que la bioéthique ou le traitement social de la fin de vie, tout en demeurant vigilant devant les atteintes grandissantes à la laïcité et à l'État de droit.

La mémoire retrouvée

Le 23 décembre 2000, le 16, rue Cadet a vu s'arrêter devant sa façade une cohorte de camions, venant de l'ancienne Union soviétique et ramenant des tonnes d'archives portées disparues depuis mai 1940. En effet, si les nazis s'emparent à cette époque de la mémoire du Grand Orient de France, l'évolution de la guerre ne leur permet ni de les classer ni de les analyser en totalité et ces archives se retrouvent, dès 1944, dispersées et cachées dans toute l'Allemagne, dans des châteaux perdus ou des mines abandonnées. Récupérées par des unités spécialisées de l'armée soviétique, considérées comme des prises de guerre, elles sont déposées aux Archives centrales russes où des spécialistes vont les étudier, avec plus ou moins de minutie. En 1990, une universitaire américaine de Harvard, Patricia Grimsted, révèle l'existence de ces archives que l'on croyait irrémédiablement disparues dans la débâcle du IIIe Reich. Dès lors, le gouvernement français intervient en faveur de leur restitution[33], ce qui sera donc fait en décembre 2000. Le premier carton d'archives, de retour d'exil, est ouvert dans le hall même du 16, rue Cadet et le premier document, de retour à la lumière, porte la signature de Benjamin Franklin.

Toujours considéré à juste titre comme un groupe d'influence, le Grand Orient de France travaille, on l'a dit, sur les questions de bioéthique, ainsi que sur la fin de vie, thématiques qui désormais appartiennent au champ de la décision législative. Toutefois, son influence actuelle est largement dépassée par celle des *think tanks* spécialisés et celle des lobbys idéologiques ou économiques. Ayant largement œuvré en faveur de la République et du bien commun, la maison de la rue Cadet opère désormais un recentrage sur sa dimension initiatique, qui consiste à développer, par la pratique des rituels et la compréhension de ses symboles, le libre arbitre de toutes celles et tous ceux qui la rejoignent. Une volonté de développer partout l'universalisme, en des temps incertains, et tout particulièrement dans les pays émergents, tels ceux d'Afrique et d'Amérique latine. Si elle se conjugue au présent, la franc-maçonnerie a toujours privilégié l'avenir.

---

33. Restitution incomplète, car il reste encore des archives maçonniques à Moscou et à Minsk.

Bibliographie sélective

Bauer Alain et Dachez Roger, *Nouvelle histoire des francs-maçons en France*, Tallandier, 2018.

Combes André, *La Franc-Maçonnerie sous l'Occupation*, Éditions du Rocher, 2013.

Dargent Raphaël, *Philippe Égalité. Le prince de la Révolution*, Tallandier, 2025.

Giacometti Éric et Ravenne Jacques, *La Mémoire volée des francs-maçons*, documentaire France 5 réalisé par Jean-Pierre Devillers, 2016.

Le Bras Jean-Luc, *Le Paris GO. Histoire des adresses successives du Grand Orient de France, 1723-2023*, DETRAD, 2024.

Mollier Pierre (dir.), *La Franc-Maçonnerie. Catalogue de l'exposition*, BnF éditions, 2016.

Morlat Patrice, *La République des frères. Le Grand Orient de France de 1870 à 1940*, Perrin, 2019.

15

La Grande Mosquée de Paris
La véritable ambassade d'Algérie en France

par Farid ALILAT

Inauguré le 15 juillet 1926 dans le 5e arrondissement de Paris, en présence de 4 000 personnalités au premier rang desquelles Paul Doumergue et le maréchal Lyautey, cet édifice cultuel et culturel devait symboliser la reconnaissance de la nation aux nombreux soldats musulmans morts au combat durant la Première Guerre mondiale. De son charismatique fondateur, Kaddour Benghabrit, à Chems-Eddine Hafiz, en passant par Dalil Boubakeur, ses recteurs successifs ont toujours joué un rôle politique et diplomatique. La grande histoire de la Grande Mosquée raconte une double histoire : celle de la relation passionnelle entre la France et l'Algérie, et celle du rapport de la « fille aînée de l'Église » à l'islam, aujourd'hui deuxième religion nationale.

De loin, on voit d'abord ses grands murs d'un blanc immaculé, ses tuiles vert émeraude, son dôme tout aussi orné de vert, sa porte massive en bois sculpté et son minaret qui culmine à 34 mètres de hauteur. Un bref instant, on s'imaginerait dans la cité impériale marocaine de Fez, à la tunisienne Kairouan, première ville sainte du Maghreb, ou, pour les plus nostalgiques, à Grenade, capitale de l'Empire andalou avant sa chute aux mains des Rois catholiques en 1492. Nous ne sommes pourtant ni au Maroc ni en Tunisie et encore moins en Espagne, mais au 2 bis, place du Puits-de-l'Ermite, au cœur du 5e arrondissement de Paris. À côté du Jardin des Plantes, à deux pas du Panthéon, à quelques encablures du Quartier latin et de son célèbre Café de Flore, à deux battements d'ailes de pigeon de l'amphithéâtre gallo-romain des arènes de Lutèce, non loin de Notre-Dame de Paris, ici donc se dresse ce bâtiment unique en France : la mosquée de Paris. Avec sa grande salle de prière, son jardin luxuriant, sa bibliothèque, son restaurant, son hammam, cet édifice est plus qu'un simple lieu de culte. Ouverte sans distinction aux musulmans et aux non-musulmans, elle attire les touristes du monde entier qui s'y pressent pour admirer son architecture mauresque ou profiter de son restaurant ouvert même durant le mois sacré du ramadan. Les visiteurs peuvent même profiter du hammam, ouvert tous les jours jusqu'à 21 heures. Contrairement à toutes les mosquées du monde où le rituel de l'appel aux cinq prières quotidiennes se fait par un muezzin à partir du minaret, celui de la Grande Mosquée ne retentit jamais, pour veiller à la bonne quiétude des riverains. Les visiteurs n'ont sans doute pas conscience d'arpenter un véritable lieu de pouvoir, une de ces institutions qui racontent l'histoire de la France coloniale, un terrain où se jouent les luttes d'influences entre la France et l'Algérie, et le Maroc, l'antichambre de la diplomatie française, un lieu de mémoire de la politique française sous la IVe et la Ve République.

Une inauguration en présence de Doumergue et Lyautey

Dès avant sa création, la mosquée s'est inscrite dans la sphère politique. Et sans doute n'aurait-elle jamais rayonné sans son inspirateur et fondateur, Kaddour Benghabrit. Son « règne », qui va de 1926 à 1954, ne fait que souligner davantage son passage aussi long que remarquable à la tête de cette institution. Dans les annales du culte musulman du XXe siècle, Benghabrit occupe une place singulière. Ministre chargé du protocole du roi du Maroc, ministre plénipotentiaire, consul, recteur, intellectuel, mondain, fêtard, auteur de pièces de théâtre, ami de monarques, de présidents et de chefs de gouvernement, cet homme éclectique dénote, étonne, dérange et fascine. Sans lui, la mosquée de Paris n'aurait sans doute jamais vu le jour. L'idée de sa création germe au cœur de la Première Guerre mondiale, entre Rabat, Paris, Alger et l'ancien Hedjaz, aujourd'hui Arabie saoudite.

Né en 1868 à Sidi-bel-Abbès, en Algérie, membre influent du protectorat mis en place au Maroc par le puissant commissaire résident général Hubert Lyautey, Benghabrit excelle par ses connaissances de la religion et des rouages de l'administration, tant et si bien qu'il devient directeur du protocole du sultan chérifien. Ami de Lyautey, il se voit confier plusieurs missions diplomatiques en Égypte, en Syrie, en Palestine. Son travail se révélera encore plus précieux et décisif en 1916.

À l'époque, le chérif de La Mecque Hussein ben Ali sonne la révolte pour en finir avec l'occupation ottomane. Afin de soutenir cette révolte arabe et contrebalancer l'influence britannique au Moyen-Orient, la France décide d'y dépêcher une mission militaire, politique et religieuse. Benghabrit y prend part avec pour tâche de se rendre sur les lieux saints afin d'y organiser le pèlerinage des musulmans venant de France et du Maghreb. À La Mecque et à Médine, il acquiert des hôtels pour les accueillir et faciliter leurs séjours sur place. Jusque-là, les conditions de vie de ces pèlerins dans ces contrées d'Arabie dépourvues de confort étaient extrêmement pénibles. À cela s'ajoutait le long et périlleux voyage à partir des pays du Maghreb vers les terres saintes. Un an après cette mission réussie, Benghabrit fonde à Alger la Société des habous et des lieux saints de l'Islam, une association cultuelle destinée à mieux gérer ces pèlerinages qui voient débarquer chaque d'année des milliers de personnes en Arabie saoudite.

Au sortir de la Grande Guerre qui a fait des millions de morts, la France veut rendre hommage aux 100 000 combattants musulmans qui ont laissé leur vie sur les champs de bataille en construisant une mosquée à Paris. L'assiette de terrain de 7 500 mètres carrés sera offerte par la Ville lumière. La personne idoine pour mener cette entreprise ambitieuse ? Kaddour Benghabrit. Soutenu par la présidence française ainsi que par les maréchaux Lyautey, Pétain, Foch et Franchet d'Espèrey, le projet est adopté par l'Assemblée nationale en août 1920 avec une enveloppe de 500 000 francs. Celle-ci comprend également la construction d'un institut musulman. Ce lieu de culte se veut l'incarnation et l'expression de l'intérêt que porte la France à l'islam ainsi qu'à ses adeptes. C'est ainsi que, le 20 octobre 1922, le maréchal Lyautey pose la première pierre de l'édifice dont l'architecture renvoie aux splendeurs des arts hispano-andalous. Cyprès venus des montagnes des Aurès en Algérie, faïences et carreaux offerts par le bey de Tunis, zelliges marocains, tapis perses expédiés par le chah d'Iran, minbar offert par le roi d'Égypte, artisans choisis parmi les meilleurs orfèvres de Fez et de Meknès, rien ne sera trop beau pour cette mosquée. Citronniers, cyprès, jasmin, grenadiers, arbousiers, palmiers, fontaines, bassins formant une rivière parmi les colonnades, le jardin qui s'incruste au centre de l'édifice rappelle ceux du palais de l'Alhambra, à Grenade.

La gestion de la mosquée est confiée à la Société des habous créée cinq ans plus tôt à Alger, alors département français. Pour contourner la loi de 1905 qui interdit à l'État de subventionner les lieux de culte, Benghabrit fait changer les statuts pour la mettre en conformité avec la loi sur les associations de 1901. Son siège social est installé à Alger. On verra comment plus tard ce « détail » fera l'objet de guerre d'influences entre responsables français et algériens. Ce jour du 19 octobre 1922, en posant la première pierre en présence d'un aréopage de politiques français – Kaddour Benghabrit sanglé dans son éternelle gandoura blanche et coiffé de son turban –, Lyautey s'enflamme avec ces mots qui résonnent sous le ciel gris de Paris : « Quand s'érigera le minaret que vous allez construire, il ne montera vers le beau ciel de l'Île-de-France qu'une prière de plus dont les tours catholiques de Notre-Dame ne seront point jalouses, déclame le maréchal. La France entend ne rien railler, ne rien troubler, ne rien effacer dans l'âme humaine de ce qui a pu contribuer à la réconforter, à l'élever, à l'ennoblir. »

Pour inaugurer cet écrin d'art mauresque au cœur du 5ᵉ arrondissement, la IIIᵉ République fera les choses en grand. Et cette journée témoignera d'emblée de ce que cette mosquée aura comme influence politique et religieuse. Ce jeudi radieux du 15 juillet 1926, 4 000 personnes se bousculent dans l'édifice pour assister à la cérémonie d'inauguration. Il y a là le président Paul Doumergue, le sultan Moulay Youssef, Hubert Lyautey bien sûr, ainsi qu'un aréopage de ministres, de généraux, d'ambassadeurs, de personnalités mondaines et religieuses. Kaddour Benghabrit rayonne ce jeudi-là dans cette mosquée à laquelle on aurait pu donner son nom tant il l'a portée à bout de bras. Et, on l'a dit, il y rayonnera pendant plus de trois décennies.

Pour le seconder et le chaperonner dans ses fonctions, le recteur sera constamment cornaqué par Paul Valroff, officiellement inspecteur des arts indigènes, officieusement bras droit et conseiller appointé par le Quai d'Orsay pour y avoir son *œil de Moscou*. Valroff ne le lâchera pas d'une semelle. C'est dire combien Paris, qui assure les finances de cette institution, veille à ce qu'elle demeure sous étroite surveillance, bien que l'influence de Benghabrit et son importance soient bien plus grandes que celles des diplomates du Quai d'Orsay. Il n'y a pas que ce dernier qui scrute ce recteur toujours bien habillé et au langage châtié. Benghabrit fait également l'objet d'une attention particulière de la part des agents des Renseignements généraux qui noircissent des pages sur ses moindres mouvements, ses moindres fréquentations ainsi que sur ses fréquents voyages à l'étranger.

Kaddour Benghabrit est un personnage haut en couleur. Il n'est pas imam, mais un mondain, habite un hôtel particulier de trois étages, organise des fêtes dans la mosquée, ne dédaigne pas les présences féminines, ne refuse pas le champagne et les bons vins, court les théâtres et écrit des pièces dont l'une, intitulée *Abou-Nouas ou l'Art de se tirer d'affaire*, ne manque pas de piquant à cause de la réputation sulfureuse du poète arabo-perse qui vécut sous le califat abbasside au VIIIe siècle. Reconnu comme l'un des plus célèbres poètes arabes, Abou-Nouas ne faisait pas mystère de son homosexualité et de son amour immodéré pour le vin. L'homosexualité et la consommation de l'alcool étant des péchés passibles de la peine de mort dans la religion musulmane, on imagine encore plus l'esprit irrévérencieux de Si Kaddour. On l'appellera « le plus parisien des musulmans ».

Un refuge pour les juifs ?

La capitulation du maréchal Pétain en juin 1940, qui fit basculer une partie de la France sous occupation allemande, est un épisode à controverses, tant dans la vie de cette mosquée que dans celle de son recteur. Contrairement à une vulgate largement répandue, aucune archive sérieuse ne prouve qu'elle a vraiment servi d'abri ou de refuge pour les juifs sépharades recherchés par la police française ou par la Gestapo afin d'être envoyés dans les camps de concentration ou d'extermination. Aucune preuve formelle n'indique qu'elle a fourni des documents pour les soustraire aux rafles. Tout part en l'occurrence des Allemands qui soupçonnent cette institution quatre mois après le début de l'occupation. À l'appui, une note datée du 24 septembre 1940 et adressée au général Maxime Weygand, ministre de la Défense du gouvernement de Vichy, indique que « les autorités d'occupation soupçonnent le personnel de la mosquée de Paris de délivrer frauduleusement à des individus de race juive des certificats attestant que les intéressés sont de confession musulmane ». En dépit de ces soupçons et de ces accusations, il n'y a pas eu, martelons-le, de sauvetage organisé et méthodique. Il est en revanche avéré que Kaddour Benghabrit a porté assistance à des juifs pour les sauver de la prison, de la déportation ou de la mort. Et certains de ceux à qui il a porté assistance connaîtront de fabuleux destins. Tel est le cas d'Oro Boganim, juive d'origine marocaine, infirmière à l'hôpital franco-musulman de Bobigny. Alors que les Allemands épluchent les dossiers du personnel à la recherche de juifs, Benghabrit appelle Oro pour lui demander de quitter les lieux au plus vite sous peine d'être arrêtée. Il l'aurait même aidée à rejoindre la zone libre, puis le Maroc. Restée proche de son bienfaiteur, elle sera l'infirmière de Thami el-Glaoui, pacha de Marrakech, du sultan Mohamed V, de son frère ainsi que de la famille royale. Tel est le cas également du chanteur Salim Halali, de son vrai nom Simon Halali, musicien juif né en Algérie, qui a trouvé abri dans la mosquée avec de faux papiers fournis par le recteur. Ce dernier sauvera certainement la vie à Jules Lozatto, père adoptif du journaliste et écrivain Philippe Bouvard. Petit-fils de rabbin, Lozatto était tailleur à Paris et l'un de ses illustres clients n'est autre que le roi du Maroc. Dans le milieu de la Résistance, ce couturier est connu pour avoir fourni des costumes civils à des déserteurs allemands. Arrêté par la Gestapo en 1942 et détenu à la Santé, il est remis en liberté quinze jours plus tard grâce à l'intervention de Kaddour Benghabrit qu'avait sollicité Andrée Gensburger, mère de Philipe Bouvard.

La mosquée peut également attester de l'engagement de l'un de ses imams, Abdelkader Mesli, dans la résistance contre l'occupation. Imam à Paris, Mesli est envoyé par Benghabrit pour officier à Bordeaux où il prendra sous son aile Roger Valroff, fils de Paul Valroff, le conseiller et bras droit du recteur. Surveillé par la Kommandantur, Mesli s'engage en 1943 en entrant dans le réseau de résistance que dirige Edmond Jouhaud à Bordeaux. Arrêté en juillet 1944, Abdelkader Mesli sera déporté à Dachau et Mauthausen avant d'être libéré en mai 1945. Ironie du sort, Edmond Jouhaud fera plus tard une carrière bien peu glorieuse. Chef d'état-major de l'armée de l'air durant la guerre d'Algérie, grand partisan de l'Algérie française, il participera au putsch des généraux d'Alger en avril 1961 avant d'être l'un des fondeurs de la sinistre OAS (Organisation armée secrète) qui sèmera la terreur pour s'opposer à l'indépendance de l'Algérie.

La légende voudrait que Benghabrit ait sauvé de nombreux juifs, au point où il mériterait sa place de Juste parmi les Justes. Toutefois, il existe une part sombre de son parcours pendant cette Seconde Guerre mondiale. Certains le soupçonnent d'avoir cultivé des liens compromettants avec le régime de Vichy. Ou du moins d'avoir été complaisant ou ambivalent à l'égard des Allemands et des séides de l'État français. Des archives attestent de l'existence de correspondances que le recteur a adressées à Pierre Laval, chef du gouvernement sous Pétain de 1942 à 1944, afin de solliciter des aides financières en faveur de la mosquée. Tout comme il existe des lettres qu'il a adressées au maréchal Pétain. Homme connu pour son entregent, sa proximité avec les politiques et pour l'aura qu'il exerce auprès de la communauté musulmane, Benghabrit ne ferme pas les portes de la mosquée, y compris aux Allemands, et ne se refuse pas à l'idée de prendre langue avec eux. C'est ainsi qu'il reçoit dans ses bureaux des représentants du régime nazi et entretient des relations d'amitié avec l'ultracollaborationniste Fernand de Brinon, ambassadeur de France auprès du IIIe Reich. Ce dernier l'aidera d'ailleurs à récupérer l'hôpital franco-musulman de Bobigny qui avait été réquisitionné en 1940 par les Allemands. Mais Benghabrit refusera d'écrire à Adolf Hitler, comme on le lui a suggéré, pour le remercier de cette restitution.

Au cœur de la guerre d'Algérie

Si la vie de Kaddour Benghabrit a été flamboyante, son crépuscule sera un chemin de croix. Gravement blessé dans un accident de voiture, broyé par le poids de l'âge, devenu presque aveugle, il décède en juin 1954 à l'âge de 85 ans. Ses obsèques qui attirent une grande foule ainsi que des personnalités politiques témoignent non seulement de son parcours exceptionnel, mais de la place qu'il a donnée à l'islam en France à travers cette emblématique mosquée qu'il a fondée et dirigée trois décennies durant. Évidemment, sa disparition pose aux autorités françaises la délicate question de sa succession, bien que les statuts de la Société des habous stipulent que le directeur doit être élu par les membres de l'association. Entre les velléités marocaines, algériennes et tunisiennes, Paris opte pour la continuité en désignant Ahmed Benghabrit, le neveu de Si Kaddour. Il dirigera l'institution entre 1954 et 1956. L'époque est déjà très trouble. La guerre en Algérie entre dans sa deuxième année, alors que la Tunisie et le Maroc, jusque-là protectorats français, vont accéder à l'indépendance. Le successeur de l'illustre recteur fera les frais de ces bouleversements politiques et cédera sa place deux ans après sa désignation, non sans avoir sollicité en vain la justice. L'Algérien Hamza Boubakeur lui succède après avoir été imposé de force.

Nous sommes en mai 1957, au cœur de la guerre d'Algérie qui s'enlise et se radicalise. Désireux de soustraire la mosquée de Paris à l'emprise du FLN très fortement implanté en France, Guy Mollet, président du Conseil, désigne donc un de ses proches comme recteur. Député des Oasis, dans le sud de l'Algérie, militant de la SFIO (dont Mollet est le secrétaire général) très Algérie française, cet homme est soupçonné par les nationalistes algériens de nourrir l'ambition de diriger « la République du Sahara » que le premier Premier ministre de la Ve République, Michel Debré, souhaitera créer *ex nihilo* dans le Sud afin de garder cette partie du territoire algérien sous souveraineté française. Boubakeur effectuera même des tournées dans le Sahara pour convaincre les chefs de tribus du bien-fondé de ce projet de partition du pays. Un acte que les Algériens ne pardonneront jamais au recteur.

D'ailleurs la vassalisation de Boubakeur à l'égard de Paris nourrira haines, rancœurs, tensions et différends entre lui et le pouvoir algérien incarné dans les années 1960 et 1970 par le colonel Houari Boumediene. C'est d'autant plus vrai que, dès avril 1962, Boubakeur décide de transférer le siège social de la Société des habous d'Alger à Paris. Qualifié de « traître », de « raciste », de « sioniste », le recteur deviendra ainsi la bête noire du régime algérien, qui tentera de récupérer le contrôle de la mosquée afin de surveiller la forte communauté algérienne en France. De son côté, Boubakeur l'accusera de vouloir faire de cette institution un instrument de propagande. Pour lui faire payer sa défiance, Alger saisira les biens de la famille Boubakeur et fera même construire un tribunal sur l'une de leurs terres confisquées. La famille devra attendre la mort de Boumediene en décembre 1978 pour se voir dédommagée. Pourtant, les Algériens ne tiendront pas longtemps rigueur au « raciste », « traître » Hamza Boubakeur. À sa mort en janvier 1995, le président Liamine Zeroual dépêchera à Paris un avion pour rapatrier sa dépouille et lui organiser dans sa région de l'Ouest des funérailles avec les honneurs militaires.

Le coup de théâtre de 1982

Pendant deux décennies donc, Paris conservera une mainmise discrète, mais ferme sur la mosquée en tenant les cordons de la bourse si chères à son fonctionnement. Le coup de théâtre survient en 1982 lorsque Hamza Boubakeur, en proie à des difficultés financières et juridiques, décide de modifier les statuts de la Société des habous pour donner pratiquement à l'Algérie le contrôle de la mosquée en cas de vacance du pouvoir et de décès du recteur. Fini le bras de fer. La manœuvre est encouragée *mezza voce* par l'Élysée et le palais d'El-Mouradia. En ce début des années 1980, les présidents François Mitterrand et Chadli Bendjedid scellent l'embellie dans les relations tumultueuses entre les deux pays. Celle-ci passe donc par la décision de Paris de laisser les Algériens contrôler la mosquée, d'autant plus qu'ils la financent désormais pour l'essentiel. Ce passage sous la bannière algérienne s'accompagne du retrait en 1982 du recteur qui cède sa place au cheikh Abbas ben Cheikh Lahoussine. Ce dernier est désigné par le gouvernement algérien avec l'assentiment de l'Élysée et du Quai d'Orsay. Cheikh Abbas aura même le titre d'ambassadeur avec un passeport diplomatique délivré par Alger.

Ancien diplomate, ne maîtrisant pas la langue française, Abbas marquera son passage par des prises de décisions audacieuses. Il portera assistance à des harkis et à leurs familles en leur permettant de rentrer en Algérie, alors que ces supplétifs qui ont servi dans l'armée française pendant le conflit sont considérés dans leurs pays d'origine comme d'éternels traîtres et collabos. Cheikh Abbas pèsera également de tout son poids dans l'épineuse question des enfants nés de couple franco-algériens. Tout comme il jouera de son influence pour permettre aux pieds-noirs le désirant de retourner dans cette Algérie qu'ils avaient précipitamment quittée dès la signature en mars 1962 des accords d'Évian qui mettaient un terme à cent trente-deux ans de présence française. La mort de Cheikh Abbas, survenue le mercredi 3 mai 1989, raconte à elle seule la place de la mosquée de Paris dans la vie politique française et même au-delà. Ce mercredi-là, Abbas a rendez-vous avec Yasser Arafat, président de l'OLP (Organisation pour la libération de la Palestine) au prestigieux hôtel Le Crillon. Peu de temps avant de rencontrer son hôte sous bonne escorte, il est victime d'un malaise cardiaque qui nécessite son transfert en urgence vers un hôpital. Plutôt qu'une ambulance, il sera évacué dans un hélicoptère de l'armée vers l'hôpital militaire du Val-de-Grâce où il rendra l'âme[1]. François Mitterrand adresse aussitôt un message de condoléances dans lequel il salue « son rayonnement personnel, sa culture, son esprit de tolérance qui lui ont permis d'œuvrer pour l'intégration de la communauté musulmane dans la société française ». Son successeur, Jacques Chirac, alors Premier ministre, n'avait pas manqué non plus de saluer le travail du recteur en lui décernant la Légion d'honneur en avril 1988.

Bien qu'en retrait depuis la nomination de Abbas, Hamza Boubakeur n'en garde pas moins de l'influence, tant et si bien qu'il intervient en coulisses pour faire nommer un autre diplomate venu d'Alger, Tidjani Haddam. Le passage de Haddam à la tête de cette institution intervient dans un contexte politique très tendu avec la montée en puissance du mouvement islamiste en Algérie qui finira par faire basculer ce pays dans la guerre civile à partir de janvier 1992. Les autorités françaises qui redoutent, à juste titre, la contagion islamiste sur le sol français tentent de reprendre le contrôle de cette mosquée dont elles ont laissé la gestion au pouvoir algérien. Et c'est encore l'incontournable Hamza qui pèsera de tout son poids pour faire nommer son fils Dalil à la place de Tidjani Haddam lorsque celui-ci est nommé en janvier 1992 membre du HCE (Haut Comité d'État), l'instance collégiale qui a pris le pouvoir en Algérie après la démission du président Bendjedid.

1. Lire le chapitre d'Élise Karlin dans le précédent opus *Les Lieux du pouvoir*, dir. S. Le Fol, Perrin, 2024.

Les années Boubakeur

Médecin, diplômé en arts et lettres de l'université al-Azhar, pétri de culture française, parlant aussi bien l'arabe que l'allemand, Dalil Boubakeur présente un profil différent de ses prédécesseurs. Pour marquer la distance avec le pouvoir en place à Alger, il refuse le titre d'ambassadeur ainsi que le passeport diplomatique algérien. Tempérament bien trempé, jaloux de son indépendance, le recteur n'est pas homme à recevoir ordres et directeurs. Arrivé au pouvoir en 1995, Jacques Chirac l'apprend à ses dépens quand il convoque aussitôt Dalil Boubakeur, qu'il connaît trop bien, de l'époque où il était maire de Paris. Dans son bureau à l'Élysée, le président lui confie que le roi Hassan II le presse pour l'aider à reprendre le contrôle de la mosquée de Paris. Aussi lui demande-t-il de nommer un vice-recteur marocain et de l'aider ainsi à satisfaire la demande de son « ami le roi ». Celui-ci, explique encore Chirac, garde en permanence une photo de lui dans cette mosquée en compagnie de son père Mohammed V. « Les Algériens m'ont volé la mosquée, aide-moi à la récupérer », demandait Hassan II à Chirac. La réplique de Dalil à cette double sollicitation si pressante ? La mosquée de Paris n'appartient pas aux Algériens et personne ne peut lui imposer quoi que ce soit. Les liens entre Boubakeur et Chirac connaissent une période de glaciation qui se terminera en janvier 2002. En pleine campagne pour sa réélection, ce dernier se rend à la mosquée de Paris, une première pour un chef d'État français en exercice. Pendant ses trois heures de visite, il prône un « islam tolérant et pacifique [...] ouvert aux évolutions du monde et refusant la crispation et le repli ». « L'islam de la charité et de la fraternité », ajoute-t-il. La réconciliation avec le résistant recteur est scellée. Jacques Chirac avouera plus tard à son interlocuteur que ce passage à la mosquée a favorisé sa réélection en mai 2002. Le président sollicitera son « ami » pour jouer un rôle en faveur de la libération de deux journalistes français, Christian Chesnot et Georges Malbrunot, enlevés en août 2004 en Irak par un groupe d'Al-Qaida. Le président et le recteur resteront très proches, même après que l'un et l'autre auront quitté leurs fonctions. Contrairement à son homologue français, le président algérien Abdelaziz Bouteflika a toujours tenu à distance le recteur francophile de la mosquée, qu'il n'a reçu qu'une seule fois au cours de ses vingt ans de règne. Bouteflika a même cultivé une sorte de mépris envers ce recteur qui maîtrise peu l'arabe et qui est peu porté sur le mystique, alors que lui voue dévotion et vénération aux confréries religieuses.

Avec la montée au milieu des années 1980 des Frères musulmans ainsi que du mouvement rigoriste wahhabite prôné par l'Arabie saoudite, la Grande Mosquée de Paris est devenue un sanctuaire et un repaire contre cette mouvance intégriste qui s'est implantée notamment en Égypte, au Soudan, en Tunisie ou encore en Algérie. Celle-ci a inspiré des opérations insurrectionnelles provoquant des milliers de morts et manqué de faire vaciller des États pratiquant un islam tolérant. À défaut de prendre le contrôle de la mosquée, les wahhabites tentent de l'influencer à l'aide des pétrodollars saoudiens pour financer les travaux de rénovation et d'entretien de cette institution. Ces initiatives ne plaisent guère au ministère de l'Intérieur et au Quai d'Orsay qui voient dans les sollicitudes des Saoudiens une manière *soft* d'imposer un islam fondamentaliste à la place d'un « islam de France ». La menace est tellement avérée que Dalil Boubakeur a proposé en mars 2017 « une proclamation de l'islam en France » pour définir en vingt-cinq points ses bonnes pratiques, par opposition à celles du fondamentalisme.

Dans l'ombre, le recteur, dont la santé décline, prépare sa succession. En 2018, après vingt-six ans à la tête de cette institution, il sent que le moment est venu de passer la main. Il informe discrètement le pouvoir algérien, mais entend bien peser sur la décision en préparant son proche collaborateur, Chems-Eddine Hafiz, à cette mission. Hafiz avait rejoint la mosquée en 1998. Avocat, producteur, très engagé dans le mouvement associatif, auteur, adepte du dialogue interreligieux, toujours élégant dans son costume anthracite, cet érudit qui ressemble à Omar Sharif connaît tout le gotha politique français de droite comme de gauche. Il a aussi cet avantage de ne rien ignorer des rouages de la mosquée, de son fonctionnement, de sa tumultueuse histoire. À Alger, où l'on assiste au crépuscule du régime de Bouteflika, on prépare un autre candidat, un des fils de Cheikh Abbas. Mais la candidature de ce poulain fait pschitt après la chute de Bouteflika en avril 2019. Dalil Boubakeur revient comme toujours dans le jeu et impose d'une manière feutrée et ordonnée son candidat à sa suite. Celui-ci sera élu recteur le 11 janvier 2020. Ni Paris ni Alger n'ont pesé sur ce choix, pas plus qu'ils n'ont été consultés auparavant. Aujourd'hui, Chems-Eddine Hafiz a l'oreille d'Emmanuel Macron, tout comme celle de son homologue algérien Abdelmadjid Tebboune. Il lui arrive même de jouer le facilitateur entre les deux présidents lorsque les relations entre la France et l'Algérie traversent des périodes de crises et de tensions. S'il y a une tradition républicaine qui s'est instaurée au fil des années, c'est bien le rituel de l'iftar, la rupture du jeûne organisée dans l'enceinte de la mosquée. Chaque année, le ministre de l'Intérieur, chargé des cultures, ainsi que d'autres responsables sont invités à ce dîner qui symbolise la communion entre le politique et le religieux, le sacré et le profane, mais aussi l'ouverture et la tolérance à l'encontre d'un islam apaisé. Invité par Chems-Eddine Hafiz en mars 2025 pour ce dîner, le ministre de l'Intérieur Bruno Retailleau a refusé de s'y rendre en raison de la crise diplomatique entre Alger et Paris, dont il est un des acteurs de premier plan. Le refus du Vendéen, adepte d'une politique de fermeté extrême avec le régime algérien, dit combien cette mosquée demeure plus que jamais au cœur des enjeux politiques entre la France et l'Algérie.

BIBLIOGRAPHE SÉLECTIVE

AÏSSAOUI Mohammed, *L'Étoile jaune et le Croissant*, Gallimard, 2012.

BLANCHARD Pascal, DEROO Éric, EL-YAZAMI Driss, FOURNIÉ Pierre et MANCERON Gilles, *Le Paris arabe*, La Découverte, 2003.

BOUBAKEUR Dalil, *L'Histoire de la Grande Mosquée de Paris*, Kero, 2013.

LESCHI Didier, *Misère(s) de l'islam de France*, Les Éditions du Cerf, 2017.

OTTMANI Hamza ben Driss, *Kaddour Benghabrit. Un Maghrébin hors du commun*, Marsam, 2011.

16

Sciences Po
La pépinière du pouvoir

par Étienne GIRARD

C'est un symbole, un totem, un lieu qui conjugue comme rarement fascination et répulsion. Sciences Po a formé six des huit présidents de la Ve République, seize Premiers ministres et un nombre de ministres qu'il serait épuisant de calculer. Depuis cent cinquante ans, l'école de la rue Saint-Guillaume cultive son voisinage du pouvoir. Quelle autre école pourrait se targuer de faire changer la loi à sa convenance, ou bien de supplanter l'homme le plus riche de France pour une opération immobilière ? « L'école des élites », comme elle se définit elle-même, est un lieu de rencontres où se forgent les amitiés de trente ans de ceux qui comptent, une fabrique des chefs où on apprend aux esprits brillants l'art du « balancement circonspect », ces raisonnements nuancés qu'on mettra en pratique à l'Ena. Une reproduction miniature d'une façon bien française de voir le monde, où le brio séduit plus qu'une expertise et où l'entregent a remplacé la civilité d'antan. Le laboratoire du pouvoir parisien, tout simplement.

La pépinière de la macronie

Froid polaire dans la salle à manger privée du ministère de l'Enseignement supérieur, rue Descartes à Paris. Mai 2021. Le directeur de cabinet de la ministre, Ali Saïb[1], y reçoit Bénédicte Durand, administratrice provisoire de Sciences Po depuis que le directeur Frédéric Mion a démissionné, ainsi que son adjoint Arnaud Jullian. Devant un désaccord mineur, le directeur de cabinet se cabre : « Nous ne laisserons pas Sciences Po aux mains de Valérie Pécresse. » Il est vrai que Bénédicte Durand a été conseillère de la présidente de droite de la région Île-de-France pendant quatre ans au ministère de l'Enseignement supérieur, de 2007 à 2011. Arnaud Jullian aura lui aussi été son collaborateur de cabinet… pendant cinq mois, au Budget. Six mois après l'algarade, Valérie Pécresse remporte la primaire des Républicains, elle se présente à l'élection présidentielle ; mais elle ne met aucunement la « main sur Sciences Po ». Bénédicte Durand a quitté les lieux depuis trois mois. Le nouveau directeur, Mathias Vicherat, est un camarade de promotion d'Emmanuel Macron à l'Ena.

Est-ce un ministère caché, une société secrète au cœur de l'élite parisienne ? À Sciences Po, la frontière avec le pouvoir politique n'est jamais étanche. Toujours ce soupçon de mélange des genres, que les directeurs ne font d'ailleurs rien pour démentir, bien au contraire. Le 27 septembre 2018, Nicolas Metzger, le président du conseil de l'Institut, sorte de sous-conseil d'administration de Sciences Po, jette un malaise en dévoilant en réunion le mot de passe de l'adresse admissions@sciencespo.fr, utilisée par la direction de l'établis-

1. Contacté, Ali Saïb n'a pas donné suite.

sement : Macron_2018. « Ce qui en dit long sur la coloration politique des gens qui gèrent cette boîte mail », croit-il bon de préciser.

Lundi 24 avril 2017, au lendemain du premier tour de l'élection présidentielle, Brigitte Macron déjeune avec Frédéric Mion, le directeur, et Olivier Duhamel, le tout-puissant président du conseil d'administration, dans la salle à manger du 27, rue Saint-Guillaume. « Quel Premier ministre choisiriez-vous ? » interroge Duhamel. Le soir même, une réunion officieuse a lieu au QG de campagne d'Emmanuel Macron, rue de l'Abbé-Groult. Alexis Kohler, futur secrétaire général de l'Élysée, a pris l'initiative de convier Édouard Philippe, premier lieutenant juppéiste alors inconnu du grand public. Ils se sont rencontrés à Sciences Po, au début des années 1990, et militaient ensemble au club rocardien Opinions. Trois semaines plus tard, l'homme aux deux prénoms est nommé à Matignon.

Vu de la rue Saint-Guillaume, le monde parisien est décidément minuscule. Édouard Philippe a choisi pour parrain d'un de ses fils Frédéric Mion ; et son épouse Édith Chabre a longtemps dirigé l'école de droit de Sciences Po. Quant à Alexis Kohler, il a été remplacé à l'Élysée, en avril 2025, par un de ses amis, le haut fonctionnaire Emmanuel Moulin, rencontré à Sciences Po… au club Opinions.

La grande école de Saint-Germain-des-Prés offre un annuaire d'amis compétents qui se décline volontiers en une agence de placement. Mercredi 21 juin 2017, l'Élysée et Matignon cherchent une femme pour remplacer François Bayrou, ministre de la Justice démissionnaire. Auprès du président, Olivier Duhamel avance le nom d'une proche, Nicole Belloubet, alors membre du Conseil constitutionnel et du Conseil d'administration de la Fondation nationale des sciences politiques (FNSP). Banco. La professeure de droit passera près de quatre ans au gouvernement. Du temps de son ouvrage *Droit constitutionnel et institutions politiques* (Seuil), Olivier Duhamel, pape déchu de la science politique, consacrait un passage à ces liens, parfois décisifs sous la Ve République. Il les qualifiait pudiquement de « parrainages ».

De l'esprit de corps

Il y a des choses qui ne s'achètent pas. En ce début d'année 2016, Bernard Arnault veut acquérir l'hôtel de l'Artillerie, des bâtiments de 14 000 mètres carrés, place Saint-Thomas-d'Aquin, au métro Rue-du-Bac, dans le 7e arrondissement de Paris. Le gouvernement a mis en vente ces locaux du contrôle général des armées. Le 13 avril, l'homme le plus riche de France formalise son offre à 100 millions d'euros, proche de l'évaluation de France-Domaine, et envisage de la porter jusqu'à 130 millions pour y installer une des marques du groupe LVMH. C'est compter sans la légitimité de Sciences Po, également intéressée par cette adresse située à cinq minutes à pied de ses locaux. Olivier Duhamel, encore lui, fait le siège de l'Élysée, il plaide pour l'IEP auprès de François Hollande, côtoyé au Parti socialiste. Le directeur Frédéric Mion a lui aussi de solides réseaux : Brigitte Taittinger, sa directrice de la stratégie, est l'épouse de Jean-Pierre Jouyet, le secrétaire général de l'Élysée.

Malgré une offre à 87 millions d'euros et les réticences du ministère de la Défense, Sciences Po l'emporte. Les nouveaux locaux, un « Oxford à la française », dira Frédéric Mion, seront inaugurés à l'occasion des 150 ans de l'établissement en septembre 2022. Entre-temps, personne n'a eu connaissance d'un rapport critique de la Cour des comptes, daté de septembre 2021 et resté confidentiel. Les magistrats y fustigent un « avantage démesuré » accordé à l'école, « une quasi-subvention de 43 millions », écrivent-ils.

Mais qu'est-ce que quelques millions face à un imaginaire ? Tous les diplômés de Sciences Po ont fréquenté le quartier de Saint-Germain-des-Prés, ses cafés mythiques, Le Basile, celui des étudiants sérieux, Le Twickenham ou Le Rouquet, apanages des littéraires, parfois ses neuf cinémas de la rue Champollion. À l'inverse, d'autres grandes écoles, comme Polytechnique ou HEC, l'IEP de Paris s'est toujours positionné au cœur de la capitale, dans ce quartier devenu l'épicentre culturel du pays. Son adresse est sa fierté, au point que, depuis les années 1990, la fête annuelle de l'établissement a lieu dans ses locaux le 28 mai, jour de la Saint-Guillaume. Entre les cafés du Paris littéraire, le Flore, le Bonaparte, Les Deux-Magots, Lipp, au sud du boulevard Saint-Germain, et l'atmosphère plus guindée du quartier des ministères, plus au nord, la triple porte noire en forme d'arc de cercle des 25, 27 et 29, rue Saint-Guillaume, érigée en 1954, tient lieu de frontière invisible, presque un point de ralliement. Son centre névralgique ? La Péniche, comme on nomme d'abord ce banc en forme de bateau construit en 1934 et placé au centre du grand vestibule, lieu de passage, de convivialité, parfois de mondanité. Au fil des ans, le hall tout entier a fini par être surnommé à son tour « la Péniche ».

Prenez à droite le grand escalier de marbre, vestige de l'hôtel de Mortemart, l'édifice Grand Siècle dans lequel s'installa Sciences Po aux bégaiements de la IIIe République, et vous rejoignez le noble premier étage. D'abord cet étroit couloir, et cette minuscule antichambre où le visiteur patiente sur une petite chaise. La porte s'ouvre à droite, c'est le bureau du directeur, 50 mètres carrés baignés de soleil l'été, avec vue sur le jardin. Tous les étudiants se souviennent du jour où ils ont pénétré dans ce saint des saints, souvent leur premier contact avec un authentique lieu de pouvoir. Le plafond haut façon ministère, le gigantesque secrétaire où le maître des lieux passe ses appels, au fond, et puis cette longue table où le demandeur de rendez-vous est invité à s'asseoir, entre deux livres rédigés par un universitaire de la maison. Quand il commandait l'établissement, Frédéric Mion avait institutionnalisé ces *speed datings* avec les étudiants, il appelait ça « Meet Frédéric Mion », un quart d'heure en tête à tête avec le « big boss ».

En 1968, il a été envisagé qu'une partie du cursus déménage à Nanterre. Mais les événements de mai font reculer les décideurs, le Premier ministre Maurice Couve de Murville décide que cette « relégation » ne serait pas de si bon ton. « Un déménagement de Sciences Po est totalement exclu tant que je serai directeur », déclare Michel Gentot à *Accès direct*, un journal étudiant, en novembre 1985. Le conseiller d'État en précise les raisons : « Notre situation géographique actuelle facilite le recrutement de notre corps enseignant. » Qu'on vienne de Matignon, de la Cour des comptes ou du Conseil d'État, la rue Saint-Guillaume est à moins de trente minutes de marche.

Développer l'esprit de corps est un art dans lequel l'institution excelle. Tout réside en un principe simple ; cultiver la proximité entre les étudiants et les praticiens. Émile Boutmy, le fondateur, a imaginé les « conférences de méthode », bientôt surnommées les « confs », ces cours en petit comité, vingt élèves tout au plus. Jusqu'aux années 1990, la tradition veut qu'à la fin de l'année, un « dîner de conf » ait lieu chez un étudiant, en présence de l'enseignant. Au milieu des années 1980, le futur Premier ministre Jean Castex se spécialise dans l'organisation de ces réjouissances, auxquelles il se rend en y apportant du foie gras du Gers. Les personnalités s'y découvrent, les talents s'y repèrent. Certains professeurs, comme le conseiller d'État Bernard Stirn, font du meilleur élève de leur « conf » leur assistant de l'année suivante. En 1980, Richard Descoings occupe ce poste honorifique. Il deviendra cinq ans plus tard le collègue de son maître.

La rue Saint-Guillaume se fait une mission de ramener en son sein les jeunes énarques issus de ses rangs. Ainsi de Lionel Jospin, François Hollande ou Emmanuel Macron, comme de mille autres, tous appelés à animer des préparations au concours qu'ils viennent d'obtenir. En 2006 ou en 2009, l'actuel président de la République assure un cours de culture générale, invitant les étudiants à réfléchir sur des thèmes génériques, comme « Y a-t-il des guerres justes ? », « Les Français et l'argent » ou « Les femmes et le pouvoir ». En 2015, il reviendra trois fois à Sciences Po, comme pour y puiser l'énergie de sa conquête politique à venir. « Vous faites partie d'une élite », lance-t-il aux étudiants lors de leur cérémonie de remise de diplômes au siège de l'Unesco, le 1er juillet. Bon diplôme ne saurait mentir.

Le projet Boutmy

Et si tout s'était joué dans les vingt premières années ? Dans son rapport au conseil d'administration de Sciences Po, en 1879, son fondateur Émile Boutmy jubile : « L'efficacité de l'École dans tous les concours a été établie par des expériences répétées et elle jouit dès à présent d'un véritable monopole. » Dans un tableau annexé au bilan de l'établissement, en 1892, on découvre que l'École libre des sciences politiques a préparé, les cinq années précédentes, 88 % des élèves reçus dans les grands corps de l'État. Depuis le dépôt de ses statuts, en décembre 1871, elle est devenue, presque instantanément, le cours préparatoire de l'élite républicaine française.

Boutmy est un journaliste en vue du second Empire, né en 1835. Premier prix du concours général d'histoire dans sa jeunesse, il enseigne à l'École spéciale d'architecture, fréquente Flaubert, des ministres comme le libéral Émile Ollivier. La défaite française à Sedan le bouleverse. Il y voit une conséquence de la mauvaise formation des décideurs, souvent diplômés de facultés sans moyens et sans professeurs, à l'opposé du modèle allemand. « C'est l'université de Berlin qui a triomphé à Sadowa », en 1866, contre l'Autriche, écrit Boutmy à son ami l'historien Ernest Vinet, en février 1871. « Refaire une tête au peuple, tout nous ramène à cela », conclut-il, dans la lignée d'Ernest Renan et de son maître-ouvrage *La Réforme intellectuelle et morale*. Et pas question de compter sur l'État, sclérosé par les querelles idéologiques.

Le lancement de l'École libre des sciences politiques, en juillet 1872, est rendu possible grâce à la générosité d'actionnaires, souvent recrutés dans les milieux protestants et libéraux, qu'ils soient républicains ou orléanistes. L'historien conservateur Hippolyte Taine, ami et mentor de Boutmy, bientôt membre de l'Académie française, met ses réseaux à disposition. Quelque 20 % des premiers souscripteurs sont également adhérents du Jockey Club, cette association parisienne réservée aux descendants de la noblesse. Grâce au don de un million de francs de la duchesse de Galliera, fille d'un conseiller d'État de Napoléon Ier, l'institution naissante achète l'hôtel de Mortemart en 1879. L'école, située dans le quartier de Saint-Germain-des-Prés dès sa fondation, s'installe définitivement au 27, rue Saint-Guillaume.

Les idées pédagogiques d'Émile Boutmy connaissent un fulgurant succès. Par opposition aux cours très théoriques dispensés à l'université par des professionnels de l'enseignement, il imagine son école comme un lieu de transmission entre des praticiens et des élèves, appelés à devenir des collègues. Les préparations aux concours de la haute fonction publique, au Conseil d'État, à la Cour des comptes, à l'Inspection des finances et au Quai d'Orsay, sont encadrées par de jeunes lauréats, au sein d'« écuries », décrira l'historienne Madeleine Rébérioux.

Concernant les cours magistraux, Émile Boutmy privilégie les hommes du monde au croisement des savoirs, de la politique et des affaires, ces dirigeants qu'un sociologue contemporain décrirait comme « multipositionnés ». L'archétype le plus parfait est sans doute personnifié par Alexandre Ribot. Cet avocat, élu député républicain conservateur du Pas-de-Calais à partir de 1878, donne le cours d'« histoire législative et parlementaire ». En 1892, il devient le premier président du Conseil issu de Sciences Po. Comme un symbole, c'est lui qui lance, le 5 juin 1921, pour le cinquantenaire de l'école, une phrase supposément prononcée à Berlin, comme un miroir à l'intuition première de son fondateur : « C'est l'École française des sciences politiques qui a gagné la guerre. »

Durant cette première vie, Sciences Po est un lieu bourgeois où le vol d'un pardessus est un événement si exceptionnel qu'il fait l'objet d'une discussion en conseil d'administration, en 1900. Quelques décennies plus tard, l'esprit de classe l'emporte toujours sur les dissensions idéologiques, comme le rapporte le marquis Claude des Portes en 1935. Ce futur magistrat à la Cour des comptes ironise, dans *L'Atmosphère des Sciences Po*, sur cet « art de discourir sans fin sur les banalités », sur les vêtements forcément « de bonne coupe » ou bien sur l'association des anciens élèves où « un immuable socialiste et un immuable patriote soutiennent leur thèse à grands coups de “mon cher ami” des plus courtois ».

En 1935, lorsque le directeur dresse le bilan des admissions aux grands corps depuis le nouveau siècle, il peut revendiquer un quasi-monopole qui s'étend désormais sur une génération entière. Revers du succès, la gauche gronde. Quand le Front populaire accède au pouvoir, en 1936, le ministre Jean Zay dénonce devant l'Assemblée nationale « le recrutement bourgeois et parisien de l'École libre », fait « pour les héritiers et non pour les boursiers ». Sous Vichy, l'établissement reste ouvert avec l'accord des autorités, puis est transféré à Lyon. En 1941, on décide de créer quatre sections de spécialité : service public, économie-finance, section générale et section internationale. À la Libération, cette attitude passive est décriée. En 1945, l'école se retrouve partiellement nationalisée, scindée entre un établissement public, l'Institut d'études politiques (IEP) de Paris, et une maison-mère privée, la Fondation nationale des sciences politiques (FNSP).

Descoings, le transformateur

À Sciences Po, il y a les papes de transition et les révolutionnaires. Le juriste Jacques Chapsal, de 1947 à 1979, le conseiller d'État Michel Gentot, jusqu'en 1987, puis l'universitaire Alain Lancelot ont fait fructifier l'héritage d'Émile Boutmy. La création de l'Ena, en remplacement des concours des grands corps, a confirmé le quasi-monopole de la rue Saint-Guillaume. L'école des hauts fonctionnaires s'est installée rue des Saints-Pères, dans les locaux de la Fondation nationale des sciences politiques (FNSP), elle est devenue « la fille aînée et aimée » de l'IEP, écrira l'historien Gérard Vincent. De 1952 à 1969, 77,5 % des reçus à l'Ena sont diplômés de Sciences Po. Le vice-président du Conseil d'État est désormais membre de droit du conseil d'administration de la

FNSP. On y intègre peu à peu les femmes, invitées à passer le même examen depuis 1945, tout en durcissant les conditions d'accès pour privilégier les mérites personnels.

La rue Saint-Guillaume n'est pas un repaire de contestataires. Même pendant mai 1968, lorsque l'école est brièvement renommée « institut Lénine », l'aventure se termine par un vote massif… en faveur de Jacques Chapsal. Le 8 décembre 1972, Sciences Po fête son centenaire au théâtre des Champs-Élysées, en présence du président de la République Georges Pompidou, diplômé de l'établissement. Mais le financement du cursus, de plus en plus onéreux, est un défi. En janvier 1995, Alain Lancelot propose de remplacer les bourses étudiantes internes par des prêts, comme aux États-Unis. S'ensuivent deux jours de grève. Le directeur recule. Il faudra désormais négocier ses subventions avec le ministère, à rebours du rêve fondateur d'autosuffisance.

Puis arrive un homme qui va tout changer. En 1999, Richard Descoings, le directeur de l'Institut d'études politiques (IEP), vient d'intégrer l'Apsia, l'association des plus grandes universités américaines, avec l'idée de leur proposer un partenariat. Les étudiants parisiens seraient accueillis un an à Harvard, Princeton ou Columbia, tandis que les Américains pourraient faire de même rue Saint-Guillaume. Celui qu'on n'appelle pas encore « Richie » a sollicité Hubert Védrine. Le ministre des Affaires étrangères se souvient avec émotion de ses années à Saint-Germain-des-Prés. Il soutient avec enthousiasme cette grande réforme dans laquelle il voit avant tout une question de rayonnement français. Il mandate tous les ambassadeurs pour faciliter les contacts avec l'école. Quant aux membres de l'Apsia, ils sont invités à dîner au Quai d'Orsay, avec porcelaine de Sèvres et grands vins. En juin 2000, Sciences Po fête son internationalisation, cette troisième année que les étudiants passeront désormais à l'étranger, dans les meilleurs établissements, à Columbia, Harvard, Yale, Cambridge, Oxford, Shanghai, Tokyo ou à la Bocconi de Milan. Pour la remise des diplômes, la rue Saint-Guillaume déménage à Londres, où Richard Descoings s'enivre en boîte de nuit avec ses étudiants, en gilet sans manches et pantalon de cuir.

Nommé en 1996, le charismatique directeur sait que l'étiquette Sciences Po permet de contourner les obstacles, y compris celui de la loi. Au tournant du siècle, il veut diversifier le recrutement, permettre aux banlieusards d'intégrer eux aussi l'école du pouvoir afin de rendre la République authentiquement méritocratique par l'instillation d'une dose de discrimination positive. Volonté contraire à la législation, qui ne reconnaît que les mérites aux concours. Un aréopage de conseillers d'État, à commencer par Bernard Stirn, se penchent sur la proposition, concluent qu'il faut changer les règles. Olivier Schrameck, conseiller d'État et surtout directeur de cabinet du Premier ministre Lionel Jospin, suggère de rédiger sur mesure un article 14 à la prochaine loi « portant diverses dispositions d'ordre social, éducatif et culturel ». Par « dérogation » à la loi générale, Sciences Po obtient le droit de dispenser une partie de ses impétrants du concours d'entrée. « C'était la condition pour que l'ouverture sociale qu'on prônait devienne une réalité », se souvient Bernard Stirn.

À la rentrée 2001, la rue Saint-Guillaume accueille ses premiers étudiants issus de lycées classés ZEP. Le diplôme se prépare désormais en cinq ans, son nombre d'étudiants s'apprête à doubler, de somptueux campus en province vont ouvrir pour accueillir les deux premières années du diplôme, à Dijon, Le Havre, Menton, Nancy, Poitiers et Reims.

Il faut mesurer le « big bang » Descoings. En 2025, 300 enseignants titulaires sont rattachés à Sciences Po, contre « une vingtaine » jusqu'à la fin des années 1990, selon la Cour des comptes. Désormais, 14 000 étudiants fréquentent l'établissement, dont une moitié d'étrangers – ils étaient 3 000 trente ans plus tôt. Parmi eux, un millier de lauréats souvent issus de couches plus populaires, admis grâce aux « conventions ZEP », ces partenariats qui les dispensent du concours d'entrée. Bien sûr, les « transfuges de classe » ont encore un peu de mal à se faire leur place dans les filières les plus sélectives, où la compétition demeure féroce, comme l'INSP, le nouveau nom de l'Ena, mais l'ouverture sociale n'est plus seulement un slogan. Malgré les controverses, le diplôme demeure extrêmement couru dans le monde professionnel ; 59 % des étudiants décrochent un poste avant même la fin de leur cursus, 98 % d'entre eux trouvent un emploi en moins de six mois. Dans les concours administratifs ou à l'examen du barreau, l'IEP reste de loin l'école la plus performante. Le « Harvard à la française » promis par Richard Descoings a pris forme, grâce au soutien affirmé du pouvoir politique.

Les années scandales

Le « parrain » avait cru assurer sa postérité. En vidant le bureau d'Olivier Duhamel, courant janvier 2021, Frédéric Mion tombe sur une surprise. Un portrait grand format, tiré par un professionnel, du président déchu de la FNSP. À la dimension exacte des clichés de ses prédécesseurs, tous disposés dans le couloir du deuxième étage de l'école, au 27, rue Saint-Guillaume. Lui n'aura pas cet honneur. Devant la photo de celui qu'il nommait encore son « maître » et « ami » lors de sa leçon inaugurale de septembre 2020, le directeur de Sciences Po tranche : « Jetez-moi ça à la poubelle. »

Même le décès brutal de Richard Descoings n'avait pas abîmé à ce point l'image de son école. Oui, le directeur de

Sciences Po était mort, en avril 2012, après avoir invité des *escort boys* dans un hôtel à New York. Oui, il se droguait. Mais les excès du haut fonctionnaire participaient de son personnage disruptif, romanesque, tout aussi capable d'intuitions géniales. Lors de ses funérailles, le 11 avril, une demi-douzaine de ministres donnent à la cérémonie une allure d'hommage national. La journaliste du *Monde* Raphaëlle Bacqué lui consacrera d'ailleurs une enquête de 288 pages chez Grasset, assez captivante pour s'écouler à 120 000 exemplaires.

Cette fois, le scandale n'a rien de « sexe, drogue et rock'n'roll ». Olivier Duhamel a abusé de son beau-fils à la fin des années 1980, comme le révèle sa belle-fille Camille Kouchner dans un livre *La Familia grande*. *Le Monde*, le journal que Duhamel conseillait, dans *Tout savoir sur... Leurs années Sciences Po*, de « lire tous les jours », sollicite naturellement une réaction. L'universitaire répond en démissionnant. Il y a aussi l'affaire dans l'affaire. Frédéric Mion fait d'abord mine d'apprendre l'histoire dans les médias. Mais l'ancienne ministre Aurélie Filippetti lui a tout raconté dès 2018, et elle le fait savoir. Elle affirme qu'il a en outre parlé à Marc Guillaume, le secrétaire général du gouvernement. Le directeur change une première fois de version, il a bien été prévenu par Aurélie Filippetti, mais réfute avoir contacté Marc Guillaume. Sauf que la ministre de l'Enseignement supérieur, Frédérique Vidal, diligente une inspection. Interrogé officiellement, Marc Guillaume... confirme avoir bien été averti par Mion. Pris une deuxième fois à mentir, ce dernier préfère s'éclipser à son tour. Pour la première fois depuis des temps immémoriaux, l'Élysée apparaît tétanisé par ses liens avec l'institution. Il est jugé préférable de s'en tenir éloigné. « Le silence construit par les criminels et les lâchetés successives, enfin, explose », salue prudemment Emmanuel Macron dans une vidéo, le 23 janvier 2021.

Le 3 décembre 2023, nouvelle irruption stupéfiante de faits privés dans la saga de Sciences Po. Le directeur Mathias Vicherat est placé en garde à vue, pour s'être battu avec sa compagne, Anissa Bonnefont. Il se met en retrait et, concomitamment, l'atmosphère se dégrade. Des étudiants placardent des affiches « Vicherat démission » autour de la Péniche. Dans un autre registre, la guerre entre Israël et le Hamas avait produit peu de réactions depuis le 7 octobre 2023. Le mardi 12 mars 2024, l'amphithéâtre Boutmy est occupé, rebaptisé symboliquement « amphi Gaza ». Une étudiante juive a-t-elle été empêchée d'entrer dans la salle ? La polémique enfle lorsque le lendemain, le 13 mars donc, Vicherat est renvoyé devant le tribunal correctionnel pour violences conjugales réciproques. Il démissionne sur le champ.

Le même jour, il est 17 h 15 lorsque Laurence Bertrand Dorléac, la présidente de la FNSP, interrompt brièvement son conseil d'administration, au cinquième étage de l'annexe rue de l'Université. « Un invité surprise… » glisse-t-elle. Le Premier ministre Gabriel Attal est là, accompagné de la ministre Sylvie Retailleau. Ce pur produit de Sciences Po, passé directement de son master à un poste de collaborateur ministériel, en 2012, est venu menacer de couper les financements si l'institution échoue à remettre de l'ordre : « Les Français attendent que lorsque de l'argent public est engagé pour financer les institutions, on garantisse à 200 % que les principes républicains sont respectés en tout lieu et tout le temps dans ces institutions. » Il a cette phrase, en un écho crépusculaire au grand projet d'Émile Boutmy : « Une expression célèbre dit que le poisson pourrit toujours par la tête. Moi, je pense que c'est ça que les Français sont en train de se dire. » À 17 h 30, le chef du gouvernement est parti.

Six mois plus tard, Sciences Po s'est donné un nouveau patron. L'homme qui doit incarner le retour à l'ordre s'appelle

Luis Vassy. Ce diplômé de l'établissement, en 2001, a été largement préféré à l'ex-ministre espagnole Arancha González. Quelle trace voudra-t-il laisser ? Entre autres mérites, certains ont remarqué qu'il est énarque, de la même promotion qu'Emmanuel Macron, comme Mathias Vicherat. Il a aussi été longuement conseiller ministériel, comme Richard Descoings ou Frédéric Mion, même directeur de cabinet de plusieurs ministres des Affaires étrangères. Il est diplomate, comme le fut Roger Seydoux. Tels les rois de France, les directeurs de Sciences Po se suivent et se distinguent, mais il est toujours possible de déceler un air de famille entre eux. Tout change pour que rien ne change ?

Bibliographie sélective

BACQUÉ Raphaëlle, *Richie*, Grasset, 2015.

CHEMIN Ariane, *La Promo. Sciences-Po 1986*, Stock, 2004.

DESCOINGS Richard, *Sciences Po. De La Courneuve à Shanghai*, Presses de Sciences Po, Paris, 2007.

DES PORTES Claude, *L'Atmosphère des Sciences Po*, Paris, Spes, 1935.

JACQUEMELLE Guy, *Tout savoir sur… Leurs années Sciences Po*, Kawa, 2014.

LHAÏK Corinne, *Président cambrioleur*, Fayard, 2020.

SCOT Marie, *Sciences Po. Le roman vrai*, Presses de Sciences Po, 2022.

VANNEUVILLE Rachel, *La Référence anglaise à l'École libre des sciences politiques : la formation de gentlemen républicains (1871-1914)*, Université Pierre-Mendès-France, Grenoble II, 1999.

VINCENT Gérard, *Sciences-Po. Histoire d'une réussite*, Orban, 1987.

17

L'Ami Louis
La table secrète des puissants

par Jérôme Béglé

Jacques et Bernadette Chirac y dînèrent avec Bill et Hillary Clinton ; François Pinault y transmit les clés de son groupe à son fils François-Henri ; les grandes familles du capitalisme et les vedettes de cinéma américain aiment s'y retrouver autour d'un poulet-frites aussi croustillant qu'onéreux. Fondé en 1924, le restaurant niché dans une petite rue du Haut-Marais, à Paris, occupe une place à part dans la géographie des tables du pouvoir. Ce royaume d'à peine 70 mètres carrés assure la discrétion à ses augustes visiteurs. On y traite des affaires, mais on y règle aussi quelques comptes…

Samedi 4 janvier 2025, le comédien et réalisateur Yvan Attal souffle ses 60 bougies. Il a convié une quarantaine d'amis dans un restaurant niché dans une obscure artère du 3e arrondissement de Paris. Cachée entre République et Arts-et-Métiers, la rue du Vertbois ne figure dans aucun guide touristique. Au numéro 32, des rideaux en vichy rouge se détachent des huisseries sombres. Sur les vitres on peut lire : « Restaurant à la carte, foie gras à la mode des Landes. »

Et, au-dessus de la porte, se détachent en majuscules les lettres CHEZ L'AMI LOUIS.

Une cohorte de personnalités entrent. Les acteurs Guillaume Canet, Marion Cotillard, Dany Boon, Pierre Arditi, Évelyne Bouix, Élie Semoun, la réalisatrice Danièle Thompson, son fils Christopher et sa belle-fille Géraldine Pailhas, Jean-Marc Dumontet l'empereur des théâtres parisiens, accompagné de son épouse, le dramaturge et réalisateur oscarisé Florian Zeller au bras de Marine Delterme. Tous voisinent avec Charlotte Gainsbourg qui partage la vie du nouveau « sexygénaire » ainsi que leur fils Ben.

Alors que la quasi-totalité des convives suivent des régimes quasi permanents, vantent des méthodes pour maigrir et traquent bourrelets et peau d'orange, chacun se régale du menu du soir : foie gras, escargots, poulet rôti accompagné de frites et d'un gâteau de pommes de terre à l'ail, fondant au chocolat et moult bouteilles de château-sociando-mallet, l'un des meilleurs vins de Pauillac, dont la propriété surplombe l'estuaire de la Gironde.

Parmi les invités de cette superproduction, assis en bonne place le long du mur de gauche où avaient été regroupées toutes les tables pour former un immense rectangle, Thomas Langmann participe aux agapes sans bouder son plaisir ni se remémorer un précédent dîner que les clients de ce soir d'hiver 2006-2007 ne sont pas près d'oublier.

Une bagarre entre frères qui restera dans les annales

Près de « la table aux fruits », au fond à gauche du restaurant, quatre personnes partagent un repas. Une femme blonde souriante et douce, un monsieur plus âgé, taciturne et peu bavard, deux jeunes gens à peine plus prolixes. La conversation tarde à s'animer, puis monte soudainement d'une octave. Sans crier gare, l'un des deux gaillards se lève, insulte celui qui lui fait face et le prend par le collet. L'agressé ne se laisse pas faire, il attrape son adversaire comme un ballot de paille et l'envoie valdinguer sur la table d'à côté où des touristes anglo-saxons avaient commandé des bouteilles de grands crus. Les deux hommes en viennent aux mains. Verres, assiettes, couverts et plats tombent des nappes.

Darius et Thomas Langmann, les deux fils de Claude Berri, s'échangent des gnons et des noms d'oiseau. Pas un rictus ne barre le visage du producteur et réalisateur qui se compose sa célèbre tête de Droopy. En face de lui, la romancière Nathalie Rheims, sa dernière compagne, est abasourdie et tout aussi impuissante. Les serveurs tentent de séparer les deux hommes dont la rage redouble. Leur bagarre durera de trop longues minutes. Essoufflés, amochés et sanguinolents, les frères Langmann regagnent la table aussi brusquement qu'ils l'ont quittée.

Le calme à peu près revenu, les serveurs se précipitent pour effacer les dégâts, récupérer les tessons de bouteilles et les verres brisés, éponger les liquides, redresser les tables… Tandis que Louis, de sa grosse voix la plus assurée, lance à la cantonade : « Ce soir, c'est gratuit pour tout le monde. » « Je suis venu dîner cent fois chez L'Ami Louis, c'est la seule fois où j'ai assisté à un tel spectacle et la seule fois où le repas m'a coûté si peu cher », se souvient encore hilare l'un des témoins de cette scène digne d'un album (ou d'un film) d'Astérix.

Un instant plus tard, Claude Berri se lève, récupère son manteau accroché à une patère, tend le sien à Nathalie Rheims et quitte la salle. Sans un mot ni un regard pour ses « enfants terribles ».

Habitué des lieux, le producteur emblématique du cinéma français, décédé en janvier 2009, proposera quelques jours plus tard de dédommager le restaurant. Louis lui répondra : « Ici, c'est la famille… » Berri ne changera pas ses habitudes et continuera de venir régulièrement déguster les escargots cuits au four, le poulet et le gâteau au chocolat. Bien que diabétique, il avait fait de L'Ami Louis son QG. « J'y dînais avec lui à chaque fois que je signais un film avec sa société de production », se souvient Christian Clavier. Le rituel était toujours le même. Depuis sa voiture, le réalisateur de *Jean de Florette* s'enquérait du menu et des nouveautés du jour. Quand il arrivait à sa table, toujours la même, l'entrée était servie, le vin débouché et la fête commençait. Naturellement impatient et pressé, il expédiait souvent son repas en une heure…

Le QG des stars américaines

Fondé en 1924 par Louis Pedeboscq, le restaurant fermé pendant la Seconde Guerre mondiale rouvre ses portes en 1952 sous la houlette d'Antoine Magnin : ce rôtisseur codifie la carte, le décor et les traditions qui font sa réputation. Deux portraits de lui sont encore accrochés au mur de la salle. L'un est signé Milos Forman… Art Buchwald, le rédacteur en chef du *Paris Herald Tribune*, en fait son quartier général et y convie ses copains yankees de passage dans la capitale. Gregory Peck, Audrey Hepburn, puis Milos Forman, Francis Ford Coppola, Marlon Brando, Woody Allen ouvrent le bal. Bientôt suivis de Robert de Niro, Brad Pitt, Keanu Reeves, Sofia Coppola, Jennifer Aniston, Reese Witherspoon, Robert Pattinson, Pharrell Williams, Bradley Cooper et tant d'autres…

Ceux qui imaginent que Chez l'Ami Louis est réservé aux appétits solides et aux messieurs ventripotents font fausse route. « Pendant la Fashion Week, Roland-Garros et Art Basel Paris, le restaurant est pris d'assaut des semaines à l'avance ! » Quand il est à Paris, David Beckham est un client assidu. Le 2 mai 2025, entouré de son épouse Victoria et de trois de leurs enfants, il célèbre ici ses 50 ans. Les escargots persillade, le poulet sauce champignons et la pavlova aux fruits rouges accompagnent château petrus et château cheval blanc. Autre sportif reconnu, le comédien Mark Wahlberg débarque plusieurs fois par an avec une bande de potes pour se régaler d'escargots (quasi introuvables en Californie) et d'une côte de veau à la crème. Il est ici comme chez lui, descend à la cave – qui compterait 20 000 bouteilles – et en remonte avec des magnums de bons vins qu'il déguste en connaisseur avec sa petite troupe...

La renommée internationale a encore décuplé quand Bill Clinton et son épouse Hillary ont répondu le 16 juin 1999 à l'invitation de Jacques et Bernadette Chirac. « Pour l'occasion, la rue avait été entièrement nettoyée et quelques travaux lui avait redonné bonne mine, se souvient l'un des serveurs. À l'époque, l'immeuble juste en face était occupé par des squatteurs. On les avait gentiment délogés et obstrué l'entrée avec des parpaings. »

Au menu : girolles et foie gras en entrée, suivis d'un agneau de lait rôti et du traditionnel poulet. Fruits rouges et gâteau au chocolat en dessert. Hillary Clinton a trempé ses lèvres dans un smith-haut-lafitte blanc de 1990, tandis que Jacques Chirac a commandé une bière Pilsner Urquell, brassée en Tchéquie... Une table spéciale avait été dressée au fond à gauche de la salle. Les conseillers et officiers de sécurité également conviés se serraient à une distance suffisamment raisonnable pour qu'ils n'entendent rien des conversations présidentielles. Le chef d'État américain a été tellement conquis qu'il est revenu à de multiples reprises pour des « déjeuners ou des dîners d'affaires ». Sa fille Chelsea pousse également de temps à autre la porte de l'établissement.

Pinault, Elkann et la banque Rothschild

Aujourd'hui, environ 70 % des clients de L'Ami Louis sont des étrangers. Parmi eux, les deux tiers viennent du continent américain : des États-Unis, mais également du Canada et du Brésil. Le cosmopolitisme de l'établissement perçait aussi lors des dîners rituels qu'offrit dès les années 1970 Teddy van Zuylen à l'occasion du Grand Prix de l'Arc de Triomphe. Propriétaire d'une écurie de course, et frère de Marie-Hélène de Rothschild, il aimait autant les mondanités que les hippodromes. Sa fille, Cordélia, se spécialisa dans l'élevage et l'entraînement de chevaux de course. Elle fut l'une des premières femmes à obtenir sa licence. Père et fille recevaient fièrement chaque début octobre, non tant pour célébrer leurs victoires dans une course réservée aux 3 ans et plus à Longchamp – elle leur a toujours échappé – que pour avoir à leur table la fine fleur de l'hippisme mondial. Décédé en 2011, le baron Thierry van Zuylen de Nyevelt, son vrai nom, n'eut pas de successeur dans cet art de la bonne chère, mais laissa de grands souvenirs dans un milieu qui préfère l'entre-soi aux démonstrations festives.

Le monde des affaires a également son rond de serviette entre ces murs d'une couleur indéfinissable qui oscille entre le brun et le marron, et recouverts d'une épaisse couche de vernis. Mi-avril 2003, François Pinault qui avait mis, quatre ans plus tôt, la main sur Gucci et Saint Laurent invite son fils à dîner. En une phrase, il plante le décor : « Si j'étais toi, à ton âge, j'aimerais avoir le pouvoir. » Joignant le geste à la parole, il lui offre un porte-clés dessiné par le joaillier américain ultra confidentiel Jar représentant trois cercles en or entrelacés. Sur les deux premiers étaient gravés les prénoms et noms du père et de son fils. Le troisième, resté vierge, attend qu'y soit inscrit l'identité d'un membre de la troisième génération de la famille Pinault qui reprendra les commandes de Kering. Le lundi suivant, François-Henri Pinault, 40 ans alors, a la surprise de découvrir que son bureau a été discrètement déménagé pendant le week-end. Le voici désormais à la tête du numéro 2 mondial du luxe.

François Pinault fut d'ailleurs l'un des plus fidèles convives de L'Ami Louis. Il y invitait fréquemment (souvent le dimanche soir) Jacques Chirac. Au début, on leur réservait la table du fond, la plus prisée, mais à mesure des difficultés de locomotion de l'ancien président, on leur a destiné la première table à droite juste derrière la porte d'entrée. « Bien que nous ne l'ayons pas à la carte, nous lui servions sa traditionnelle Corona et parfois un perroquet (un mélange de pastis et de sirop de menthe). Son solide appétit n'est pas une légende. Je pense qu'il a goûté à tous les mets de notre carte », se souvient avec nostalgie un maître d'hôtel chevronné.

Bien qu'il ait raréfié sa présence depuis un an, François Pinault a laissé une empreinte indélébile autour des nappes couleur saumon du restaurant. La cave regorge de château-latour et de clos-de-tart, deux des pépites détenues par Artémis, la holding patrimoniale de la famille.

Lorsqu'il est à Paris, John Elkann, président et principal actionnaire du groupe automobile Stellantis (qui regroupe une constellation de marques, dont Peugeot, Citroën, Fiat, Alfa Romeo, Chrysler, Maserati, Lancia), vient tous les dix jours. Souvent flanqué de collaborateurs ou de partenaires cosmopolites.

L'ancien président de la Société générale, Daniel Bouton, adore s'y régaler sans chichi. Le 11 novembre 2010, avec François Henrot, *special senior advisor* de la banque Rothschild, il convia ses commensaux du Club des Cent à un déjeuner réunissant Peter Westmacott, ambassadeur de Grande-Bretagne en France, et Reinhard Schäfers, son homologue d'Allemagne. Les deux hommes avaient eu l'idée de ce repas avec Thierry de La Brosse longtemps propriétaire des lieux, décédé six mois plus tôt. Au menu : jambon pata negra, foie gras, coquilles Saint-Jacques « rade de Brest » à la provençale, perdreau rôti sur canapé, pommes paille, fraises des bois. En fin de repas il fut servi une fine champagne de 1914, « récolte mains de femmes », car les hommes étaient au front… Peut-on faire plus chic et inoubliable ?

Plus récemment, un témoin rapporte avoir vu lors d'un même dîner fin 2024 voisiner à trois tables différentes des membres des familles Bouygues, Dassault et Arnault. Une telle concentration des « poids lourds du CAC 40 » n'a pas d'équivalent à Paris.

Romanée-conti et petrus

Pas étonnant donc que, chaque mois, le livre de cave mentionne que des bouteilles de romanée-conti ou des magnums de petrus ont été commandés et bus. Les réserves du mythique cru de Bourgogne avaient atteint début 2025 un niveau anormalement bas. On espérait que l'allocation accordée discrétionnairement par les familles Villaine et Leroy, copropriétaires du domaine, serait généreuse. Question de standing et de principe… Autre vin souvent à l'honneur, le château-d'esclans. Non pas tant parce que ce rosé de Saint-Tropez est entré en 2019 dans le cellier de LVMH, ni même parce que l'une de ses cuvées (garrus) se revendique depuis de longues années comme le rosé le plus cher du monde, mais parce que Robert Reiplinger, longtemps actionnaire et directeur général du domaine, fréquente l'établissement depuis les années 1970. Brillant expert-comptable, il a quitté sa Lorraine natale pour « monter à Paris ». Afin de se faire connaître, il a rapidement fréquenté les restaurants les plus en vue de la capitale. Ce fringuant octogénaire est aujourd'hui l'un des plus anciens clients de L'Ami Louis. « Il ne se passe pas plus de deux semaines sans qu'il ne pousse notre porte », assure l'un des maîtres d'hôtel.

Quand Gorbatchev dîne avec le « milliardaire rouge »

Vedettes de cinéma, hommes d'affaires, mannequins, touristes fortunés, créateurs en tous genres, l'éventail des amis de L'Ami Louis est immense. Une catégorie est sous-représentée : la classe politique. « Les additions y sont trop chères ; la discrétion pas toujours assurée et être vu ici pourrait faire jaser », tranche une fidèle des lieux. François Hollande, Nicolas Sarkozy et Dominique de Villepin y dînèrent occasionnellement quand ils étaient aux affaires. Emmanuel Macron, pourtant connu pour son solide appétit et son goût pour les bons vins, n'a pas encore annoncé sa venue. Pas plus qu'Anne Hidalgo. La maire de Paris aurait pourtant une bonne raison de s'y montrer : les murs du restaurant appartiennent à la ville qui reçoit un loyer de la société exploitant le fonds de commerce.

Le visiteur le plus improbable s'appelle Mikhaïl Gorbatchev. Au milieu des années 1960, il se lia d'amitié avec Jean-Baptiste Doumeng. Surnommé « le milliardaire rouge », ce natif de Haute-Garonne à l'accent et aux manières rugueux avait bâti un groupe d'import-export spécialisé dans le commerce de céréales avec l'URSS. Or, le grenier à blé du pays s'étendait dans la région de Stavropol, berceau politique du futur dirigeant soviétique. À au moins deux reprises dans les années 1970, le parti communiste soviétique envoya le jeune Gorbatchev pour des voyages d'étude à Paris. C'est à l'occasion de l'un de ces séjours que les deux hommes se sont retrouvés dans ce temple du capitalisme et de l'élite mondiale. Doumeng, réputé pour son « coup de fourchette », n'eut pas l'occasion de « rentabiliser » son investissement. Il décéda en 1987, moins de deux ans après que Mikhaïl Gorbachev fut devenu maître du Kremlin. Et son empire fera faillite en 1993.

Ni fromage ni Coca-Cola à la carte

Racheté par le groupe LVMH à l'été 2024 après neuf mois de négociations à rebondissements, L'Ami Louis est resté dans son jus et il n'est pas dans les intentions des nouveaux propriétaires de bousculer les traditions ancestrales. Pas de livre d'or ; une comptabilité à l'ancienne où l'on note sur une feuille à carreaux les plats et vins commandés et payés par les convives ; pas de vestiaire, mais de simples galeries au-dessus des tables où on allonge son manteau, comme celles que l'on trouvait dans les compartiments de nos trains ; pas de fromage ni de Coca-Cola à la carte ; un escalier décourageant pour accéder aux toilettes ; des miroirs piqués et ternis ; un poêle à bois massif dont le tuyau traverse la salle ; les vestiges d'une cabine téléphonique où figure encore l'ancestral numéro « Turbigo 77-48 » ; et cette si nostalgique sonnerie un peu stridente qu'émettaient les combinés à cadran de nos grand-mères…

Ici les treize tables ne portent pas de classiques numéros, mais des noms étranges. Au fond à gauche, vous avez les plus prisées, « la table aux fruits », celle « du devant », « du milieu » et de « la pendule ». À droite en entrant « la table linge », celle de Jacques Chirac. Lui faisant face, de l'autre côté de la porte, la « cave ».

Depuis la rue du Vertbois, on distingue une seconde entrée décalée de la principale de quelques mètres à gauche et décorée des mêmes rideaux ou carreaux rouges et blancs. Elle ouvre sur une salle adjacente qui pourrait accueillir quelques tables supplémentaires. Une aubaine pour un restaurant qui refuse à chaque repas deux ou trois fois sa capacité de réception, soit 52 couverts quand toutes les chaises sont occupées. Aujourd'hui ce « local » sert à stocker les marchandises et à garer les deux-roues du personnel. « Nous n'avons pas prévu d'en faire une seconde salle, et encore moins une annexe, tranche Olivier Lefebvre, patron de la branche Hospitality de LVMH. Le plus probable est que nous n'y touchions pas. » Pas question non plus d'ouvrir un frère jumeau dans un autre pays. Les demandes affluent, mais aucune n'a été honorée. « L'Ami Louis est un testament du Paris de l'immédiat après-guerre, tranche Alain Ducasse. Il est resté dans son jus. C'est unique. »

Les « chouchous » de Louis Gadby

La seule chose qui manque au décor depuis quelques mois, c'est Louis ! Louis Gadby « tenait » le restaurant, les plans de table, la liste des invités, et donnait le *la* à un orchestre de chambre qui s'appliquait à ne jamais exécuter deux fois la même partition. Directeur de salle et détenteur de quelques parcelles du capital de la société, il avait l'art de recevoir et savait pincer toutes les cordes entre l'extraordinaire amabilité et une mine plus renfrognée. Il avait ses « chouchous » et les autres… mais régnait en maître absolu sur son royaume d'à peine 70 mètres carrés. Louis régentait le placement. Ses décisions étaient sans appel. Connaissant l'admiration de Philippe Caverivière pour Francis Ford Coppola, il l'installa un soir juste à côté du réalisateur du *Parrain*. Un souvenir inoubliable pour l'humoriste de RTL et de France 2. L'âge venant, il a préféré s'éclipser discrètement à la fin de l'année 2024. Au grand dam de ses fidèles clients qui pendant plus de quarante-cinq ans n'ont connu que lui, mais continuent de pousser avec le même entrain la porte des lieux. Rien ne semble vouloir refroidir la clientèle. Ni la circulation parisienne, ni l'absence de voiturier, ni les additions stratosphériques. Comptez au moins 250 euros par personne, vin compris. Les notes finales à cinq chiffres ne sont pas rares, mais personne n'a le mauvais goût de s'en plaindre.

Le lieu et sa décoration sont à ce point devenus iconiques qu'en février 2015, la marque de sport Nike lance une paire de chaussures de basket, la Nike Hyperchase dont le tissu reproduit le motif « carrés noirs et gris » du sol en carreaux de ciment du restaurant. Cette série limitée imaginée par le designer Hiroshi Fujiwara, le pape du streetwear japonais, a été vendue en quelques semaines. Dix ans plus tard, pour se la procurer sur Internet en seconde main, il faut débourser au bas mot 300 euros… Quant au pain grillé servi généreusement dans un empilement aussi géométrique qu'instable, il provient de la Boulangerie moderne située dans le 5e arrondissement de Paris près du Panthéon. Une échoppe qui connaît une renommée internationale, car elle accueille le personnage d'Emily Cooper, interprété par Lily Collins, dans la série *Emily in Paris* diffusée depuis 2020 sur Netflix.

Fréquenter L'Ami Louis est souvent une tradition familiale. Carole Bouquet : « La première fois que j'y ai dîné, je venais d'avoir 21 ans. Non seulement j'ai bu un magnifique haut-brion dont je n'ai jamais oublié le goût, mais en plus j'ai immédiatement adoré ce restaurant que j'ai fréquenté à tous les âges de ma vie. » Près de quarante-cinq ans plus tard, Dimitri Rassam, le fils qu'elle a eu avec Jean-Pierre Rassam, reconnaît « avoir fêté tous les moments importants de [sa] vie rue du Vertbois ». En 2024, quand *Paris Match* lui consacre un portrait et lui propose de poser avec ses amis de toujours dans un lieu qui lui tient à cœur, il n'hésite pas une seconde à se faire photographier avec sa bande d'amis à la table jadis occupée par François Pinault et Jacques Chirac, juste derrière les rideaux vichy de la devanture.

L'Ami Louis, c'est une atmosphère à la Simenon et des dialogues à la Audiard. Mais les acteurs ne sont pas sortis de *La Traversée de Paris*. Ils siègent dans les conseils d'administration du CAC 40, trônent en haut des affiches de cinéma ou jonglent avec les fuseaux horaires. Tous fuient les restaurants guindés et le bling bling. Ils viennent ici s'encanailler et se retrouver dans un monde parallèle dont ils ont la prescience qu'il ne bougera pas d'un pouce dans les décennies qui pointent.

Bibliographie sélective

Paris, « City Guide », Louis Vuitton, 2022.

Enquêtes et reportages sur L'Ami Louis parus dans *Paris Match*, *Le Figaro*, *Le Point*.

BUCHWALD Art, *Too Soon to Say Goodbye*, Random House, 2006.

MAURIÈS René, *Jean-Baptiste Doumeng. Le grand absent*, préface de Mikhaïl Gorbatchev, Milan, 1992.

18

Galignani
Libraire avec chauffeur

par Marie-Dominique Lelièvre

Longtemps, « l'Europe galante », comme la surnommait Paul Morand, s'approvisionna en livres anglais ou rares et chics au 224, rue de Rivoli, à Paris. Une clientèle internationale et élitiste a pris le relais, bientôt rejointe par les influenceurs, attirés par le caractère instagrammable des lieux. Des noms ? Mick Jagger, John Elkann, le patron de Stellantis, l'ex-impératrice Farah Pahlavi, Inès de la Fressange, le décorateur Jacques Garcia et un certain… Michael Jackson. Mais le grand client de la librairie fut Karl Lagerfeld, insatiable lecteur, qui à lui seul assurait 20 % des ventes annuelles. De quoi réjouir la famille vénitienne qui dirige cet établissement raffiné depuis le XIXe *siècle. Leur ancêtre s'était établi à Paris en 1801 pour y ouvrir un cabinet de lecture fréquenté par les riches Anglais et le plus anglophile des écrivains français : Stendhal. Stendhalienne, cette adresse le demeure assurément. Lieu élitaire plus que d'influence, Galignani croise le prestige déclinant des lettres et de la « patrie littéraire », la culture de cour avec le « tout à l'ego » actuel. Comme certains châteaux (celui-ci de papier), le lieu raconte un certain art de vivre (la civilité du silence inhérente au livre) et la métamorphose des élites…*

Un carnet d'adresses de chef d'État

Lorsque John Elkann, petit-fils de Giovanni Agnelli et patron du groupe Stellantis, de Ferrari, de la Juventus, donne rendez-vous à une journaliste française, il choisit la librairie Galignani, au 224, rue de Rivoli, Paris, France. Arrivé avec vingt minutes d'avance, il sélectionne trois ouvrages sur la table d'actualité et l'accueille avec ses achats. Je lis, donc je suis. Il est vrai que son père, l'écrivain Alain Elkann, est un habitué de la maison.

Dans ce repaire tapissé de livres du plancher aux cimaises, on croise des ministres, d'anciens présidents de la République, la Cour des comptes au complet dont son président, Pierre Moscovici, l'ex-impératrice Farah Pahlavi, Guillaume de Seynes (Hermès), Charlotte Rampling et nombre d'acteurs, Denis Olivennes (CMI/Editis), Suzanna Flammarion et Inès de la Fressange (Parisiennes), Antoine de Caunes et le décorateur Jacques Garcia (voisins), le joaillier Lorenz Baümer, mais aussi François Busnel (journaliste littéraire), Mick Jagger passionné par Shakespeare, Édouard Philippe qui, lorsqu'il était à Matignon, passait trois fois par semaine, Michael Jackson auquel un soir la librairie réserva le lieu, et tout ce que Paris compte d'antiquaires, de décorateurs, stylistes, marchands d'art… Une clientèle chic, éclectique, élitiste.

Jusqu'à la mort d'Antoine Jeancourt-Galignani en 2021, un club discret se retrouve le samedi après-midi autour de lui, dans le petit bureau au fond du magasin. Héritier et propriétaire de la librairie, grand banquier – énarque et inspecteur des finances, il a dirigé la banque Indosuez, puis AGF –, il détient un carnet d'adresses de chef d'État. Banquiers comme Daniel Bouton, économistes comme

Jean-Claude Casanova, princes comme Michel de Grèce, un ex-président comme François Hollande, Jacques Attali, Alain Minc s'y rejoignent. Galignani tient du cabinet de lecture et du club, où l'on retrouve des gens de sa caste au terme d'un tour fléché : chemises chez Hilditch & Key, mochis chez Toraya, piano-bar au Meurice, tel est le programme de ces dirigeants, qu'attendent des chauffeurs garés en double file devant la librairie.

Un lecteur majuscule, « KL »

Le plus remarquable des clients est sans doute Karl Lagerfeld, insatiable lecteur. Pour la librairie Galignani, sa mort marque une année noire : à sa disparition en février 2019, la belle maison du 224, rue de Rivoli perd son plus gros client. Sur les courbes, le résultat financier s'effondre. Le chiffre d'affaires Lagerfeld atteignait 700 000 euros par an, 20 % des ventes en 2018-2019. Une somme aussi importante en livres, ce n'est pas rien. Cela en faisait sans doute le plus grand client de France. Mode, décoration, peinture, mémoires, graphisme, architecture, biographies, romans, poésie, Lagerfeld lit de tout, et lit vraiment, achetant souvent les livres en plusieurs exemplaires, soit pour en découper les pages et nourrir sa documentation, soit pour les offrir.

Son amie Caroline de Monaco, grande lectrice elle aussi, est une des destinataires de ces cadeaux. En cas d'urgence, son chauffeur Sébastien Jondeau prend livraison des ouvrages, mais Karl Lagerfeld préfère venir en personne deux ou trois fois par semaine, sélectionnant au hasard des tables nappées d'ouvrages aux couvertures chatoyantes, ou conseillé par ses libraires. Il a un circuit favori. Il se dirige d'abord vers le rayon beaux-arts, dont il compulse les nouveautés en soulevant ses lunettes noires d'encre. Une magie d'ouvrages superbement édités, les plus beaux des beaux livres : intérieurs de la villa Cagni Troubetzkoy sur les rives du lac de Côme ou du château de Blenheim, berceau des Churchill, drapés de Madame Grès, divins joyaux de la collection Arikawa, un ancien moine bouddhiste, Mexico photographié par Deborah Turbeville...

Outre les dernières parutions françaises, américaines, anglaises et italiennes, il trouve des livres rares ou épuisés sur la mode, la joaillerie et les arts décoratifs, des catalogues d'expositions et des monographies présentés debout ou à plat, lesquels pour la plupart se feuillettent. Sa sélection faite, Karl rejoint le responsable du département, Bertrand Pizzin, dont il confisque le siège devant un petit bureau à demi dissimulé par une bibliothèque, à l'avant de la librairie. Dans ce refuge enveloppant, il débite de la « sottise intéressante » à flux tendu, ou récite des vers d'Emily Dickinson.

Le libraire Bertrand Pizzin, trois décennies chez Galignani, a abordé Lagerfeld un jour sur le trottoir alors que celui-ci examinait la vitrine à la dérobée après avoir fait ses emplettes chez Hilditch & Key (chemises) ; il refusait d'entrer, boudant la librairie au prétexte que la direction précédente l'avait relancé pour une ou deux factures payées avec retard. « Un coup de foudre. » Jusque-là, Karl était un fidèle de la librairie La Hune, à Saint-Germain-des-Prés, plus petite.

« Chez Galignani, le foisonnement de livres étalés sur les tables, la richesse de l'approvisionnement en livres d'art, la diversité, les nouveautés quotidiennes, la relation nouée avec ses libraires, il a adoré », dit Patrick Hourcade, qui fut son complice. C'est que Lagerfeld a besoin d'alimenter ses innombrables collections : sa propre marque KL, Fendi, Chanel... Le responsable du rayon beaux-arts devient son *personal shopper* : Lagerfeld l'envoie chiner des ouvrages d'art introuvables et précieux, que Bertrand Pizzin déniche aux puces ou dans des librairies de livres anciens, muni d'un budget illimité. Galignani offre en effet un service spécialisé dans les recherches de titres rares parmi le fonds des éditeurs ou, s'ils sont épuisés, en antiquariat…

Parfois, Karl Lagerfeld donne à Bertrand Pizzin un thème contraint, souvent réduit à un seul mot, par exemple « ESKIMOS », afin de concevoir une future collection. Pizzin déniche de vieux livres d'ethnologie, qui resurgiront quelques mois plus tard en manteau d'explorateur à long poil défilant sur un podium.

Reconnaissant, Karl fait imprimer des ex-libris au nom de Pizzin. Une année à Noël, il lui fait livrer une superbe gerbe de chez Lachaume, dans laquelle a été dissimulé un écrin du joaillier Belperron contenant des boutons de manchettes. « J'ai eu l'impression d'être une grande cocotte dans sa loge, Liane de Pougy, Cléo de Mérode… » Lorsque le libraire se casse la cheville, tous les trois jours, un nouveau vase rempli de fleurs est livré à son domicile.

L'été, Lagerfeld adresse à Bertrand des fax de commandes à lui expédier dans ses villégiatures, Biarritz ou Ramatuelle… S'il est pressé de parcourir un ouvrage, le libraire en arrache les pages et les lui faxe. Les factures ? Bertrand détient le numéro de la carte de crédit de Karl, qu'il débite directement…

L'idée de défiler au Grand Palais est née d'un cadeau de Pizzin à Karl : un album ancien de scénographie industrielle évoquant les magnifiques décors et installations de l'architecte André Granet qui ont valu à Paris son surnom de Ville lumière. Les photos inspirent à Lagerfeld le projet d'utiliser le Grand Palais pour un premier défilé Chanel en 2005. Le livre, que Karl a fait rééditer chez Steidl, est déposé sur chaque chaise lors de l'événement. Par la suite, il installe sous la nef du monument une navette spatiale, un supermarché, un paquebot, la Grande Muraille de Chine…

C'est aussi dans les allées de Galignani qu'il se réconcilie par hasard avec sa célèbre muse Inès de la Fressange, avec laquelle il était brouillé depuis son mariage. Il l'invite ensuite à défiler au Grand Palais, l'année où il reconstitue Versailles.

Au fil des années, la relation entre les deux hommes se transforme en complicité. « Un libraire n'est jamais très bien payé, vous savez. J'ai fait ça pour le plaisir. Je n'avais pas de contraintes financières », dit toujours Bertrand Pizzin.

Lorsque son séjour derrière l'ordinateur s'achève, Karl traverse le magasin et part en excursion dans le rayon de Nicolas Fouint alors consacré à la littérature anglo-saxonne, tout au fond, après les hautes tiges des alocasias surplombant les livres. Le département offre à la fois les classiques et les nouveautés : littérature, biographies, essais, une importante sélection d'ouvrages d'histoire, des publications universitaires anglo-saxonnes… Mais c'est de biographies que Karl est friand, ainsi que de raretés bibliophiliques anglo-saxonnes que Nicolas Fouint lui déniche. La littérature le passionne, le Grand Siècle avant tout : lettres de la princesse Palatine, sermons de Bourdaloue, mémoires de Saint-Simon, œuvres complètes de Léautaud, romans d'Elizabeth von Arnim, il procède par toquades et obsessions, ses goûts éclectiques trahissant une boulimie de savoir. Amateur de poésie, il apprécie Emily Dickinson, Anna de Noailles – pardon, la princesse de Brancovan… Lecteur vorace, il doit sans cesse être ravitaillé, bien plus qu'un Pierre Bergé, lui aussi un bon client de la maison.

Un nouveau souffle

Au milieu des années 2000, la librairie commence à souffrir de la raréfaction de la clientèle américaine notamment. Antoine Jeancourt-Galignani s'adresse alors à un chasseur de têtes pour dénicher une perle rare : un nouveau directeur pour le magasin, capable d'insuffler un élan et d'ouvrir la librairie vers l'extérieur. Le profil choisi est insolite pour un tel lieu : une spécialiste du marketing, diplômée de l'Essec, avec une carrière dans les médias, de France Télévisions à *L'Express* et *VSD*, en passant par la Cinq de Berlusconi, éphémère chaîne de télévision commerciale lancée au milieu des années 1980. Belle blonde luxembourgeoise ayant grandi en Côte d'Ivoire, Danielle Cillien-Sabatier n'a jamais franchi le seuil du 224 lorsque incognito, un samedi, elle découvre la maison. L'enchantement est instantané. « C'est mon destin, ai-je pensé. Un rêve… pour qu'il devienne une réalité, j'ai bien bossé mon dossier, imaginant le potentiel du lieu, et ça a marché », dit-elle en riant. « Sortez, faites rayonner la maison… » Telle est la mission assignée par son nouveau patron. Avec elle, Danielle apporte son carnet d'adresses, grands noms de la communication et de la publicité, attachées de presse du luxe et de la culture, qui s'ajoute à celui d'Antoine Jeancourt-Galignani, très HEC, très CAC 40, et à celui de la librairie, plus mondain. « Tout cela s'est très bien accordé, dit Bertrand Pizzin. Apportant un souffle frais, Danielle a attiré une nouvelle clientèle. »

Les premiers temps, dans la vénérable librairie, c'est la révolution culturelle : Danielle Cillien-Sabatier demande qu'on l'appelle par son prénom et qu'on la tutoie. Certains n'y parviendront jamais. Pire, il faut pactiser avec un intrus, l'ordinateur. Mais un esprit printanier réveille le 224, rue de Rivoli, qui résiste à la crise du secteur. « Un livre, c'est identitaire. Le ras-le-bol des écrans, nous le vivons. Nous vendons, nous communiquons beaucoup, nous organisons des événements, nous soignons les vitrines. »

Il se passe toujours quelque chose, chez Galignani. Multipliant les événements jusqu'à trente-cinq par an, surtout des séances de signatures de beaux livres de mode, de joaillerie, de décoration ou d'art de vivre, plus rarement de romans ou d'essais littéraires, la librairie est une sorte de salon parisien. Ces séances font parfois l'objet d'une publication dans l'hebdomadaire *Point de Vue*, l'actualité du gotha, des familles royales et des people d'exception. Rares sont les flops, mais ils sont mémorables : Pierre Bergé, Jean d'Ormesson… « Personne, mais personne n'est venu. C'était gênant », dit Bertrand Pizzin.

Les attirantes vitrines longuement préméditées, tant pour la sélection des ouvrages que pour la mise en scène sophistiquée, sont signées Danielle Cillien-Sabatier. Et chaque année à Noël, saison durant laquelle la librairie réalise près de 30 % de ses ventes, un catalogue beau et intelligent est adressé aux clients fidèles.

Un potentiel instagrammable

La piétonnisation de la rue de Rivoli en 2020, décourageante pour les clients avec chauffeur, aurait pu avoir raison de la librairie anglophone. Elle a tenu bon, contrairement à d'autres commerces sous les arcades, qui ont mis la clé sous la porte. Un public séduit par la photogénie du lieu est arrivé, une nouvelle génération de gens de pouvoir succédant à celle des années 2000 : les influenceurs et influenceuses en ligne. C'est que Galignani n'a pas d'équivalent à Paris. L'atmosphère, d'abord : aménagée dans les années 1930, la librairie aux boiseries sombres, petit théâtre séduisant aux rayonnages accessibles par des échelles de bois, ses hautes plantes tropicales s'étirant avec enthousiasme vers la lumière zénithale d'une verrière Art déco, une mezzanine gorgée de livres policiers et de romans Young Adult, sans oublier un coin enfants, idéal pour les selfies avec bébé, offre un décor Poudlard, parfait pour filmer des *stories*. Après un déjeuner chez Angelina, Kendall Jenner (288 millions de followers), la sœur de Kim Kardashian, a montré la voie en octobre 2015, transportant ses derbys Stella McCartney taille 43 au rayon beaux-arts pour y dépenser 1 140 euros, dont le *Dior par Avedon* des éditions Rizzoli/Flammarion.

Les marques de luxe l'ont imitée, s'appropriant cette librairie rêvée. Kelly Wearstler (2,2 millions de followers) et Nine d'Urso (14 000 followers) y ont fait la promotion d'un cabas Dior monogrammé (2 850 euros) dans le cadre d'un club baptisé le « Dior Book Tote Bag », tandis que Chanel Beauté photographie Marine Vacth à la recherche d'un ouvrage, tailleur Chanel, fond de teint Les Beiges Healthy Glow. À propos de cabas griffé, le plus élégant est bien sûr le Tote Bag Galignani proposé en deux formats, 9,50 euros ou 12,50 euros.

Des blogueurs se font photographier devant la plaque « The first english bookshop established on the continent » (Literarianist, 28 000 followers). La librairie est devenue un « lieu culte » sur le parcours du combattant touristique parisien, figurant en bonne place sur les *to-do lists* après le passage au 226, rue de Rivoli, au salon de thé Angelina, famille Rumpelmayer, cent vingt-deux ans d'histoire, mais filiale du groupe Bertrand. Angelina proposant son chocolat chaud à l'ancienne en ambulatoire, la librairie affiche désormais sur sa porte en verre miroitante un message priant le visiteur de ne pas entrer avec son gobelet. La crainte du choc des cultures, en somme.

Une histoire vénitienne

L'histoire de la lignée commence à Venise en 1520, lorsque les Galignani se procurent une presse Gutenberg pour devenir imprimeur, éditeur et libraire en pionniers de la diffusion auprès d'un public plus large. Cette même année, Simone Galignani publie à Venise une grammaire latine (le plus ancien « Galignani » que nous connaissions). Grand succès de l'époque, la *Geografia* de Ptolemeaus publiée pour la première fois en 1597, véritable best-seller des XVIe et XVIIe siècles, dont Galignani fera de multiples éditions.

À la fin du XVIIe siècle, Giovanni Antonio Galignani quitte une Venise en déclin pour Londres, où il épouse une Anglaise et lance une librairie, avant de s'installer à Paris et d'ouvrir un cabinet de lecture rue Vivienne en 1801, dont Stendhal, mais surtout les Anglais de passage à Paris deviennent des habitués, car dans un salon particulier, ils peuvent consulter toute la presse anglaise et américaine. Giovanni et sa femme éditent un hebdomadaire, que Tourgueniev et Huysmans évoquent dans leurs livres. En 1856, la librairie se déplace rue de Rivoli. En 1882, William Galignani la cède à son neveu, Charles Jeancourt-Galignani, dont les descendants directs sont encore aujourd'hui uniques propriétaires du lieu.

Durant la Seconde Guerre mondiale, le 224 est fréquenté par les officiers de la Kommandantur, dont le QG est l'hôtel Meurice, à quatre numéros de là. À défaut de pouvoir s'approvisionner en livres anglais ou américains, et refusant de vendre des livres allemands, la librairie, alors dirigée par

André Jeancourt-Galignani, se dote d'un rayon beaux-arts, devenu depuis un département très prisé. À lui seul, il représente de 35 à 40 % d'un chiffre d'affaires qui tourne actuellement autour de 4 millions par an.

Les libraires

La richesse du choix de livres offert par cette librairie familiale et indépendante depuis plus de deux cent cinquante ans explique sans doute la fidélité de sa clientèle et l'attrait qu'elle exerce sur les lecteurs de passage : on trouve chez Galignani des ouvrages qu'on ne trouve nulle part ailleurs. Pas toujours rares ni ruineux, comme récemment, *Little Man, Little Man*, un petit roman d'apprentissage de James Baldwin illustré par son ami Yoran Cazac, « une perle rare de la littérature picaresque du XXe siècle », selon Nicolas Fouint, devenu le responsable du rayon beaux-arts. Ou, autre merveille, *Si Noailles m'était contée*, de François Carrassan, petit ouvrage délicieux et bien édité par Les Cahiers de l'Égaré, qui saute dans la main grâce à l'astuce du libraire qui l'a placé verticalement au milieu d'un comptoir de livres à plat. Libraire chez Galignani est sans doute un métier un peu à part. Suivis dans leurs choix et leurs recommandations, les libraires ont chacun un rôle à jouer. « Être un bon libraire ici exige de la finesse. Il faut être capable de recommander un livre rare et pas cher, par exemple, tout en vendant ce qui se vend, car cela nous fait vivre… »

La librairie accepte de prendre des risques en achetant certains ouvrages en quantité importante pour étoffer le fonds de l'établissement, dans lequel on trouve des ouvrages disparus ailleurs. « Je n'ai pas hésité, lors de l'exposition "Jewels by JAR" (Joel Arthur Rosenthal) au Metropolitan Museum, à

New York, à acheter un stock de 500 catalogues, persuadée que, sur la durée, nous l'écoulerions. Il doit en rester deux ou trois. Rien, il est vrai, ne m'obligeait à vendre les 500 en trois mois comme l'exige une Fnac, par exemple », relate Danielle Cillien-Sabatier.

En 2024, le (très) beau livre que le photographe italien Guido Mocafico a consacré à deux verriers, Léopold et Rudolf Blaschka, qui au cours du XIXe siècle ont reproduit à Dresde avec une stupéfiante précision plus de 600 invertébrés marins destinés aux muséums d'histoire naturelle, a été mis en avant par la librairie, qui a commandé 70 exemplaires d'un tirage limité à 500 numérotés et signés. Aussi magnifique que pointu, vendu au prix de 120 euros, l'ouvrage a été un succès de Noël, il n'en reste que 13. Il y a quelques années, les éditions Flammarion furent stupéfaites lorsque Galignani gela 200 exemplaires de *Café Society*, de Thierry Coudert, un ouvrage peu prometteur qui n'avait été tiré qu'à 1 500 exemplaires. La librairie en a vendu 670 depuis, et le livre est devenu un best-seller de l'édition française, traduit en plusieurs langues. Chez Galignani, il est vrai, le panier est deux fois plus élevé que dans une librairie de premier niveau, parce qu'on part rarement d'un lieu aussi tentateur avec un seul ouvrage. En outre, 80 % des beaux livres sont achetés à titre de documentation par des professionnels, pour lesquels le budget n'est pas un critère.

Danielle Cillien-Sabatier ne dirige plus la librairie. Devenue sa directrice artistique, elle a cédé la place à Anne Jeancourt-Galignani, huitième génération de Galignani, qui succède à son frère Christophe, lequel avait remplacé leur père.

« Pendant deux cents ans, la librairie a eu un actionnaire unique ; mon père avait racheté les parts de sa sœur. Aujourd'hui, nous sommes quatre », dit cette avocate, spécialiste du droit bancaire, du droit des assurances et du droit immobilier. Un nouveau défi à relever, en somme.

Une nouvelle ère se dessine-t-elle ? L'influence de Galignani, pour discrète qu'elle soit, est forte. Certes, les influenceurs ne sont pas tous de grands lecteurs, pas plus que les curieux traversant le lieu en somnambules, après le chocolat chez Angelina. Mais pour maintenir un rayonnement solide, la librairie Galignani peut compter sur le monde du luxe et sa soif insatiable de narrations. Les griffes bâtissant leur prestige sur un incessant *storytelling*, le secteur des beaux-arts est une source inégalée de savoir, d'histoire et d'inspiration. Les habitués de la librairie, qui s'y retrouvent autour de séances de signatures, apprécient son élitisme. Quant à ceux de la classe politique ou des milieux dirigeants, ils sont fidèles aux avis éclairés de libraires qui connaissent leurs centres d'intérêt. Liechtenstein offshore délimité par des montagnes d'ouvrages, la librairie Galignani est un calme éden de papier : il suffit de pousser la porte.

Bibliographie sélective

Granet André, *Décors éphémères. Paris, 1909-1948.*
Huysmans Joris-Karl, *À rebours*, Gallimard, 1977.
Pizzin Bertrand, *Boutons de manchettes*, Assouline, 2002.
Stendhal, *Souvenirs d'égotisme*, Flammarion, 2013.
Thackeray William Makepeace, *La Foire aux vanités*, Gallimard, 1994.
Trefusis Violet, *Il court, il court…*, Stock, 1992.

19

Le défilé de mode ou le sacre de l'étiquette

par Gilles DENIS

L'habit a toujours eu un lien avec le pouvoir. Dans la société de Cour, il symbolisait une fonction et reflétait un rang. Dans la France du XXIe *siècle, le paraître demeure roi. Les mégashows organisés par les grands groupes du luxe comme LVMH, Kering ou Chanel s'inscrivent encore dans cette tradition curiale, revisitée par la société de consommation qui a fait de la « marque » ses nouveaux quartiers de noblesse et des people ses nouveaux ducs et pairs. Ces défilés obéissent à des rituels et des codes très sophistiqués, connus des seuls initiés. Le placement des invités relève à lui seul de la haute diplomatie. Il fait la part belle à une nouvelle aristocratie, issue de la pop culture.*

Les Parisiens se souviennent avec un mélange de fierté et d'agacement de la soirée du 20 juin 2023. À la veille du solstice d'été, la ville avait été paralysée : quais de Seine bloqués, centre inaccessible – en particulier autour de l'île de la Cité et du square du Vert-Galant. À l'heure blonde, les badauds s'étaient massés sur les rives pour voir passer des bateaux-mouches bondés non de touristes, mais des invités au premier défilé de mode du musicien, designer, créateur Pharrell Williams pour le numéro 1 mondial du luxe, Louis Vuitton. Les heureux élus – 1 750 personnes – avaient embarqué au pied de la tour Eiffel. Un mélange de journalistes et de grands clients – les VIC, « Very Important Client », capables de dépenser plusieurs millions d'euros par an en produits de la marque.

Cette remontée du fleuve disait les ambitions de Vuitton, avec l'éclat qu'avaient les entrées royales dans la capitale et les carrousels où brillaient le jeune Louis XIV et sa Cour. Direction le Pont-Neuf privatisé pour dévoiler la première collection masculine de Pharrell Williams. Le Pont-Neuf dont les pavés avaient été entièrement dorés pour devenir le plus éclatant des podiums et la métonymie de la flamboyance de Vuitton. En toile de fond, rive droite, les symboles de la puissance du groupe à qui appartenait la griffe, LVMH : l'hôtel Cheval Blanc, fleuron de sa branche « hospitalité » installé dans l'ancienne Samaritaine ; et les bâtiments de la Belle Jardinière sur lesquels flottaient désormais les couleurs de Louis Vuitton.

Un protocole digne de la société de Cour

En arrivant au pied de la statue équestre d'Henri IV, les invités avaient été pris en charge par une myriade de jeunes gens aux manières impeccables et au physique amène. Le milieu avait un nom de code pour ces pages contemporains : « les cravates rouges » – un jour, ils en avaient porté une et l'écarlate accessoire était devenu un signe de reconnaissance, même s'ils ne l'arboraient plus guère.

Pendant ce temps, les puissants arrivaient de l'autre côté du pont, rive droite. Eux seuls avaient été autorisés à emprunter leurs propres voitures et à franchir les barrages. Un privilège rappelant celui des carrosses du roi dans la cour de marbre de Versailles et le protocole des entrées dans la chambre royale lors du lever du souverain. Pietro Beccari, PDG de la marque, accueillait ainsi en majesté la famille de Bernard Arnault, propriétaire de LVMH, venue au grand complet, signe de l'importance de l'événement.

Elle précédait l'aristocratie du *New Establishment*, comme on disait pour désigner la crème de la crème du show-business mondial, composée d'amis du créateur, souvent eux-mêmes liés au groupe de luxe par des contrats publicitaires, de Jay-Z et Beyoncé à Rihanna en passant par l'actrice Zendaya. Présents également, nombre de PDG et de créateurs d'autres griffes du groupe, et quelques grands patrons amis – comme Remo Ruffini, propriétaire de Moncler, géant de la doudoune chic.

Tous assis au très convoité premier rang, le *seating* – soit la manière d'asseoir les uns et les autres – étant régi par une étiquette impitoyable. Un jeu de préséances liées à la puissance représentée, à la place de chacun au sein d'une organisation elle-même prestigieuse. L'unique enjeu ? Le *front row*, l'actionnaire étant le centre et le maître, sa présence abolissant toutes les autres règles connues. On put ainsi dans d'autres occasions voir la femme du chef de l'État, Brigitte Macron, à sa droite, alors qu'ailleurs, on pouvait reléguer, contre tout bon sens protocolaire, une altesse royale au deuxième rang ou ajouter inutilement un prénom à un apanage – certains frémissaient encore d'un carton indiquant la place de « Son Altesse royale la princesse Caroline de Hanovre », alors qu'un simple « Son Altesse royale la princesse de Hanovre » eût été plus judicieux pour désigner l'épouse du chef de la maison.

Un siège pouvait dire autant la faveur que la disgrâce, comme hier un tabouret à Versailles – ainsi, un PDG juste remercié pouvait être relégué dans une zone loin de celle du maître alors qu'un second rang derrière lui n'aurait pu être perçu que comme une déchéance passagère.

Même soin du côté des VIC – la place étant déterminée par les montants dépensés chaque année, le million ne garantissant pas un premier rang, car certains en dépensaient plusieurs. Côté presse, les directeurs de rédaction avaient le pas sur les rédacteurs en chef, ceux-ci sur les simples journalistes, le pouvoir des titres étant déterminé par le nombre de personnes invitées par publication. Seules exceptions dans cette politique de placement aux querelles de préséance dignes de celle de Versailles confrontant ducs, pairs et princes étrangers ? Côté invités, Anna Wintour, rédactrice en chef du *Vogue* américain, traitée avec les mêmes égards qu'une célébrité, n'est jamais loin de la puissance invitante. Et *a contrario*, côté actionnaires, les Wertheimer, propriétaires de Chanel, parangons de discrétion, s'asseoient au dernier rang de leurs propres défilés.

Ce soir du 20 juin, le placement des uns et des autres avait été réglé avec un soin particulier. La rumeur avait annoncé les Obama, mais aucune puissance politique ne viendrait finalement troubler l'ordre de préséance du luxe. Avec un délai presque raisonnable de une heure de retard, le show avait débuté vers 21 h 30. Pour accompagner le passage des quelque soixante-dix modèles, un orchestre symphonique, un chœur de gospel et Lang Lang, virtuose du piano classique – une passion privée de Bernard Arnault, et en l'occurrence une manière de geste de vassalisation heureuse de Pharrell Williams. Après la *standing ovation* saluant le défilé, ce dernier avait chanté avec Jay-Z pour les invités, au milieu desquels figurait, incognito, Leonardo DiCaprio. Tous unis par la joie d'en être.

Les vêtements proposés – un jeu sur les codes esthétiques de la maison – passaient au second plan, l'événement primait, ses retombées médiatiques – plus de un milliard de vues sur les réseaux sociaux – et commerciales s'étendant au-delà des privilégiés du Pont-Neuf. Cette martingale de désirabilité de la marque affichant déjà 20 milliards d'euros de chiffre d'affaires valait bien les millions dépensés entre privatisation du Pont-Neuf, transformation puis restitution des lieux, émoluments des mannequins, des musiciens, frais de bouche et transport des stars… Le chiffre fou de 80 millions d'euros circulait. Ce qui, même à l'heure des défilés à 10 millions d'euros, donnait le tournis. Peu importait finalement : ce moment disait la puissance créative, organisationnelle, financière et culturelle de Vuitton.

L'acmé de la puissance des groupes du luxe

On était loin du premier défilé en salon, une matrice que disputait à Charles Frederick Worth, couturier du second Empire, une lady Duff Gordon, qui avait créé à Londres, en 1895, la maison Lucile, avant d'ouvrir des salons à New York, puis à Paris. Sans doute son souvenir était-il terni par la manière dont, avec son dernier époux, elle avait embarqué sur le canot numéro 1 du *Titanic* en train de couler, sans jamais revenir vers le lieu du drame… Et puis la Seine elle-même avait déjà été le cadre d'une parade de mode quand, en 1925, le couturier Paul Poiret avait affrété et décoré trois bateaux pour présenter l'univers de sa maison – une initiative qui ne l'avait pas remis à flot…

Pas de naufrage, de drame ni de banqueroute en vue, ce 20 juin 2023. Logique, les enjeux avaient changé en un peu plus de un siècle. En une soirée, même les plus rétifs avaient compris que le défilé était l'acmé de la puissance des grands groupes du luxe et le lieu par excellence du système de Cour qu'était devenue, en quelques décennies, la mode.

À dire vrai, le textile a toujours été l'ornement du pouvoir, qu'il s'agisse d'étoffes et de couleurs réservées à certaines classes, ou de l'utilisation de la parure pour signifier son rang.

Le défilé de mode contemporain s'inscrit ainsi dans une tradition curiale française donnant une place éminente au vêtement en général et à l'habit disant une fonction en particulier. George Villiers, duc de Buckingham – héros des *Trois Mousquetaires* de Dumas et ambassadeur du roi d'Angleterre auprès de Louis XIII –, se fit ainsi faire pour son arrivée à la cour de France un habit brodé de perles fines. Volontairement mal cousues, celles-ci se répandaient sur son passage, alors qu'il défilait dans la grande galerie du Louvre : une preuve de sa munificence et du pouvoir de son maître.

Autre épisode éclatant, en 1686 à Versailles. Louis XIV décida de recevoir l'ambassade du Siam dans la galerie des Glaces : la délégation dut en parcourir toute la longueur à genoux avant d'atteindre l'estrade où attendaient les princes de la famille royale et le monarque, disparaissant sous des diamants de la Couronne brodés sur le velours noir de son habit. Un cérémonial qui plut tant qu'il devint la matrice des grandes réceptions d'ambassadeurs, jusqu'à la dernière, en février 1715, pour la délégation de Perse, ultime parade du Roi-Soleil à son couchant. Il n'en demeure pas moins que la mode associée à la Cour rime aussi dans la mémoire collective avec la frivolité – les dépenses de Marie-Antoinette auprès de sa couturière Rose Bertin ont ainsi participé de la légende noire de Madame Déficit, comme était surnommée la reine. Le départ de Versailles en octobre 1789, la déliquescence de la vie de cérémonie aux Tuileries sonnent la fin de l'habit de Cour et le triomphe des « sans-culottes ». L'avènement de l'ordre bourgeois au XIXe siècle, malgré quelques éclats

– comme les sacres de Napoléon en 1804, puis de Charles X en 1825 –, fit de la toilette une affaire intime, livrée aux modistes et aux tailleurs.

Avec la renaissance de la vie de Cour sous le second Empire apparaissent maisons de mode et présentations. C'est ici que l'on retrouve le pionnier du genre, Charles Frederick Worth, Anglais qui fonde sa marque à Paris en 1858. Très vite, ses modèles attirent la plus avisée des clientes, l'impératrice Eugénie, qui lui commanda deux cent cinquante robes pour l'inauguration du canal de Suez. Les clientes se précipitent vers ses salons du 7, rue de la Paix, où les crinolines sont présentées sur des mannequins vivants, où la notion de saison apparaît, avec à chaque fois une collection *ad hoc*. Le mouvement est lancé. Il va se sophistiquer à Paris, avec, entre autres, Paul Poiret : les passages deviennent numérotés, afin de faciliter la prise de commande, un programme est distribué, les robes ont des noms, un aboyeur parfois les annonce.

À 15 h 30 dans les salons de Chanel

Les grandes maisons vont ainsi présenter quotidiennement et rituellement à 15 heures – 15 h 30 chez Chanel – les collections de couture, devant quelques clientes, dans leurs propres salons. Chaque marque s'attache des jeunes femmes qui se changent en « cabine », ce qui leur vaut leur nom de « mannequins cabine » – la « cabine » demeurant le terme générique pour désigner les mannequins d'un défilé.

Cet usage perdura chez Chanel après la mort de Mademoiselle en 1971 – avec un rythme bihebdomadaire –, et chez Jean-Louis Scherrer jusque dans les années 1980. Alors que le prêt-à-porter gagne du terrain, des défilés saisonniers voient le jour après-guerre : ils dévoilent les propositions de vestiaire avec un décalage de six mois sur leur arrivée en magasin, temps nécessaire à leur production. Une révolution portée par les grands magasins américains qui promeuvent ainsi les collections et recrutent des clientes, au-delà du cercle restreint de la couture. L'idée de fédérer et de regrouper l'ensemble dans des Fashion Weeks naît d'ailleurs en 1943 aux États-Unis pour présenter à la presse la mode américaine. Un mouvement qui se poursuit dans les années 1950, puis 1960, en Italie – avec des défilés ayant lieu dans la Sala bianca du palais Pitti de Florence – et en France. Le tout jusqu'à leur structuration actuelle autour de deux saisons principales pour le prêt-à-porter – printemps-été, présenté en juin pour l'homme et en septembre de l'année précédente pour la femme, et automne-hiver, en janvier et février – et de quatre villes : New York, Londres, Milan et Paris. Cette dernière devient *ipso facto* capitale de la mode et le demeure : en 2024, 214 défilés de prêt-à-porter féminin et masculin y sont organisés – sur un total de 587 dans le monde –, sans compter 56 défilés de couture. Le tout pour des retombées médiatiques estimées à 1,1 milliard de dollars.

Quand les anciens fournisseurs reçoivent

Tout va changer avec la naissance des empires du luxe : l'ampleur des défilés, leur faste, leur médiatisation vont devenir le reflet de la puissance des griffes et des groupes. En 1987, LVMH se constitue autour de Louis Vuitton et de Dior, gloire du groupe Boussac. Avant de devenir Kering en 2013, PPR, fondé par François Pinault, opère de son côté son virage vers le luxe avec l'acquisition de Saint Laurent et la prise de contrôle de Gucci, en 1999. De son côté, Karl Lagerfeld arrive chez Chanel en 1983 et va réveiller la rue

Cambon et avec elle tout le secteur, entre grand spectacle et posture magnoludovicienne. Dynastie familiale, Hermès entame sa croissance mondiale. Ces nouvelles capitalisations transforment l'économie de la mode : les griffes deviennent des « maisons » où les accessoires – des sacs aux souliers – constituent la principale source de revenus. Le défilé est dès lors le lieu de la mise en scène par excellence de l'imaginaire de la marque qui conduit à rendre désirables les produits.

Cette révolution où les anciens fournisseurs, que l'on ne recevait pas, deviennent ceux qui reçoivent est concomitante avec la disparition des grandes hôtesses qui réunissaient chez elles le gotha des affaires et de la politique. Ainsi, Marie-Hélène de Rothschild, épouse du baron Guy, fut une des premières à inviter ceux qui l'habillaient – comme Yves Saint Laurent. Elle meurt en 1996, alors que Bernard Arnault vient d'ajouter Celine et Loewe à son empire. Mais le lieu par excellence du changement de paradigme de la mondanité sont les salons de Jacqueline de Ribes, née Beaumont le 14 juillet 1929 – une pirouette quand on fait rimer dans son nom aristocratie et banque. L'élégante hôtesse organise dans l'hôtel particulier familial, rue de la Bienfaisance à Paris, les derniers grands dîners réunissant académiciens, banquiers et hommes politiques. C'est dans ce cadre très Ancien Régime qu'elle signera le renversement de tendance en y tenant, en 1983, le premier défilé de mode de la marque qu'elle avait créée et portant son nom, au grand effroi, dit-on, de sa belle-famille, sidérée de voir la comtesse de Ribes « déchoir » et passer du côté des anciens fournisseurs.

Naissance du mégashow

Tout est bouleversé de nouveau au tournant des années 2000, quand les créateurs des empires du luxe deviennent des « directeurs artistiques », sous l'impulsion d'un Américain, Tom Ford, aux commandes de Gucci : au-delà de la réalisation des collections, ils deviennent responsables de l'image et de la mise en scène de la marque. Le mégashow va naître. Karl Lagerfeld quitte les salons de la rue Cambon pour le Grand Palais, où peuvent être invitées plus de 1 000 personnes – toutes fascinées par l'audace de celui qui installera sous ces verrières un supermarché Chanel (automne-hiver 2014), un iceberg géant (automne-hiver 2010, un terminal d'aéroport (printemps-été 2026) ou une forêt d'automne (automne-hiver 2018) déclenchant l'ire des écologistes.

Fin connaisseur des rites magnoludoviciens et lecteur assidu de la princesse Palatine, Karl Lagerfeld assume, jusque dans son surnom de Kaiser, la transformation du défilé en instrument de *soft power* à la manière dont Louis XIV utilisait ses grandes fêtes – comme les Plaisirs de l'île enchantée en 1664 – pour asseoir, mais aussi incarner son autorité. Le roi dansa ainsi le rôle du soleil levant dans le *Ballet royal de la Nuit* en 1653 et tira sa révérence le 7 février 1670, en figurant Neptune et Apollon dans *Les Amants magnifiques* de Molière et de Lully. Une mise en scène de sa propre gloire, reprise par un autre grand amateur des rites de la France de l'Ancien Régime, le couturier britannique John Galliano, qui se mettait lui-même en scène lors de ses saluts, en dandy ou en Napoléon conquérant…

Ces supershows nécessitent à chaque fois des mois de préparation pour les grandes maisons capables de les organiser avec l'aide de producteurs – Alexandre de Betak, Étienne Russo ou les équipes de La Mode en Image. Ils travaillent en étroite collaboration avec les directeurs artistiques, le tout en suivant un rétroplanning serré, dirigé par le directeur de la communication de la marque. Ce dernier devient une manière d'intendant des Menus-Plaisirs, responsable du respect des codes et courroie de transmission entre le créateur – qui imagine le message – et le PDG – qui le valide en espérant que les millions investis se traduiront en pulsions d'achat.

Le choix du lieu… et des invités

Dans cette ritualisation, le choix du lieu est loin d'être innocent. Les marques comprennent autour des années 2010, et avec encore plus d'acuité après la Covid, que le défilé leur permet d'être perçues comme des puissances culturelles. Chanel défile ainsi au Metropolitan Museum de New York en décembre 2018. À Paris, Louis Vuitton noue un partenariat avec le Louvre, ce qui permettra à Marc Jacobs de faire débouler une locomotive à vapeur dans la Cour carrée pour sa collection automne-hiver 2012, ou à Nicolas Ghesquière quelques années plus tard de s'emparer de la cour Marly. Dior élit domicile au musée Rodin pour la couture et construit pour le prêt-à-porter une structure éphémère sur le bassin des Tuileries : sous l'impulsion de Maria Grazia Chiuri, directrice artistique de la maison de 2016 à 2025, les décors en sont confiés à des artistes féminines – de Judy Chicago à Eva Jospin. Quant à Jonathan Anderson, il transforme à chaque fois les lieux de ses défilés en galeries d'art, exposant, chez Loewe, miniatures du XVIIe siècle ou peintres contemporains, et, pour son premier défilé Dior, en juin 2025, deux Chardin. Au même titre que le musée – la Fondation Vuitton ou la

Galerie Dior pour LVMH, la Bourse de commerce, le palazzo Grassi ou la pointe de la Douane à Venise pour Kering –, le défilé érige ainsi les grands de la mode en principaux mécènes des arts.

Au-delà de leur impact en matière d'image, le lieu du défilé et sa scénographie déterminent un espace et *ipso facto* le nombre d'invités. Dès lors qu'ils sont arrêtés, les départements chargés de la presse, des célébrités, des grands clients ou des acteurs institutionnels entrent en guerre, chacun se voyant attribuer un quota de places et des zones au sein de l'espace. Les premières négociations débutent alors. Aux directeurs de la communication, les arbitrages.

Une fois ces premières grandes manœuvres terminées, l'établissement des listes d'invités est confié à chaque service – la demande excédant toujours l'offre –, tout comme le *seating*. Lui aussi est validé par le directeur de communication et le PDG. Il doit tenir compte, au-delà du rang, des affinités ou inimitiés, mais aussi des variations saisonnières de la mondanité – on traque les nouveaux venus, on écoute les conseils des grands communicants du secteur comme Lucien Pagès –, des contrats liant certaines personnalités aux marques et des renversements de situations.

Ainsi, certains mannequins devenus superstars, comme Naomi Campbell ou Kendall Jenner, peuvent passer du podium au premier rang, créant une nouvelle aristocratie issue du métier… Le tout ponctué de crises éventuelles, de négociations, d'interventions et d'oukases : une mauvaise critique, mal vécue par le créateur, peut conduire à l'exclusion des listes. Anna Wintour, elle-même, dut subir l'affront de ne pas être invitée par Yves Saint Laurent pendant quelques saisons, quand la journaliste du *New York Times,* Cathy Horyn, entama une bataille publique sur ses non-invitations avec le designer Hedi Slimane qui, de Dior homme à Celine en passant par Saint Laurent, fit du défilé la métonymie du système de mode.

Petite mythologie du carton d'invitation

À l'heure du digital, l'invitation demeure souvent physique, calligraphiée à la main. Elle devient un attribut esthétique et un objet de collection. Nicolas Ghesquière, directeur artistique de Louis Vuitton, fait porter ses bristols dans des enveloppes de cuir épi – une signature de la maison – dont la couleur varie chaque saison. Anthony Vaccarello chez Saint Laurent a adopté une pochette à rabat frappée du logo YSL imaginé en 1961 par l'artiste Cassandre, et embossée des initiales de la personne conviée. Si la forme est immuable, les matières employées disent l'intention du défilé – du brocart reprenant celui des salons de couture de l'avenue Marceau au cuir verni noir. Dans cette course à la singularité, les invitations les plus rares font l'objet d'un second marché, à l'instar du trench marqué des initiales de l'invité pour Burberry, des porte-jarretelles d'un défilé Dolce & Gabbana ou du gant à la Michael Jackson du premier défilé de Virgil Abloh pour Vuitton – coté autour de 3 000 euros.

Le carton indique quant à lui, outre le nom, le placement de l'invité, généralement décomposé en trois parties : un numéro de « bloc » ou de zone – l'équivalent d'une tribune, un numéro de rang et enfin un numéro de siège. La lecture préalable de ce code permet de déterminer son degré de faveur. C'est ainsi, en amont, que certains se plaignent amèrement de leur placement, rappelant leurs titres et exigeant une explication…

Quelques jours avant la date choisie, des escouades de livreurs s'élancent vers les rédactions, hôtels et résidences.

Mais les plus illustres et les plus aguerris des invités ne s'encombrent pas de ces sésames élaborés avec tant de soins : ils sont reconnus à l'entrée par ceux qui « font la porte », comme on dit dans le jargon local pour désigner ces nouveaux chambellans qui vérifient l'identité des invités et avertissent de leur arrivée. Les battants s'ouvrent devant eux alors que les badauds les acclament avec ferveur, quelle que soit la réalité de leur renommée.

Une fois entré, l'invité attend en jouissant du regard des autres s'il est « premier rang », saluant ses pairs et notant l'avancée ou le recul de ces derniers, avec la même gourmandise que Saint-Simon scrutant la chute du duc du Maine et du comte de Toulouse lors du lit de justice « dégradant » les enfants légitimés de Louis XIV. Le tout en contemplant l'arrivée des personnalités, elles-mêmes accompagnées d'un aréopage de photographes, d'agents, de publicistes, mais aussi de maquilleurs ou de coiffeurs, prompts à rectifier une mèche alors que les flashs des photographes crépitent.

Dans cet étrange ballet, certains cherchent l'actionnaire pour le saluer, d'autres, mal placés, paradent avant de tenter l'impossible : s'asseoir au premier rang alors que les lumières s'éteignent. Commence alors ce qui est censé être l'apogée du spectacle, la présentation des collections : celle-ci ne dure plus qu'une dizaine de minutes, les maisons ne présentant souvent qu'une cinquantaine de modèles – contre plus de cent, voire plus de cent cinquante jadis. Ainsi, la liturgie même est expédiée rapidement, le cérémonial l'entourant étant plus important que tout le reste… Le vrai chic d'ailleurs est de ne pas sortir son smartphone pour photographier les vêtements ou filmer les passages des mannequins…

L'ultime épisode se situe dans les coulisses, dites « backstage ». Comme le passage de la balustrade disant l'espace intime du roi dans sa chambre, l'accès en est réservé aux élus du premier rang, qui, dans un même mouvement, se lèvent pour saluer rapidement le créateur et passent sans un mot ni un regard pour les agents de sécurité qui filtrent l'accès...

Le nec plus ultra ? Le défilé secret

Comme hier la Cour se déplaçait de Versailles à Fontainebleau, du Louvre à Vincennes, les grands du luxe sortent de Paris, en particulier pour la présentation des collections dites « Croisière ». Imaginées à l'origine pour les clientes partant en villégiature sur leurs yachts entre novembre et mai, elles sont devenues essentielles, tout simplement parce qu'elles demeurent le plus longtemps en magasin.

À l'aube du millénaire, c'est encore Karl Lagerfeld qui le premier emmène ateliers, clientes et médias autour du monde, de Miami à Cuba. Avoir la capacité d'organiser et de financer ce type d'événement – pour des enveloppes budgétaires excédant les 10 millions et flirtant avec les 20 millions – permet de dire son pouvoir. Peu en sont capables : outre Chanel, seuls Gucci, Vuitton et Dior le font de manière régulière, le choix de la destination répondant en général autant à l'inspiration du créateur qu'à l'intérêt commercial des pays visités – la Chine et le Japon étant souvent élus. Après la Covid, Dior pousse le curseur plus loin : les collections dites « Fall » ou « Automne », longtemps non présentées au public, ont aussi droit à leur voyage – de New York à Kyoto en 2025...

Demeure que, comme dans tout système de Cour, le mégashow attire son contraire. Comme Versailles avait Marly, certaines maisons réduisent le nombre d'invités pour redonner lustre et exclusivité à ces rites devenus publics grâce aux réseaux sociaux. La Fashion Week parisienne de mars 2025 fut ainsi celle où les défilés parmi les plus attendus furent aussi ceux aux capacités les plus réduites – le géant Vuitton passa par exemple de 2 000 places à 350. *Nec plus ultra* ? Le défilé secret, lancé par Saint Laurent la saison précédente : 100 invités, conviés dans la plus grande confidentialité, à la Bourse de commerce pour les collections masculines. L'équivalent somme toute d'une invitation aux petits soupers du roi quand le grand couvert était ouvert à tous. Qui a dit que la société de Cour n'existait plus en France ? Au croisement du paraître et de la civilité, le défilé est plus que jamais l'enfant naturel de Versailles et de la mondialisation du luxe.

Bibliographie sélective

BEATON Cecil, *The Glass of Fashion*, Rizzoli, 2014.
BEAUSSANT Philippe, *Le Roi-Soleil se lève aussi*, Gallimard, 2000.
DRAKE Alicia, *Beautiful People. Saint Laurent, Karl Lagerfeld : splendeurs et misères de la mode*, Denoël, 2008.
LE ROY LADURIE Emmanuel, *Saint-Simon ou le Système de la cour*, Fayard, 1997.
NOLHAC Pierre DE, *Versailles, résidence de Louis XIV. Versailles et la cour de France (éd. 1925)*, BnF/Hachette, 2019.
ODELL Amy, *Anna: The Biography*, Allen & Unwin, 2022.
PRIGENT Loïc, *Mille milliards de rubans*, Grasset, 2024.
SAINT-SIMON, *Mémoires*, Bibliothèque de la Pléiade, 1983-1988.
THOMAS Dana, *Dieux et rois. Alexander McQueen, John Galliano : grandeur et décadence*, Séguier, 2024.
VIAL Charles-Éloi, *Les Derniers Feux de la monarchie*, Tempus, 2019.

20

La voiture n° 1 du Tour de France Quand le roi républicain courtise la petite reine

par Florent BARRACO

Nulle autre épreuve sportive ne contribue autant au rayonnement de la France : la Grande Boucle cycliste, qui se déroule chaque année au mois de juillet, attire des centaines de milliers de passionnés sur les routes et des millions devant leur écran. Durant trois semaines, le directeur de la course devient l'une des personnalités les plus puissantes du pays. Sur la banquette arrière de sa voiture rouge, la numéro 1, il reçoit le président de la République en exercice, le temps d'une étape. En s'affichant dans la « Car Force One », ce dernier peut mesurer la température politique du pays ainsi que sa propre popularité.

« Le général de Gaulle dirige la France onze mois sur douze, en juillet, c'est Jacques Goddet. » Installé sur la banquette arrière de la « voiture 101 », une Peugeot 203, 404 puis 504, Antoine Blondin, hussard du verbe et observateur avisé de la petite reine, croque quotidiennement pour le journal *L'Équipe* le grand barnum du Tour de France. Chaque jour, il assiste aux exploits des uns, aux défaillances des autres ; à l'émergence des nouvelles vedettes du bitume, à la chute des idoles d'antan. Mais « le Tour, c'est beaucoup plus que le Tour » : il raconte, presque charnellement, l'autre histoire, celle des petites mains du vélo, des grands pontes, Jacques Goddet – le patron de l'épreuve – et Félix Lévitan en tête, des canons que l'on boit au bistrot, des terrines que l'on dévore à l'hôtel le soir ; de ces millions de Français au bord de la route qui attendent fiévreusement la caravane publicitaire, puis fébrilement le peloton.

Le centre névralgique du pays durant trois semaines

« Depuis 1789, en France, le mois de juillet paraît bien futile, on n'y prend plus que des châteaux de sable, confie Paul Guimard, l'auteur des *Choses de la vie*, à Blondin. Le Tour de France est donc utile : il entretient les couleurs épiques qui, sans lui, n'y seraient plus de saison. » Après le jaune, le rouge est la deuxième couleur de juillet. Un rouge pimpant, visible à une centaine de mètres, signe de son importance. La voiture numéro 1 abrite le directeur du Tour. Pièce essentielle dans la course, elle apparaît comme le centre névralgique du pays pendant trois semaines, accueillant le gratin du pouvoir politique, local, économique et culturel. Un ministre succède à un grand patron ; un élu local laisse sa place à un champion populaire. Ce ballet incessant d'invités anime les avants et après courses. Trois semaines dans l'année, l'Élysée devient une sous-préfecture nationale.

« La voiture, c'est vraiment la maison, où chacun trouve son coin, prend ses aises, s'abandonne, philosophe Blondin dans sa chronique du 21 juillet 1979. Si pas grand-chose ne s'y crée, rien ne s'y perd. » Dans cette « Car Force One », le directeur du Tour – Goddet, puis Lévitan, Jean-Marie Leblanc, et aujourd'hui Christian Prudhomme – convie à sa cour(se) ceux qui pèsent dans le pays. « Pour moi, être patron du Tour, c'était être dans la voiture rouge. Quand Jean-Marie m'a proposé de lui succéder, j'ai tout de suite eu cette image en tête », se souvient l'ancien journaliste aux manettes de la Grande Boucle depuis 2007. « Être dans la voiture rouge, c'est être observé, reconnu, applaudi. Les invités sont impressionnés par l'engouement, surtout lors du départ fictif où nous sommes au milieu de l'aquarium, poursuit cet homme élancé dont les récits composés d'anecdotes précises – il connaît toutes les étapes et les dates – et teintées d'humour vous captivent. Même les coureurs nous regardent. Je me souviens qu'en 2008, j'avais la Miss France Valérie Bègue et ils ont fait le tour de la voiture pour la voir. »

Un passionné dénommé Nicolas Sarkozy

Choyée par les politiques, l'épreuve a pris un nouveau tour en 2007. Élu président de la République, Nicolas Sarkozy, fou de cyclisme, décide de débarquer le 17 juillet sur l'étape Val-d'Isère-Briançon. De Gaulle, Mitterrand et Chirac avaient été par essence des témoins privilégiés de ce spectacle populaire et gratuit, mais jamais ils ne s'étaient installés dans l'emblématique voiture rouge. Valéry Giscard d'Estaing, qui avait participé avec Yves Mourousi à l'arrivée de la course sur les Champs-Élysées dès 1975, avait attendu d'être redevenu député pour donner le coup d'envoi d'une étape dans l'Allier. Le bolide obtient (enfin) l'onction présidentielle. Faire venir un président en exercice s'avère aussi épuisant qu'entamer les vingt et un lacets de l'Alpe-d'Huez, notamment en matière de sécurité : très tôt, la voiture est inspectée par le service de sécurité et des chiens renifleurs. En plus des motos son et vidéo, la course s'enrichit de deux cyclomoteurs supplémentaires déployés par le Groupe de sécurité de la présidence de la République. Pendant une bonne partie de l'étape, le chef de l'État profite du toit ouvrant pour admirer la course. Un hélicoptère du GIGN l'accompagne depuis le ciel. Ce jour-là, quand il se rassoit aux côtés de Christian Prudhomme, Nicolas Sarkozy se rue frénétiquement sur son portable pour orchestrer l'annonce de la future commission Balladur pour moderniser les institutions, éteindre la polémique sur le service minimum à l'école déclenchée par son Premier ministre, François Fillon, ou suivre le retour des infirmières bulgares. Scène mémorable immortalisée par l'hélicoptère de France Télévisions, Laurent Jalabert interroge depuis sa moto un chef de l'État décontracté, lunettes de soleil sur le nez et ravi de son effet. « C'est inconcevable un mois de juillet sans Tour de France, nous explique aujourd'hui l'ancien président qui, assis dans un canapé de ses bureaux rue de Miromesnil, se redresse avec la vigueur du passionné. Le Tour c'est populaire. C'est l'effort. C'est la communion. C'est tout ce que j'aime. J'étais venu quand je n'étais pas à l'Élysée et il m'a paru normal de continuer, surtout que je suis le Tour depuis que je suis enfant. J'y suis retourné après 2012. » Une tradition vient de naître.

Une véritable tour de contrôle

Longtemps, la voiture du directeur de course n'a accueilli que des élus locaux. Pour eux, le Tour de France est un Graal qui se décroche après des mois de négociations politique et budgétaire – de 80 000 à 160 000 euros pour accueillir le départ, l'arrivée ou les deux. La présence dans la monoplace rouge figure autant une récompense qu'un bon outil de communication vis-à-vis de ses administrés qui se disent : « Mon élu en est ! » « On voit le Tour à la télévision et quand on y assiste pour de vrai, il y a beaucoup d'émotion », souffle Jean-Pierre Door, ancien maire LR de Montargis (quatre fois ville étape en 1969, 1976, 2005 et 2010). « En 2010, je devais monter avec Christian Prudhomme, mais cette année-là, il y avait Roselyne Bachelot, ministre de la Santé, et Albert de Monaco. J'ai dû céder ma place à plus important que moi. J'ai fini dans l'autre voiture rouge[1] avec Bernard Hinault, quintuple vainqueur du Tour, ce qui n'est pas mal aussi », rit-il en levant le voile sur un vrai casse-tête : la gestion des invitations. Car pour les élus, c'est une véritable bataille locale qui se joue, superposant esprit de Cour et culture populaire. Maires, présidents de communauté de communes, chefs du département et même députés revendiquent la paternité de la venue de la Grande Boucle. « Il y a parfois des moments de stress, car tout le monde ne peut pas monter et un rapport de force peut s'instaurer entre celui qui a voulu le Tour, celui qui n'a pas voulu, celui qui a financé ou pas », souligne un membre d'Amaury Sport Organisation (ASO), organisateur de l'événement.

Objet de fascination, la voiture de Christian Prudhomme est fournie depuis 2004 par le constructeur tchèque Skoda – qui a succédé à Peugeot et Fiat. Elle met au service de la course son modèle hybride rechargeable, la Superb. Le toit ouvrant est inversé et décalé afin que le directeur de course puisse se tenir debout et lancer tous les jours l'étape. On trouve, pour ne pas être déshydraté ou pris d'une fringale au sommet du Lautaret, un petit frigo à l'arrière. Une tablette

1. La direction de course possède plusieurs voitures, dont une autre derrière le peloton.

est à disposition pour voir la course en direct. Entre les deux sièges passagers de l'avant est installée une véritable tour de contrôle : un système de radio permettant à Prudhomme de parler à toutes les autres voitures et surtout de faire passer ses messages sur Radio Tour pour informer, rassurer ou disputer. « Quand Christian parle au micro et fait acte d'autorité, c'est assez impressionnant. Et tout le monde obtempère », reconnaît un élu, presque envieux d'une telle force de persuasion.

Sensations fortes pour duo de l'extrême

« Le conducteur est le concierge vétilleux à la ville et le gérant attentif en chemin, comptable d'une situation en course qu'il doit sans cesse maîtriser. C'est dire que le personnage est capital, surtout s'il y ajoute les charmes de la cohabitation », ironisait Antoine Blondin en 1979. Depuis presque vingt ans, c'est Gilles Magnan, ancien coureur cycliste et double champion de France contre la montre, qui conduit le véhicule et joue l'*alter ego* de Prudhomme. Une vraie relation de confiance s'est installée entre les deux hommes aux physiques similaires, mais au caractère différent : le directeur s'avère aussi affable que le pilote est taiseux. Son rôle n'en est pas moins central : il doit amener à bon port les invités en naviguant entre les motos, les coureurs et le public. « La règle, c'est d'anticiper les choses dans la course et les attitudes du public. C'est pour ça que les pilotes des voitures sont toujours des anciens cyclistes », précise Magnan. Les descentes de col sont parfois sportives, ce qui peut effrayer voire rendre malade les invités. Comme ce jour de 2007 où un élu, en plein col de la Madeleine, ouvre la fenêtre. « Vous avez raison d'admirer le paysage, c'est magnifique », lui lance Prudhomme, alors tout nouveau patron du Tour. Manque de bol (d'air), il était en train de vomir son déjeuner. Ou encore cette sénatrice des Hautes-Pyrénées, malade en voiture. « J'envoie un message à Gérard Porte [l'ancien médecin] pour lui demander de prévoir quelque chose à l'arrivée. Un moment elle ouvre son sac, je me dis là tu es bon… Et finalement elle sort son rouge à lèvres. » Des sensations fortes pour ce duo de l'extrême. Parfois, la peur s'instille. Comme lorsqu'il s'agit de gérer la nuée de spectateurs au bord de la route dans de nombreuses montées où la foule se fend au dernier moment – au point que la peinture de la voiture se décolle. Un bain de foule roulant qui peut faire paniquer les hommes politiques même les plus endurcis. Alors, pour détendre l'atmosphère, on parle.

« Dans la voiture on échange beaucoup sur le sport. Les invités sont impressionnés par les efforts fournis par les coureurs, encore plus quand un des cyclistes a une énorme défaillance », raconte le conducteur (Blondin refusait de parler de chauffeur). « Une année, on embarque le champion de rallye Ari Vatanen. Il s'est assis à côté de Gilles et s'est comporté comme son copilote. Il lui annonçait : “Dans 150 mètres, épingle 90 degrés.” Je me suis dit, ça va être long », pouffe Prudhomme. Parfois, la légèreté de la voiture laisse place au grand spectacle de la politique. Une campagne présidentielle s'y est par exemple jouée.

François Hollande : « C'est un bon capteur. »

Nous sommes en 2011, Dominique Strauss-Kahn a été éjecté de la présidentielle après le scandale du Sofitel de New York. La voie semble libre pour François Hollande. Le Corrézien assiste le 16 juillet à la quatorzième étape du Tour entre Saint-Gaudens et le plateau de Beille. Une manifestation d'infirmières se déroule non loin du départ. Le candidat socialiste va à leur rencontre, parlemente et obtient la fin de la manifestation. « Avec Henri Nayrou [député socialiste de l'Ariège], je me suis dit : “Là, il se passe quelque chose.” Le Tour de France est le thermomètre du pays », souligne Prudhomme. Le spectacle politique continue l'après-midi. Le prétendant semble peu intéressé par la course, et pour cause : il met la dernière main à une importante interview qui doit paraître dans le *Journal du dimanche* le lendemain. Il y est essentiellement question d'économie. Hollande appelle ses conseillers : il valide, amende, corrige, nuance, détaille. « Nous montions et descendions les cols et lui travaillait. J'en aurais été incapable, j'aurais été malade très vite. Lui y arrivait. Quand j'ai lu l'entretien le lendemain, il y avait tout. J'avais finalement eu le programme économique du futur président avec vingt-quatre heures d'avance », sourit Christian Prudhomme. Cet entretien, dont les *punchlines* ont été travaillées à plus de 1 500 mètres d'altitude, déclenche un affrontement violent entre le camp de François Hollande et celui de Martine Aubry, l'autre candidate à l'investiture socialiste.

En 2016, un an avant la présidentielle, Emmanuel Macron, ministre de l'Économie, est de passage sur l'étape qui relie Pau à Bagnères-de-Luchon. Dans le col de Peyresourde, à la surprise générale, Christopher Froome attaque, résiste seul à tous ses adversaires et remporte finalement l'étape. Il est en marche vers son troisième maillot jaune. « Emmanuel Macron me regarde et en sortant de la voiture me dit : “Moi aussi, je vais faire mon échappée” », révèle Prudhomme, hilare. Le jeune impétueux sera élu moins de un an plus tard, déjouant tous les pronostics.

« Le Tour de France, c'est un bon capteur. En 2011, je sens qu'il se passe quelque chose. Il y a des moments dans la vie où l'opinion s'empare de vous, se souvient l'ancien président de la République depuis ses bureaux rue de Rivoli. Quand vous êtes dans la voiture de Christian, vous voyez des milliers de personnes sur le bord de la route. Vous ouvrez la fenêtre et vous constatez : soit on vous acclame, c'était le cas en 2011, et là on se sent bien ; soit vous vous en prenez plein la tête et les gens crient : “Dehors !” Quand j'y suis retourné comme président, c'était plus difficile d'ouvrir la fenêtre [rires]. » L'ancien journaliste et commentateur avoue que les politiques, présidents, maires, présidents de département ou de région lui posent souvent cette question, une fois installés sur la banquette confortable de la voiture rouge : « Comment va le pays ? Y a-t-il plus ou moins de sourires cette année ? »

Cellule de crise roulante

François Hollande, amateur de cyclisme, fan de Bernard Hinault (« le champion de ma génération »), a mis ses pieds dans les pédaliers de Nicolas Sarkozy et essayé de venir chaque année. Non sans stress pour les organisateurs. « C'est une vraie gymnastique. Les deux fausses motos presse pour la sécurité du président empêchent de voir dans le rétro. Gilles me le dit. Je le dis au président qui le dit à l'officier de sécurité. Les motos reculent. Mais dix minutes plus tard, cela recommence », narre, un grand sourire aux lèvres, Prudhomme.

Ce Parisien de 64 ans, mélange de ministre des Collectivités territoriales, représentant des terroirs et témoin incisif à la verve d'un Saint-Simon, a été le mieux placé pour voir le duel Hollande-Sarkozy. Une bataille qui s'est jouée jusque dans la vision de la course. En juillet 2015, François Hollande est invité sur la Grande Boucle. Il se positionne dans la Skoda et assiste à une belle performance française : un duo tricolore est en tête. Le chef de l'État est convaincu que l'un des deux va s'imposer. C'est compter sans Steve Cummings qui revient comme un boulet de canon, dépasse les deux Français et remporte la course. Trois jours plus tard, Nicolas Sarkozy, tout nouveau président des LR et candidat « naturel » de la droite pour la présidentielle de 2017, vient sur le Tour. Il s'installe à l'arrière de la voiture. Romain Bardet est encore à l'avant, Pierre Rolland suit et Jakob Fuglsang remonte sur les deux Français. « Tout d'un coup, le président Sarkozy me dit dès les premiers lacets du col de Montvernier : “Mais c'est la même situation qu'à Mende. Sauf qu'aujourd'hui, cela ne va pas être la même histoire. Bardet va gagner.” Romain remporte l'étape. Et Sarkozy me dit : “Tu vois, je te l'avais dit” », se souvient Prudhomme.

L'auto la plus célèbre de France se transforme parfois en cellule de crise roulante. Ce 20 juillet 2018, Édouard Philippe ne peut profiter de l'étape Bourg-d'Oisans à Valence : l'exécutif affronte l'affaire Benalla, qui a éclaté quelques jours plus tôt. Le Premier ministre a le visage fermé, marqué par le retentissement de l'événement. La course devient totalement secondaire. Parfois, la voiture du Tour secoue le plus haut sommet de l'État. Nous sommes désormais en 2020. La Grande Boucle n'a pu avoir lieu en juillet à cause de la Covid. La France s'est déconfinée, mais les règles pour les rassemblements demeurent très strictes. La fête du cyclisme va bien avoir lieu en septembre – Emmanuel Macron a joué un rôle primordial dans la tenue de l'événement –, mais les conditions sont drastiques : si deux membres d'une même formation sont positifs à la Covid, c'est l'ensemble de l'équipe qui est exclue. Jean Castex, alors Premier ministre, descend chez lui en Occitanie. « Il a passé l'étape dans ma voiture. C'est le seul homme politique qui n'a jamais été sifflé, ni hué ni critiqué. Il a passé la journée à me décrire le décor, les dates de construction de tel ou tel immeuble. » Tout commence bien. Un Français, Nans Peters, remporte l'étape. Tout va pour le mieux. Aucun drame sanitaire n'a eu lieu. Tout finit très bien. Sauf que… « C'est un mardi matin, 5 h 42. Texto de Florence Pommery, médecin-chef du Tour : "Bonne nouvelle aucun cas positif dans le peloton. Mauvaise nouvelle, tu es positif." Moi j'étais frais comme un gardon, raconte Christian Prudhomme qui sera en fait un faux positif. Et là, je repense à Jean Castex… Je n'ai pas osé l'appeler avant 8 heures. » Pendant deux heures, le patron du Tour cogite. Isolé, il appelle son adjoint présent dans la chambre d'en face. Puis finit, un brin anxieux, par contacter le locataire de Matignon. « Il a été formidable et incroyablement sympa. Il m'a dit : "C'est pas grave, j'ai passé une journée merveilleuse." » Plus de peur que de mal. Sauf que les incidences sont importantes : Jean Castex est mis à l'isolement pendant une semaine et doit participer au Conseil des ministres en visioconférence. Volontiers taquin, un leader syndical enverra au patron du Tour un texto pour le féliciter… et l'encourager, en plaisantant, à continuer à contaminer les membres du gouvernement. Castex, lui, se fera philosophe : « J'ai été cas contact du président de la République. J'ai été cas contact du patron du Tour de France. Il ne manque plus que le pape. » Sainte trilogie.

« Le Tour est mon manteau »

Les politiques de tous bords se déplacent sur le Tour, transformé en élixir de jouvence populaire pour personnalités mal aimées. « Je l'ai plus ressenti sur le podium que dans la voiture », nuance Prudhomme. Des milliers de personnes au bord des routes, des millions devant la télévision – France 2 caracole en tête des audiences pendant trois semaines – et une foultitude de VIP qui rêvent de venir s'asseoir derrière Gilles Magnan. Dans un pays fracturé, divisé et où les tensions politiques sont au maximum, la Grande Boucle ouvre une parenthèse enchantée de communion populaire. En juillet 2024, alors que la dissolution et l'entre-deux-tours déchirent le pays, la première semaine du Tour ramène un peu de sérénité. « Le Tour comme les Jeux ont permis de relâcher la pression d'une société Cocotte-Minute », commente un élu qui a accueilli l'épreuve durant cette période. « Le Tour est mon manteau parce que je m'y sens enveloppé, protégé et, ce qui m'est bien nécessaire, guidé. Ainsi, dans le cadre et l'encadrement du Tour, j'ignore la vacuité des jours et leurs agressions », confiait déjà, le 23 juillet 1979, le maillot jaune des chroniqueurs sportifs, Antoine Blondin.

Christian Prudhomme accueillera-t-il à ses côtés des élus issus de La France insoumise ou du Rassemblement national ? « Le Tour de France est le Tour de tous les Français, mais si la question ne se pose pas, ça me va bien », s'en tire par une pirouette l'ancien journaliste. Si ce sont des élus qui reçoivent le Tour, nous les accueillerons évidemment. » En 2020, Grégory Doucet, le maire écologiste de Lyon, a refusé de parler « le langage des rêves partagés », comme l'écrit toujours Blondin. Il avait dénoncé une « machine véhiculant une image machiste et une course polluante », à cause des hôtesses remettant les maillots distinctifs. Pour la première fois, Christian Prudhomme est sorti de sa neutralité : « Le Tour de France est une épreuve qui fédère, qui rassemble. Ne cassez pas ce qui rassemble. Il y a tant de communautarismes, de gens qui séparent. Le Tour, c'est tellement plus que la plus grande course cycliste du monde. Le Tour, c'est notre pays. » Grégory Doucet n'est pas monté dans la voiture.

« Mon pays, désormais, c'est donc le Tour de France ; je m'y sens comme chez moi, parmi les fanfares, les bourrades sur l'épaule, le crissement des pneus et la rumeur soyeuse du peloton, avouait Blondin dans *L'Équipe* le 24 juin 1963.

France faite au Tour dans son prodigieux écrin de verdure et qui s'enchante de notre brouhaha, pêche son bonheur dans notre sillage et s'abandonne à de fabuleux pouvoirs d'illusion. » Rarement un événement n'a semblé si fort et, surtout, si conscient de sa force et de son poids politique. Au mois de juillet, les regards se déplacent. Dans ce pays ô combien centralisé, le pouvoir redevient itinérant, comme au temps de la monarchie d'avant Versailles où la Cour se déplaçait de château en château. C'est la revanche du célèbre ouvrage *Paris et le désert français* du géographe Jean-François Gravier (1947). Cet espace rouge mobile de 9 mètres carrés devient le centre de la France. Sur une banquette en cuir, un homme échange toute la journée avec ceux qui comptent. Il devient pendant trois semaines le visage de la France. « Tout le monde prend le directeur du Tour au téléphone au mois de juillet. Pas à la seconde près, mais tout le monde finit par décrocher », concède Christian Prudhomme. Cela fait quatre quinquennats que cet *imperium* dure. Qui peut s'enorgueillir d'une telle longévité ? Le pouvoir, comme finalement le cyclisme, c'est d'abord durer, puis endurer.

Bibliographie sélective

BLONDIN Antoine, *Sur le Tour de France*, La Table ronde, « La Petite Vermillon », 2016.

EJNÈS Gérard, *Il m'a sucé la roue. Dictionnaire absurde du cyclisme*, Éditions Prolongations, 2012.

FOTTORINO Éric, *Dictionnaire amoureux du vélo*, Plon, 2024.

OLLIVIER Jean-Paul, *Le Tour de France. Un beau roman, une belle histoire*, Robert Laffont, 2018.

Notices biographiques

Farid Alilat

Journaliste et auteur, il est spécialiste de l'Algérie. Il a notamment publié aux éditions du Rocher *Bouteflika. L'histoire secrète* (2020) et *Idir. Un Kabyle du monde* (2022), une biographie du chanteur disparu en mai 2020. Son enquête sur l'assassinat de Krim Belkacem, *Un crime d'État*, paru en 2025 chez Plon, a connu un grand retentissement.

Florent Barraco

Rédacteur en chef du service politique de *Paris Match*, il a occupé les fonctions de directeur adjoint de la rédaction de lefigaro.fr et du *Point*. Amateur de culture populaire, il a publié chez Perrin *Michel Sardou. Vérités et légendes* (2023) et *La Route du tube* (2025), ainsi que *Le Petit Sardou illustré* (Hors Collection, 2024). Dans *Les Lieux du pouvoir* (Perrin, 2024), il a signé le chapitre sur la tribune présidentielle du Stade de France.

Olivier Beaumont

Grand reporter politique et chef de service au *Parisien-Aujourd'hui en France*, il couvre la vie politique française depuis presque vingt ans. D'abord la droite et l'extrême droite, puis, depuis 2017, les quinquennats d'Emmanuel Macron. Il est l'auteur de plusieurs ouvrages remarqués, dont *La Tragédie de l'Élysée*, récemment publié aux éditions Robert Laffont.

Jérôme Béglé

Directeur des rédactions et de la publication de *Paris Match* depuis 2023, il a occupé différents postes de direction au *Point*, au *Figaro Magazine* et au *Journal du dimanche*. Gourmand et gourmet, il fait de l'amitié une valeur cardinale. Au point de s'astreindre au régime de L'Ami Louis pour retracer la vie et les secrets du plus confidentiel des restaurants parisiens.

Olivier Brun

Docteur en histoire (Sorbonne Université) et commissaire général de la police nationale, il a notamment travaillé à la DST et au secrétariat général de la Défense et de la Sécurité nationale. Il a aussi été directeur adjoint de l'Académie du renseignement. Il est le coauteur du *Dictionnaire du renseignement* (Perrin, 2020).

Gilles Denis

Directeur adjoint de la rédaction du *Point*, il a été grand reporter au *Figaro Magazine* et rédacteur en chef style et culture des *Échos Week-End*. Près de vingt ans de Fashion Weeks, de rencontres avec les dirigeants du luxe, de lecture de Saint-Simon et de passion pour Versailles ont aiguisé son regard sur la mode comme système de Cour.

Tugdual Denis

Directeur de la rédaction de *Valeurs actuelles* depuis 2023, il a collaboré à *L'Express*, au *Point* et à la revue *Bretons*. Auteur, il a publié une biographie de François Fillon et d'Édouard Philippe chez Robert Laffont, et contribué au premier tome des *Lieux du pouvoir* chez Perrin (2024). Il intervient en tant qu'éditorialiste politique sur BFMTV, RTL et Europe 1.

Jérôme Dupuis

Ancien élève de l'École normale supérieure, né en 1964, il a longtemps travaillé comme journaliste au service littéraire de *L'Express*, avant de collaborer au *Monde* et à d'autres journaux. À ce titre, il a souvent enquêté sur les coulisses du monde de l'édition (affaires de plagiat, manuscrits retrouvés de Louis-Ferdinand Céline, etc.) et a notamment été le coauteur d'un documentaire sur le duel Gaston Gallimard/Bernard Grasset, diffusé en 2015 sur France 5.

Sylvain Fort

Ancien élève de l'École normale supérieure (Ulm), agrégé de lettres classiques et docteur ès lettres, il a publié plusieurs essais littéraires, notamment *Saint-Exupéry penseur* (Gallimard, 2024), *Odysséennes. Cinq femmes homériques* (Éditions des Busclats, prix Louis-Barthou de l'Académie française, 2022), *Friedrich Schiller* (Belin, 2003), de nombreuses traductions de l'allemand et des essais musicologiques. Spécialiste d'affaires publiques et internationales, il a été conseiller discours et mémoire du président de la République. Dans *Les Lieux du pouvoir* (Perrin, 2024), il a rédigé le chapitre consacré à la cour d'honneur des Invalides.

Franz-Olivier Giesbert

À ce journaliste et écrivain, on doit une monumentale *Histoire intime de la Ve République* en trois volumes, publiée chez Gallimard. Ses biographies de François Mitterrand, Jacques Chirac et Nicolas Sarkozy font autorité. Il a reçu le Grand Prix du roman de l'Académie française pour *L'Affreux* (Grasset, 1992) et le prix Interallié pour *La Souille* (Grasset, 1995). Juré du prix Renaudot, il est également éditorialiste au *Point* et auteur de nombreux romans, comme *La Cuisinière d'Himmler*, *L'Arracheuse de dents* ou *Le Schmock*.

Étienne Girard

Journaliste, il est directeur adjoint de la rédaction de *L'Express*, qu'il a rejoint en 2021. Il a publié *Le Radicalisé. Enquête sur Éric*

Zemmour (Seuil, 2021) et *Le Parrain. Sarko après Sarko : l'enquête*, avec Laurent Valdiguié (Seuil, 2023).

Rémi Kauffer

Historien du renseignement, journaliste et enseignant, il est l'auteur de nombreux ouvrages qui font autorité dans ce domaine, dont *Histoire mondiale des services secrets* (Tempus, 2017), *Les Femmes de l'ombre. Histoire occultée des espionnes* (Tempus, 2022), *Les Espions de Cambridge* (Tempus, 2025). Dernier ouvrage paru : *1939-1945. La Guerre mondiale des services secrets* (Perrin, 2024). À paraître fin octobre 2025, toujours chez Perrin : *Dictionnaire mondial de l'espionnage.*

Louis-Henri de La Rochefoucauld

Né à Paris en 1985, il a commencé dans la presse à *Paris Match* et *Technikart*, avant de passer par *Lire Magazine* et *L'Express*, où il est actuellement critique littéraire. En tant qu'écrivain, il a publié une dizaine de livres, dont *La Prophétie de John Lennon* (Stock, 2019, prix Cazes), *Châteaux de sable* (Robert Laffont, 2021, prix des Deux Magots) et *Les Petits Farceurs* (Robert Laffont, 2023, prix Roger-Nimier). Son dernier roman, *L'Amour moderne*, vient de paraître chez Robert Laffont.

Sébastien Le Fol

Directeur adjoint de la rédaction de *L'Express*, il est également éditorialiste du *Télégramme*. Auparavant, il a dirigé la rédaction du *Point* (2014-2022) et travaillé dix-huit ans au *Figaro*. Chez Albin Michel, il a publié *Reste à ta place... !* (2021), une enquête historique et sociologique sur le mépris dans la société française, et *En bande organisée* (2023), qui retrace l'histoire de la plus vieille bande d'amis autour de François Mitterrand. *Les Lieux secrets du pouvoir* est le troisième ouvrage collectif qu'il dirige chez Perrin après *La Fabrique du chef-d'œuvre* (2022) et *Les Lieux du pouvoir* (2024).

Marie-Dominique Lelièvre

Journaliste et écrivain, elle signe dans de nombreux journaux, dont *Libération*, *Vanity Fair*, *Vogue*, *Elle*, *L'Express*, *Marianne*, *Le Figaro*, *Le Nouvel Observateur*… Ses livres, consacrés à des célébrités (Françoise Sagan, Serge Gainsbourg, Yves Saint Laurent, Brigitte Bardot, Coco Chanel, Françoise Hardy), dessinent un portrait de la France contemporaine. Elle a publié deux romans.

Corinne Lhaïk

Journaliste et auteur. À *L'Express*, elle couvre la politique économique et sociale, puis la politique, suivant l'ascension d'Emmanuel Macron à partir de 2011. À *L'Opinion* depuis 2020, elle poursuit ce travail et consacre deux livres au président de la République : *Président cambrioleur* (Fayard, 2020) et *La nuit tombe deux fois*, avec Éric Mandonnet (Fayard, 2022).

François Miguet

Grand reporter au service économie du *Point*, il est spécialisé dans les enquêtes longues, en France ou à l'étranger. Auparavant, il a travaillé pour le magazine *Capital* et à France 2.

Jacques Ravenne

Écrivain, spécialiste de l'étude de manuscrits et de la Révolution française, féru de symbolique et d'ésotérisme, il est maître franc-maçon. En 2025, il a publié *Les Ressuscités* (JC Lattès). Chez Perrin, on lui doit *La Chute. Les derniers jours de Robespierre* (2020). En 2005, il a inauguré une collaboration littéraire avec son ami d'adolescence, le journaliste Éric Giacometti. Leurs thrillers historiques ont rencontré un immense succès.

Nathalie Schuck

Grand reporter politique et rédactrice en chef adjointe au magazine *Le Point*, elle a passé douze ans au *Parisien-Aujourd'hui en France* et huit à l'agence de presse Associated Press. Elle est l'auteure de « *Ça reste entre nous, hein ?* ». *Deux ans de confidences de Nico-*

las Sarkozy (avec Frédéric Gerschel, Flammarion, 2014), *Madame la présidente* (avec Ava Djamshidi, Plon, 2019), *Chérie, j'ai rétréci la droite ! Dans les secrets de la relation Macron-Sarkozy* (avec Olivier Beaumont, Robert Laffont, 2021) et *Les Naufrageurs. Comment ils ont tué la politique* (Robert Laffont, 2024).

Guillaume Tabard

Journaliste politique à *La Croix*, il est entré au *Figaro* en 2000. Après avoir été éditorialiste aux *Échos*, il est revenu au *Figaro* en 2010, où il assure chaque jour un éditorial politique très suivi. En parallèle, il est éditorialiste politique sur Radio classique. Auteur, il a écrit *La Malédiction de la droite* (Perrin, 2019), *Macron. La Révolution inachevée* (Robert Laffont, 2021) et, avec Jean-Christophe Buisson, *Les Grandes Figures de la droite* (Perrin, 2020).

Pour en savoir plus
sur les Éditions Perrin
vous pouvez consulter notre site Internet

www.editions-perrin.fr
lisez!

et nous suivre sur les réseaux sociaux

Editions Perrin

@EditionsPerrin

@editionsperrin

Achevé d'imprimer par
Normandie Roto Impression s.a.s.
61250 Lonrai
N° d'impression : 2502953

Imprimé en France